JN494009

대안문화총서 25

동양철학과 문화의 혼종성

양승권 지음

열린길

동양철학과 문화의 혼종성

발행 2018년 3월 20일

지 은 이 양승권
펴 낸 이 홍덕률
펴 낸 곳 열린길
출판등록 제2007-3호
주 소 경북 경산시 진량읍 대구대로 201
대표전화 053-850-5661~2
팩 스 053-850-5669
홈페이지 http://press.daegu.ac.kr/
디 자 인 도서출판 다운미디어
찍 은 곳 남경기획

ISBN 979-11-86257-08-1 03150 정가 20,000원

• 잘못된 책은 교환하여 드립니다.
• 이 책은 저작권법에 따라 보호받는 저작물이므로 책의 내용 및 이미지에 대하여 전부 또는 일부를 무단으로 복사, 복제, 배포하거나 전산장치에 저장할 수 없습니다.

동양철학과 문화의 혼종성

양승권 지음

들어가며

일반적으로 철학이라고 하면 심오하기 이를 데 없어 접근하기 어려운 분야라고 생각한다. 특히 동양철학은 심오하고 어렵다는 느낌에 고리타분하다는 느낌이 덧붙여지곤 한다. 하지만 동양철학은 현실과 동떨어져 공허한 사변에 치우친 뜬구름 잡는 학문이 아니다. 동양철학은 무엇보다 삶에 관한 물음에 대해 해답을 내고자 하는 학문 분야고, 삶의 의미와 본질에 대해 탐구한다. 시대가 한참 지난 옛 철학자의 글을 읽다보면 한 가지 놀라운 느낌을 왕왕 받게 된다. 그것은 옛사람이 삶에 대해 골머리를 썩였던 고민이나 오늘날의 사람들이 갖는 삶에 대한 고민이나 별 차이가 없다는 사실이다. 이것이 바로 옛 철학자의 사상이라도 현대인들에게 의미가 있는 이유 가운데 하나다.

동양철학이든 서양철학이든 철학이란 학문은 지식을 쌓는 학문 분야가 아니다. 생각하는 법 자체를 가르쳐 주는 학문 분야다. 스티브 잡스는 이런 말을 했다.

"누구나가 컴퓨터 프로그래밍 언어를 배워야만 한다. 생각하는 법을 가르치기 때문이다. 로스쿨에 가는 것과 비슷하다. 모두 법률가가 될 필요는 없지만 로스쿨은 유용한 곳이다. 사고의 방법을 어떤 식으로든 가르쳐주기 때문이다. 마찬가지로 컴퓨터 프로그래밍도 생각하는 방법을 가르쳐 준다. 그래서 나는 컴퓨터 과학을 교양과목이라고 생각한다."

스티브 잡스의 말을 그대로 끌어와 다시 표현해 보면, 모두가 철학을 할 필요는 없지만 철학이론은 유익하다. 왜냐하면 생각하는 법을 가르쳐주기 때문이다. 내가 어떤 분야에 종사하든 전공이 무엇이든 철학은 생각하는 방법 자체를 배울 수 있기에 하나의 교양처럼 공부해 볼만한 가치가 있다. 철학 자체가 하나의 독립된 전공으로 의미가 있는 것은 철학 전공자들에게 해당되는 이야기다. 철학 전공이 아닌 사람들의 경우는 철학을 교양으로 받아들여 '생각하는 법'을 배우는데 활용하면 된다. 이렇게 하면 현재 자기가 하고 있는 분야나 전공을 세련되게 다듬어내는데 큰 도움이 될 것이다.

그런데 '생각하는 힘'은 오늘날 어떤 양상이어야 할까? 우리가 현재 살아가고 있는 시대정신의 특징을 한 마디로 규정해 보면 '문화의 혼종성(잡종성)'이다. '문화의 혼종성'은 사회의 다양한 목소리를 포용하고 통합하는 이념형이다. 필자는 이 책에서 '문화의 혼종성'을 키워드로 삼아 동양철학의 속살을 탐색해 본다. 그리고 이 작업을 통해 우리가 현재 및 미래의 시대상황에서 잘 살아가도록 할 유용한 관점을 끄집어내 보고자 한다.

'문화의 혼종성'은 반엘리트주의를 내포하면서, "이것이나 저것이나(either/or)"가 아니라 "이것과 저것 모두 다(both/and)"를 추구한다. 세계는 한 가지 입장만으로 바라보아서는 안 된다. 동양철학 전반에는 일원론과 다원론·보편과 특수·유물론과 유심론·목적론과 기계론·개인과 사회·현상과 본질 등 이질적인 영역들을 통섭하고 이쪽과 저쪽을 아울러 보는 균형 감각을 키우는 데 보탬이 되는 관점들이 많다.

현재는 지식을 기반으로 하는 디지털 사이언스 시대다. 지식기반 사회란 여러 정보들이 조직적으로 다듬어진 지식을 생산하고, 거기에서 창출되는 사회적 가치에 우리의 삶이 크게 좌우되는 사회를 말한다. 지식기반 사회에서는 특정 분야에만 국한된 전문 지식인이 아니라 여러 분야의 지식을 융합하여 새로운 창조적 능력을 발휘할 수 있는 융복합적 지식인이 필요하다. 산업사회에서의 적대적인 경쟁과 달리 지식기반 사회에서의 경쟁은 협력을 요구하며, 따라서 각 개체 간의 '관계성 강화'가 필수적이다. 지식기반 사회는 네트워크로 연결된 무리의 힘을 이용해 중앙의 통제에서 벗어날 수 있는 탈집중화의 시대이고, 또한 지구 전체를 무대로 사유하고 활동하는 시대다. 20세기는 원자의 시대였다. 여기서 원자는 홀로 존재하는 '개인성'에 대한 은유다. 하지만 21세기의 상징은 네트워크다. 네트워크는 중심이 없는 인과 관계의 무한 연결망이다. 오늘날 네트워크는 서로 순환하고 의존하는 것, 경제적/사회적/생태학적인 것, 커뮤니케이션 양식, 민주주의, 가족 등 우리가 중요하다고 생각하는 모든 것들을 표상하기 위한 '원형 상징'이 되었다.

이 '원형 상징'을 기반으로 하는 오늘날의 사회에서 우리가 갖추어야만 할 이념형이 바로 이질적인 문화적 요소들을 융합하는 '문화의 혼종성'이다. 이 책은 동양철학을 '문화의 혼종성'이라는 이념형에 의해 접근해서, 좌-우·진보-보수·전통-혁신 간의 대립, 종교적 가치들 간의 대립을 넘어선 제3의 중간지대를 탐색할 수 있는 기본 소양을 키우는 데, 동양철학이 조금이나마 보탬이 되기를 바라는 마음에서 기획되었다.

각 장별 요지를 소개해 보자.

(1) 동양철학의 현재적 의의 ⇒ 동양적 사유와 서양적 사유의 차이는 과연 무엇이며, 동양철학이 '문화의 혼종성'이란 측면에서 어떤 의의가 있을까?

(2) 유가와 문화의 혼종성 ⇒ 유가는 개인의 내면적인 측면과 사회적인 차원을 동시에 강조한 혼종철학이다.

(3) 도가와 문화의 혼종성 1 ⇒ 노장은 기존의 사회체제를 해체하려 했으며, '노마드'(Nomad)적인 사고방식을 바탕으로 해 '자연'으로 돌아가고자 했다.

(4) 도가와 문화의 혼종성 2 ⇒ 노장은 이쪽과 저쪽의 경계에 머물러야 한다고 말하면서, 철학[진眞] · 종교[선善] · 예술[미美]의 통합, 즉 '진선미'의 '혼종'을 장려했다.

(5) 한대 시기와 위진남북조 시기의 사상조류와 문화의 혼종성 ⇒ 한나라 때에 유교를 중심으로 여러 사상들이 통합된 '융합유교'가 탄생한다. 이어 위진남북조 시기에는 북방(유목)+중원(농경)의 혼종 양상과 유불도(儒佛道)의 혼종철학이 등장한다.

(6) 신유교와 문화의 혼종성 ⇒ 성리학과 양명학은 위진남북조 시기에 있었던 유불도(儒佛道)의 양적 혼종을 뛰어넘어 질적인 차원에서 한층 세련된 유불도(儒佛道)의 혼종을 이루어낸다.

(7) 중국근현대사상과 문화의 혼종성 ⇒ 태평천국운동과 변법운동 등은 중국 내부를 뛰어넘어 확장되어 중국 전통과 서양 근대의 혼종을 달구어내었다.

(8) 일본의 근대사상과 문화의 혼종성 ⇒ 일본 전통의 비의(秘儀)적 · 주술적(신화적) 세계관과 서양철학의 만남이 빚어낸 병리적이고 기이한 혼종 양상을 살펴본다.

(9) 한국철학과 문화의 혼종성 ⇒ 무교사상/풍류도/원효의 화쟁

사상/정약용(丁若鏞)의 실학은 한국 혼종철학의 엑기스다.

(10) 동양철학과 현대심리학의 관계에 나타나는 문화의 혼종성
⇒ 도가사상을 서양의 현대 메타심리학 분야와 접목시켜봄으로써 동양철학과 서양학문의 혼종을 구체적으로 살펴본다.

독자들은 이 책을 읽을 때 굳이 순서대로 읽을 필요는 없다. 비록 전체 챕터 내용은 유기적으로 촘촘하게 연결되어 있으나, 각각의 챕터는 독립된 위상을 가지고 있다. 주제를 보고 자기 마음에 드는 꼭지를 먼저 읽어도 책의 전체 내용을 이해하는 데 아무런 문제가 없다.

마지막으로 필자는 이 책이 '대구대학교 기획총서'에 포함되어 출판되도록 해 주신 대구대학교언론출판문화원장님을 비롯한 관계자 여러분들께 심심한 감사의 마음을 전한다.

2018년 1월 10일

양 승 권 씀

Contents

동양철학과
문화의
혼종성

01

동양철학이 현대사회에 건네는 메시지

01

동양철학이 현대사회에 건네는 메시지

동양 철학의 여러 분야들을 본격적으로 다루기 전에 동양적 사유와 서양적 사유를 총체적인 안목에서 비교해 본다. 이어 '철학'이란 학문 분야의 '근본적인' 성격에 대해서도 살펴본다. 마지막으로 동양철학이 '문화의 혼종성'이란 측면에서 어떤 의의가 있는지 파악해본다.

1. 동양의 사유구조와 서양의 사유구조는 어떻게 다를까?

동양과 서양의 사유는 어떤 차이가 있을까? 우리가 동양의 철학적 사유구조의 특성을 이해하기 위한 가장 좋은 지름길은 서양의 철학적 사유구조와 비교해 보는 작업이다. 한국 문화의 독특성은 다른 나라 문화와의 차이점에서 드러난다. '내가 과연 누구인지'를 알기 위해서는 나 이외의 타자와 나를 저울질해보는 것으로부터 출발해야 한다. 그러면 동양철학의 특성을 드러내기 위해, 동양의 전통적인 사유구조와 서양의 전통적인 사유구조를 큰 틀에서 비교해 보도록 하자.

(1) 역사관과 시간관의 맥락에서 볼 때, 동양은 곡선적인 사고를 지닌다. 반면에 서양은 대체로 직선적인 사고를 지닌다. 역사관 및 시간관의 동서양의 차이는 비교적 쉽게 이해될 수 있다. 우선 서양의 시간관/역사관이 직선적이라는 점은 대표적으로 기독교적인 세계관을 떠올려보면 된다. 기독교는 창조주 절대신에 의해 이 세상이 창조되었다는 시간의 '시작 지점'과 결국 이 세상이 종말을 맞이한다는 '종결 지점'을 가지고 있다. 고대 그리스의 철학적인 시간인식과 과학적 시간인식도 대체로 직선적이다. 시간의 매 단위는 동일하여 같은 값을 가지고 일정한 방향을 향해 지속적으로 진행되고 있다는 생각을 지니고 있었다. 특히 서양에서 이런 시간인식은 계몽주의 시대에 접어들게 되면 시간의 축적 과정이 곧 발전이라는 진보 사상으로 이어진다. 반면에 동양의 시간관/역사관은 곡선적인 순환 구조를 가지고 있어서 발전적이거나 목적론적/종말론적인 시간 이해를 보여주진 않는다. 대표적으로 불교의 윤회사상이나 '기(氣)가 모이면 삶이고, 기가 흩어지면 죽음'이라는 도가(道家) 사상의 순환적 시간관을 예로 들 수 있다.

(2) 동양의 사유는 마음의 높은 경지를 향한 도약을 강조한다. 반면에 서양의 사유는 자연환경에 대한 개발에 관심이 많았다. 이 부분은 상식적으로 보더라도 이해하기가 어렵지 않다. 동양의 사유가 마음의 높은 경지를 선호해 왔다는 사실은 올바른 마음을 지니기 위한 숱한 '자기 수양' 관련 개념이나 사상들을 떠올려보면 된다. 유교에서 강조하는 '수신'(修身) 개념이나, 불교나 인도철학에서 가장 중요한 마음 수련 방법인 명상 등이 대표적이다. 반면에 서양의 경우는

자연을 포함한 위력적인 어떤 외적대상에 대해 인간 개인의 강한 의지를 강조하는 측면이 두드러진다. 예컨대, 서양의 고대 그리스의 문학이나 철학서를 보면, 신들에 대한 인간 개인의 주체적인 의지를 강조하는 내용이 많이 나타난다. 요컨대 정관적인 태도로 조용히 마음을 수양하는 측면보다는, 끊임없이 주변 환경을 인간 개인의 필요성에 따라 개선하고 극복하는 강한 의지를 중시하는 경향이 강했다.

(3) 동양은 주로 현실 생활세계에서의 생명(生命) 문제에 관심이 있었던 반면에, 서양은 주로 저 멀리 아득하게 펼쳐져 있는 우주의 문제에 관심이 많았다. 동양의 전통사유에서 현실을 살아가고 있는 나는 나인 동시에 세계나 우주와 긴밀하게 엮여있다. 이러한 사고에는 '인간 중심주의'(anthropocentrism)를 넘어서서 생명 중심주의(biocentrism, life-centrism)와 전지구 차원의 생태계주의를 지향하는 논리가 강하게 함유되어 있다.

한편, 서양에서는 우리가 살아가고 있는 생생한 현실보다는 저 멀리 펼쳐져 있는 우주에 보다 많은 관심을 가져왔다. 서양의 전통철학에서 가장 중요한 인물 가운데 하나는 플라톤(Plato)이다. 서양철학은 플라톤에서 나와 플라톤으로 돌아간다는 말이 있을 정도로 서양철학사에서 가장 핵심적인 철학자다. 우리가 흔히 서양철학의 아버지로 부르는 소크라테스의 철학도 플라톤이 자신의 저서에서 소개해주고 있는 것이지, 정작 소크라테스는 저작을 남기지 않았다. 플라톤 철학에서 열쇠 개념은 바로 '이데아'(Idea)이다. 서양에서 플라톤의 '이데아론'만큼 영향력을 발휘한 철학사상은 드물다. 플라톤은 존재세계를 두 가지로 구분한다. 하나는 감각적 인식과 신체적 생존의 세계로 나타나는 현실적 사물의 세계이며, 다른 하나는 정신(사유를 통한 이념의 세계)이다. 플라톤에 의하면 현실의 세계는 가짜고 진짜 세계는 이데아다. 그리고 이 이데아의 세계는 우주 저편에 존재한다. 이데아 세계는 항성계 건너편에 실재한다. 이데아의 왕국은 서양의 고대인들이 말하는 5개의 하늘 중 가장 높은 수준의 하늘[최고천; Empyreum]이다. 플라톤에 의하면 영혼의 과제는 이데아로부터 감각 세계로 하락하는 과정에서 영혼에 부과된 속박을 끊어버리기 위하여 이성의 도움을 받아 자신의 감각적 본성과 싸워서 신과 유사함을 다시 획득해야만 한다. 만약 이것이 이루어지지 않는다면, 영혼은 이것이 이루어질 때까지 육체를 통하여 방황하지 않으면 안 된다. 플라톤의 이데아론은 서양에서 철학적 혹은 종교적 사유방식의 근간을 이루어 왔다.

고대 서양에서 우주를 중시하는 사유가 발생하게 된 원인은 그들이 해양을 중심으로 살아간 것과도 관련이 있다. 주지하듯이 서양의 문명은 지중해를 중심으로 꽃을 피운다. 지중해를 중심으로, 오늘날의 국가명으로 말하면, 프랑스, 이탈리아, 스페인 등 주요 국가들이 포진해 있다. 고대 서양인들은 이 지중해를 오가며 활발한 상업 활동을 했다. 그런데 배를 타고 바다로 나갔을 때 가장 중요한 사안은 무엇이었을까? 이 당시에는 아직 나침반이 없었다. 육지와는 달리 바다에는 내가 어디에 있는지 알 수 있는 이정표가 있을 수가 없다. 바다는 지중해나 대서양이나 태평양이나 똑같은 바다일 뿐이다. 게다가 바다는 육지보다 훨씬 더 위험하다. 오죽하면 고대 그리스 말로 '진리'란 의미인 '알레테이아'(alētheia)가 망망대해에서 발견한 육지를 보고 외치는 소리인 "아! 이제 살았다."로부터 유래했을까. 고대인들이 위험하기 짝이 없는 바다에서 자신이 놓여 있는 위치를 알기 위해서는 하늘의 별자리를 잘 살펴보아야만 한다. 그런데 한밤중에 아득한 곳에서 빛나고 있는 별자리를 보고 있자면 어떤 기분이 들까? 이 당시에는 오늘날과 같이 대기가 오염되어 있지 않았을 터이니만큼 수평선 너머로 떨어지는 별똥별들의 향연이 그야말로 장관을 이루었을 것이다. 밤하늘에 떠 있는 별들을 보고 있다 보면 누구나 가끔은 마음이 심란해지면서 인간이라는 존재 자체에 대해 실존적인 고민에 빠져들 수 있다. 다음과 같은 질문을 하면서 말이다. 우리는 어디로부터 왔고, 어디로 가는 것일까? 저 우주 저편에 과연 무엇이 있는 것일까? 현실은 힘들기 짝이 없는데, 저 우주 저편에 행복이 넘치는 이상적인 왕국이 있지는 않을까?

(4) 이런 연장선상에서 동양은 주로 '대륙적' 특성을 지니나, 서양은 주로 '해양적' 특성을 지닌다. 동양이 '대륙적'인 특성을 지닌다는 사실의 사상적/문화적 의미는 이 책 전체에서 이런저런 방식으로 자주 언급될 것이다. 따라서 여기에서는 주로 서양이 '해양적'인 특색을 지닌다는 사실이 어떠한 문명사적 의의를 지니는지만 살펴보고자 한다. 다음은 지중해를 중심으로 한 유럽의 지도다.

지중해 지도를 보면 알 수 있듯이, 유럽과 북아프리카는 지중해를 중심으로 둥그렇게 모여 있다. 여기서 지중해는 마치 커다란 호수와 같은 느낌도 불러일으킨다. 바다를 중심으로 육지가 원형으로 모여 있는 이러한 지리적 조건은, 각 지역들이 교류를 활발하게 할 수 있는 여건이 되었다. 이 대목에서 서양의 문명사의 흐름이 왜 바다를 중심으로 이루어졌는지에 대해 아주 투박한 방법이기는 하지만 설명을 시도해 본다.

인류 역사에서 최초의 문명을 이룬 4대문명은 티그리스 · 유프라테스 강 유역의 메소포타미아 문명, 나일 강변의 이집트 문명, 인도의 인더스 강 유역의 인더스 문명, 중국 황허강 유역의 황허문명이다. 이들 문명은 대략 B.C. 4000~B.C. 3000년경 큰 강 유역에서 발생했다. 이 가운데 서양과 직접적으로 관련된 문명은 메소포타미아 문명과 이집트 문명이다. 지도를 보면 알 수 있듯이 오늘날 이라크 지역에서 일어났던 메소포타미아 문명과 이집트에서 발생한 이집트 문명은 서로 지리적으로 가깝다.

하지만 메소포타미아 문명과 이집트 문명이 진정한 의미에서 정신문명이 발효되거나 인간의식이 비약적으로 발전한 시기라고 볼 수는 없다. 서양에서 의미 있는 정신문명의 시작은 고대 그리스로부터 잡는다. 그런데 고대 그리스 문화는 이전 시대와 단절해 갑자기 나타난 것일까? 머나먼 옛날에 우리의 선조들이 문명을 일구기 위해 어떤 지역을 선택할 때 일순위로 고려한 기준은 바로, 살아가기에 적합한 기후와 비옥한 토양이었을 것이다. 고대 기후학자들에 의하면 고대 문명이 발생할 시점의 메소포타미아 지역과 이집트 지역은 기후도 좋았고 토지도 비옥했다. 게다가 이 지역들은 인근에 풍부한 수량을 지닌 강이 있었기 때문에 인간이 살기에 최적의 조건이었다. 인간이 무리를 이루어 어떤 지역을 정착지로 선택해 삶을 영위하게 되면, 어떤 부정적인 대가를 필연적으로 지불해야만 한다. 무리를 지은 인간의 숫자가 많으면 많을수록 이 대가는 더 비싸다. "문명의 앞에는 숲이 있고, 문명의 뒤에는 사막이 있다"는 냉소적인 말이 있다. 대체로 문명은 자연을 해치는 것과 비례하여 발전한다. 아마도 메소포타미아 및 이집트 지역에서 문명을 꽃피워 살았던 사람들은 도시화의 확대에 따라 점점 척박해지는 환경을 견디다 못해 다른 지역으로 이동했을 것이다. 즉, 지중해를 중심에 놓고 시계 반대 방향으로 돌아 그리스 지역으로 갔던 것이다. 고대 그리스 문화는 이전 시대와 단절해 갑자기 나타난 것이 아니라 이전에 있었던 메소포타미아 및 이집트 문명의 엑기스가 스며들어가 꽃을 피운 것이라고 볼 수 있다.

대략적으로 BC 8세기~BC 3세기 사이에 꽃을 피웠던 고대 그리스 문명 이후에 서양 문명의 승리자가 된 것은 오늘날 유럽의 실질적인 모태인 로마 문명이다. 역시 지중해를 중심에 놓고 시계 반대 방향으로 돌아 그리스 지역으로부터 로마 지역으로 갔던 것이다. 당연히 로마 문명에는 이전의 메소포타미아/이집트/그리스 문명의 엑기스가 농염하게 녹아 있었다. 발전된 문명을 이루는 요소들이 이런 방식으로 점점 확대되는 것이다. AD 4세기 가량까지 유럽을 주름잡았던 고대 로마 문명은 오늘날 유럽의 정치, 사회, 종교 등의 근간이라고 볼 수 있다. 그럼 로마 이후는 어디가 바통을 이었을까? 계속해서 지중해를 중심에 놓고 시계 반대 방향으로 돌아 로마로부터 프랑크 왕국(AD 4세기~8세기)을 지나 스페인으로 갔다. 주지하듯이 스페인은 이른바 대항해시대를 맞이해 AD 15세기부터 아메리카 등의 지리상의 발견을 이루어 내며 유럽의 최강자로 군림한다. 하지만 스페인은 1588년에 무적함대가 영국에게 무참하게 격파되면서, 바통을 영국에게 넘겨주었다. 이후 영국은 20세기 초중반까지 해가 지지 않는 나라로 서구의 패자가 된다. 서구 문명의 시계추는 지중해에서 시계 반대 방향으로 대서양을 거쳐, 1945년에 2차 대전이 종결된 이후부터는 미국에게 넘어가 있다. 이렇듯 서구 문명의 발달사는 바다와 긴밀한 관계가 있다.

이에 비해 중국은 해양보다는 주로 대륙[땅]을 중심으로 역사의 흐름이 전개된다. 중국은 전형적인 서고동저[서쪽은 높고 동쪽은 낮은]형의 지형을 가진 대륙이다. 서쪽은 험한 산악지형과 사막지형으로 막혀 있어서 유럽이나 중앙아시아 각 나라들과의 교류가 어려운 조건이었다. 또한 동쪽은 바다로 가로막혀있다. 중국의 동쪽 바다 건너편에는 한반도와 일본이 있으나 중국의 서쪽 지역에 비해 다양한 국가군은 아니었다. 게다가 상업보다는 주로 농경에 의지했던 중국대륙의 경제구조는 이질적인 문화권과의 교류를 등한시하도록 했다.

(5) 동양철학은 동적(動的)인 형이상학이고 서양철학은 정적(靜的)인 형이상학이다. 이런 맥락에서, 동양은 동사적인 경향이 강하고, 서양은 명사적인 경향이 강하다. 사물들 사이의 관계는 동사에 의해 표현된다. 반대로 사물들을 범주화 하여 나누는 것은 명사에 의해 표현된다. 그리고 동사는 변화하는 품사이고, 명사는 고정된 품사다. 동양이 동사적인 경향이 강하다는 말은 동양의 사유가 변하지 않는 절대원리[정적인 형이상학]보다는 삼라만상의 변화와 관계성에 초점을 맞추는 경향이 강하다는 것을 비유한 것이다. 다른 한편 서양이 명사적인 경향이 강하다는 말은 서양의 사유가 마치 활용하지 않는 명사와 같이 어떤 변화하지 않는 원리에 대한 천착이 강하다는 의미에 대한 비유다.

(6) 이러한 특징은 동양과 서양에서 질문 방식의 차이를 가져오기도 했다. 다음의 내용은 동양과 서양의 사유방식의 비교에 있어서 가장 중요한 지점이다.

> 동양철학의 관건: "그 문제는 다른 문제와 어떤 연관관계에 놓여 있는가?"
> 서양철학의 관건: "문제에 대해 과연 어떻게 대답할 것인가?"

동양은 사물들을 전체 맥락 속에서 파악하려는 경향이 강하다. 이에 반하여 서양은 대체로 범주화에 지대한 관심을 가진다. 따라서 서양은 문제 해결 과정에 형식논리를 사용하는 경향이 강하다. 고대 그리스인들이 범주화를 강조하게 된 배경에는 그리스가 무역을 중심으로 하는 경제구조였다는 사실이 가로놓여 있다. 당시 고대 그리스

상인들은 자유무역을 통해 세상에 대한 인식이 매우 다른 사람들을 정기적으로 만나곤 했다. 이러한 환경은 고대 그리스 문화로 하여금 논쟁을 중시하도록 했다. 낯선 사람들을 자주 접하게 되어 사람들마다 세상을 보는 시각이 제각각이라는 것을 깨닫고 나면, 그러한 각각의 인식들과는 무관한 객관적인 실체가 있어야만 한다는 결론에 이르기 마련이다. 왜냐하면 낯선 존재들과의 지속적인 만남은, 필연적으로, 서로 다르기 때문에 발생하는 이질적인 거리감을 메울 수 있는 공통분모를 찾도록 부추길 것이기 때문이다. 자신과 인식이 다른 사람을 만나 내가 원하는 방향으로 끌어오기 위해서는 뛰어난 설득력이 필요하다. 그런데 설득이 성공하기 위해서는 객관적으로 존재하는 현실에 대해 자신이 남보다 잘 이해하고 있다는 사실을 상대에게 인식시켜야만 한다.[01]

이와는 대조적으로, 중국은 일찍부터 통일된 문화를 가지고 있었기 때문에 중국인들이 그들과 전적으로 다른 철학적·종교적 견해를 가진 사람들을 만나는 것은 상대적으로 드문 일이었다. 또한 중국이 농경 중심이었다는 사실은 사람들로 하여금 토지에 억매이도록 함으로써 끊임없는 이동을 통해 낯선 사람들을 만나 교류를 해야만 하는 상인들과는 다른 정신문화를 잉태하도록 했다. 오랫동안 같은 장소에서 마을을 이루어 땅을 일구어가면서 함께 살아가는 환경 속에서 논쟁이란 무의미한 일일 것이다. 흔한 말로 옆집 숟가락이 몇 개인지 알만큼 친밀한 관계를 이루어 온 인간관계에서 논리적인 논쟁이란 불필요한 것이었다. 이는 중국의 전통 사유에서 논리학이 덜 발달된 원인이기도 하다.

고대 그리스인들에게 행복은 '자신의 자질을 자유롭게 발휘하는

01 리처드 니스벳, 최인철 옮김, 『생각의 지도』, 김영사, 2004, 16쪽, 45-46쪽 내용을 필자의 관점을 추가해 재정리했다.

것'이었지만, 중국인들에게 행복이란 '화목한 인간관계를 맺고 평범하게 사는 것'이었다. 이 때문에 그리스의 꽃병이나 술잔에는 전투나 육상 경기처럼 개인들이 경쟁하는 모습이 주로 그려져 있는 반면, 중국의 도자기나 화폭에는 가족의 일상이나 농촌의 한가로운 정경이 자주 등장한다.[02] 요컨대 서양이 나와 타자를 대립시키면서 자신을 도드라지게 내세우는 문화인 반면에, 동양은 나와 타자[인간; 사물; 자연 등]가 어떤 관계맺음을 해야만 하는 가에 방점을 찍었다. 이러한 동양과 서양의 전통적 사유방식의 차이는 오늘날에도 거의 그대로 나타난다.

리처드 니스벳은 자신의 저서 『생각의 지도』에서 재미있는 실험을 소개하고 있다. 이 실험은 '분리사고'와 '통합사고'의 차이점을 잘 드러내주고 있다. 니스벳은 만약 〈닭, 풀, 소〉로 이루어진 그림이 있고 이 중 둘을 당신이 묶어야만 할 때 당신은 어떻게 묶을 것인지를 묻

02 리처드 니스벳, 최인철 옮김, 『생각의 지도』, 김영사, 2004, 31쪽.
전통사회에서 서양이 범주를 중시하고 개인을 강조한데 반해 중국은 나와 타자의 '관계성'에 관심이 많았다. 흥미로운 지점은 니스벳에 의하면, 이러한 차이가 오늘날에도 거의 그대로 나타난다는 사실이다. 1930년대 미국의 초등학교 교과서에는 '딕과 제인'이라는 이야기가 있다. "딕이 뛰는 것을 보아라. 딕이 노는 것을 보아라. 딕이 뛰면서 노는 것을 보아라." 한 독립된 개체로서의 개인의 행위를 묘사하고 있는 이 문장들은 서양의 개인주의적인 관점을 잘 드러내고 있다. 반면에 똑같이 한 남자아이의 행동을 묘사하고 있음에도 불구하고 중국의 초등학교 교과서는 다른 성격을 띤 내용이 나온다. "형이 어린 동생을 돌보고 있구나. 형은 어린 동생을 사랑해. 그리고 동생도 형을 사랑한단다." 이 문장들은 독립된 개인의 개별 행위가 아닌 개인과 주변 인간 간의 '관계'를 부각시키고 있다(같은 책, 52쪽). 한 가지 사례를 더 언급해보자. 미국인이나 캐나다인은 자신들이 많은 영역에서 '평균이상'이라고 믿는 경향이 있다. 이와는 대조적으로 동양인들은 많은 속성들을 평가하는데 있어 자신을 평균 이하라고 평가하는 경향이 있다. 동양인들에게는 자신이 특별하다, 남들보다 탁월하다고 믿게 하는 문화적 압력이 없다. 관계를 중시하는 동양사회에서 개인의 과제는 남들보다 더 뛰어나다 혹은 더 독특하다는 평가를 얻어내는 것이 아니라, 복잡한 인간관계 속에서 화목을 유지하고 집단의 목표를 달성하기 위해 자신의 몫을 다하는 것이기 때문이다. 이는 동양의 학교에서는 더불어 사는 법을 가르치지만 서양의 학교에서는 학생들에게 자신을 특별한 존재로 느끼도록 가르친다는 점과 연결하여 생각해볼 수 있다(같은 책, 58-59쪽).

는다. 미국과 중국 어린이들을 상대로 실험을 하자, 다음과 같은 결과가 도출된다. 〈닭, 풀, 소〉로 이루어진 그림에서 둘을 묶어보라고 하자, 미국의 어린이들 대부분은 같은 범주에 속하는 소와 닭을 묶는다. 반면에, 중국의 어린이들은 대부분 한쪽은 동물이고 다른 한쪽은 식물이라는 다른 범주임에도 불구하고 소가 풀을 뜯어먹는 관계성에 근거해 소와 풀을 묶는다. 비슷한 방식의 다른 실험에서도 똑같은 결과가 나온다. 즉, 팬더 곰, 원숭이, 바나나라는 세 가지 사물을 제시하고 그 중 서로 가장 관련되어 있다고 여겨지는 2개를 고르게 하자, 미국의 대학생들은 동일한 분류에 속하는 팬더 곰과 원숭이를 고른 반면, 중국과 타이완 대학생들은 원숭이는 바나나를 먹는다는 관계에 근거하여 원숭이와 바나나를 골랐던 것이다.[03]

서양의 전통에서는 공통의 속성을 지닌 것들을 같은 범주로 분류하는 경향이 강하지만, 동양의 전통에서는 서로 공명(Resonance)을 통해 영향을 주고받는 것들을 같은 범주에 속한 것으로 간주했다. 예를 들어, 중국의 오행설에 따르면 '봄, 동쪽, 나무, 바람, 초록'은 모두 동일한 범주에 속했다. 왜냐하면 바람의 변화가 나머지 네 가지에 변화를 유발하기 때문이다. 이와 같이 동양은 사물들이나 현상들 사이의 '관계성'에 주로 주목했다. 전통 서양 사상은 정신과 물질, 이성과 쾌락, 형식과 질료 등을 각각 대립관계로 보았다. 하지만 전통 동양 사상의 경우는 대체로 위와 같은 상반된 영역을 통합적으로 보려했다. 기본적으로 동양철학에서는 '물아일체'(物我一體)와 같은 '…일체'(一體)의 표현이 많다. 동양의 문화적 특성이 현상들이나 사물들 사이의 '관계성'에 있다는 사실은, 동양철학의 근본적인 특징을 여러 상반된 현상/사물들을 융합하는 '혼종성'·'잡종성'·'하이브

03 리처드 니스벳, 최인철 옮김, 『생각의 지도』, 김영사, 2004, 137–138쪽.

리더티'(Hybridity)에서 찾고자 하는 필자의 주장에 힘을 실어준다.

(7) 리처드 니스벳은 동양과 서양의 사고방식의 차이에 대한 의문점들을 다음과 같이 정리했다. 그가 제시한 이 의문점들은 두고두고 생각해볼 만한 가치가 있다.

① 과학과 수학의 문제; 왜 고대 중국에서는 연산과 대수학은 발달했지만 기하학은 발달하지 못했을까? 현대의 동양인들은 서양인들보다 수학과 과학을 잘하는데도 불구하고, 그 분야에서의 최첨단 발전은 왜 서양에서 더 두드러질까?

② 주의과정과 지각과정의 문제; 왜 동양인들은 서양인들보다 사건들 간의 관련성을 잘 파악하며, 반대로 주변 환경에서 개별 사물을 분리하는 과제에서는 왜 서양인들보다 더 어려워할까?

③ 인과적 추리의 문제; 왜 서양인들은 사람의 행동을 설명할 때 상황적인 요인은 무시하고 그 사람의 내부 특성만을 강조할까? 왜 동양인들은 어떤 일이 발생하고 나면 '내가 처음부터 그럴 줄 알았지'라는 후견 지명 효과를 강하게 보일까?

④ 지식의 조직화의 문제; 왜 서양의 유아들은 동사보다는 명사를 더 빠른 속도로 배우며, 그 반대로 동양의 유아들은 명사보다는 동사를 더 빨리 배울까?

⑤ 추론과정의 문제; 왜 서양인들은 일상적인 문제를 해결할 때에도 형식논리학을 자주 사용할까? 왜 동양인들은 명백하게 모순되어 보이는 두 주장들을 동시에 받아들일까?[04]

04 리처드 니스벳, 최인철 옮김, 『생각의 지도』, 김영사, 2004, 19-20쪽.

(8) 문명사에는 최대의 수수께끼가 한 가지 있다. 동양과 서양 모두 기원전 8세기부터 2세기까지 물질문명과 정신문명이 급격한 발전을 이룬다. 비약적인 사회의 분화와 과학기술의 도약, 그리스 철학의 발전, 인도의 불교를 통한 기성 사상의 반대, 중국의 백가쟁명(百家爭鳴) 등은 모두 이 시기에 발생하였다. 독일의 현대철학자 칼 야스퍼스(K. Jaspers; 1883~1969)는 이 시기를 기축시대[차축시대; Axial Age]라고 불렀다. 이 시기가 인류 문명의 모든 바퀴살이 거슬러 올라가는 원점과 같다고 하여 기축시대[차축시대]라고 이름 붙인 것이다. 이 시대에는 지구의 여기저기에서 기적, 정신적 발효 현상이 나타난다. 이 시기에 이오니아 지역에서는 탈레스·아낙시만드로스·피타고라스 등이 활약했으며, 이집트왕 네코가 어부들에게 아프리카 일주 항해를 시키기도 했으며, 페르시아에서는 조로아스터가 등장한다. 중국에서는 백가쟁명의 시대가 시작된다. 이스라엘과 이집트, 바빌로니아에서는 수많은 예언자들이 출현한다. 인도에서는 불교가 창시되었다. 이러한 활동이 서로 전혀 관계가 없이 거의 동시다발적으로 일어났다는 사실은 사실 믿기 어려울 만큼 신기한 일이다.

야스퍼스는 『역사의 기원과 목표』에서 인류발전을 4단계로 나눈다. 첫째, 역사 이전의 단계다. 이 때에 언어의 발생, 도구의 제조, 불의 응용이 이루어져 인간은 인간답게 된다. 둘째, 고대 문명 시대다. 이 시기에 이집트, 수메르, 바빌로니아, 에게해 지역, 아리안 이전의 인도, 고대 중국에서 문명이 일어난다. 비록 문자, 농경 및 국가의 조직이 있었지만 정신적 활동은 거의 없었던 시기다. 셋째, 기축시대[차축시대]다. 기원전 8세기로부터 2세기에 이르는 기간 동안 중국, 인도 및 서양에서 거의 동시에 독립적으로 정신적 번영이 일어난다. 수많은 철학자들이 최초로 출현하여 인간의식의 자각을 표현했다. 야스퍼스는 이 시기가 바로 인류역사의 진정한 출발점이라고 말한다. 넷째, 근대에서 시작된 과학기술의 시대다. 이는 비록 서양문명으로 하여금 세계 문화의 중심지가 되도록 하였지만 중요성에서는 기축시대[차축시대]에 비할 바가 못 된다. 일종의 간헐기로 기축시대[차축시대]만이 비로소 인류 역사문화의 돌파기다. 야스퍼스는 인류가 장차 제2차 기축시대[차축시대]를 일구어내어 그것이 이전의 역사적 경험을 총괄해서 사상적으로 새로운 비약을 획득하고 인류통일의 위대한 목표에 도달할 것이라고 예언한다.

기축시대[차축시대]는 어떻게 도래할 수 있었을까? 무슨 이유로 이 시기에 전세계적으로 동시다발적으로 정신문명의 비약적인 도약을 가져올 수 있었을까? 이 부분에 대한 완벽한 해답을 기대하기는 어렵지만, 다음에 소개하는 루이스 멈퍼드(Lewis Mumford; 1895~1990)의 설명은 귀담아둘 만한 가치가 있다. 루이스 멈퍼드는 철학자이자 사회학자이고 도시 계획가이자 생태론자이기도 하다. 이 이외에도 그에게 따라붙는 전공 수식어는 많다. 전인(全人)적인 학자였던 멈퍼드는 자신의 저서 『기계의 신화 1』에서 현대 문명의 토대를 이루는 기술 발전 과정에 주목하면서, 거기에서 현대 사회의 연원과 전개 방향을 읽어내고자 했다. 그리고 기술과 예술, 중세 기술과 현대 기술을 서로 비교하면서 점차 현대 문명 전반에 대한 비판으로 나아갔다. 멈퍼드의 기술 문명 비판은 '거대 기계' 비판에서 정점에 이른다. 그는 고대 문명에 예외 없이 등장한 거대한 토목 구조물들(가령 이집트의 피라미드)에 주목한다. 거대 구조물을 축조하기 위해서는 힘든 노역을 합리화해줄 상징체계가 있어야 했고, 엄청난 규모의 인력 동원이 가능하게 할 사회적 장치들이 필요했다. 그 상징체계는 곧 태양 숭배 신앙이었고, 그 사회적 장치는 전제 군주제, 군사국가 그리고 노예제였다. 인간이 거대 기계의 부속품이 된 결과는 참혹했다. "계급 구조, 평생 동안의 역할 고착, 토지의 독점, 경제적 교육적 기회의 독점, 재산과 특권의 불평등, 노예제도의 야만성, 전쟁, 두려움, 통치계급의 과대 망상적 야망, 극단적인 대량 파괴/살상"이

뒤따랐다. 고스란히 현대의 질병이기도 한 이들 병폐는 결국 노예 반란과 문명의 해체라는 역풍을 불러왔다. 멈퍼드는 이 격변에서, 야스퍼스가 기축시대[차축시대]라고 부른 전환기의 의미를 읽는다. 멈퍼드는 기축시대[차축시대]의 종교와 철학이 거대 기계에 대한 인간의 반성과 저항, 극복 과정에서 나온 것이라고 보았다. 이들 모두는 태양이 아니라 인간으로 눈을 돌렸고 거대 기계에 참여하길 거부했으며 새롭게 구성된 공동체로부터 문명을 다시 시작하려 했다는 것이다.[05]

2. 철학이란 무엇일까?

우리가 동양철학 전반을 살펴보기에 앞서 '철학'이라는 학문은 도대체 어떤 성격을 지니고 있으며, 또한 직접적인 유용성을 강조하는 현대사회에서 가장 기초적인 인문학이라고 할 수 있는 철학이 어떤 역할을 할 수 있을지 간략하게나마 생각해보는 것은 의미가 있다.

'철학'(哲學)은 '필로소피아'(Philosophia)의 번역어다. 'philo'는 사랑이란 뜻이고, 'sophia'는 지식과 지혜라는 의미다. 즉 '지혜에 대한 사랑'이 철학이다. 하지만 이는 철학에 대한 사전적인 규정이고, 이외에도 우리는 철학이라는 학문분야에 대해 다양한 방식으로 설명하는 것이 가능하다.

05 루이스 멈퍼드, 유명기 옮김, 『기계의 신화 1』, 아카넷, 2013. 참조

첫째, 철학은 우리가 살고 있는 '세계'에 대한 근본적인 의문을 품는 학문분야다. 대체로 우리는 태어날 때부터 이미 주어져 있는 이 '세계'를 필연성을 갖고 수용한다. 대부분의 학문 분야는 이미 주어져 있는 '세계'를 일단 인정하면서, '세계'를 변혁하거나 혹은 '세계'에 잘 적응하기 위한 목적에서 일련의 학설들을 펼쳐나간다. 하지만 철학적인 사유에서 '세계'를 바라보는 인식은 보다 '근본적'이다. 칼 융이 말했듯이 "인간은 그가 이해하지 못한 세계에서 깨어났기 때문에 그것을 해석하고자 시도한다." '세계'라는 '빅-컨셉'(Big-concept) 자체가 왜 우리에게 주어졌는지 이해하려고 시도한다. 즉, '세계' 자체를 일단 무조건 수용하고 그 이후에 여러 문제해결을 시도하는 것이 아니라, '세계'라는 것이 주어져서 우리가 그 속에서 살아가야만 하는 이유를 근원적으로 추적하고자 한다. 철학이라는 학문 분야의 이러한 접근 방법은 발생한 문제점들에 대한 해결책을 제시함에 있어, 즉흥적이고 피상적인 해결책이 아니라 문제점의 발생원인을 심층적으로 파고들어가 근본적인 해결책을 마련하는 데 도움이 된다. 철학은 '지식'의 학문이 아니다. '철학함'이란 '반성'하는 것이다. 철학을 한다는 것은 기존의 지식을 반성하고, '지식에 대한 지식', '앎에 대한 앎'에 대해 묻는다.

둘째, 비유하자면 철학은 미시적으로 나무를 자세히 보게 해주고 또한 거시적으로 숲도 잘 보게 해준다. 우리는 부분과 전체를 아울러 보아야만 한다. 철학은 미래적 이상(꿈)과 현실을 공평하게 안배할 수 있는 힘을 키워준다.

셋째, 철학은 한편으로 전체 학문의 체계적인 완성이지만, 동시에 여러 학문들이 내용적으로나 방법론적으로 발전하게끔 하는 원동력이다. 철학은 단지 이론적 인식론에만 머무르는 것은 아니며 또한 오직 실천적인 처신만을 강조하지도 않는다. 오늘날, 철학이란 분야는 개별 학문 분야들의 인식들을 일관된 체계로 통일시키는 데에 도움을 줄 수 있다. "철학자는 분리해야 할 뿐만 아니라 이미 분리되어 있는 것을 다시 한번 통일시킬 때만이 본연의 소명을 완벽하게 수행할 수 있다는 사실을 최초로 깨달은 사람이다."(리하르트 크로너 Richard Kroner). 이러한 의미의 철학자는 비유하자면, 비행기를 제작할 때 전체 공정을 조감할 수 있는 책임 엔지니어와 같은 존재라고 할 수 있다. 비행기를 제작하기 위해서는 엄청나게 많은 부품이 필요하며, 또한 각각의 부품들을 제작하고 제어하는 수많은 엔지니어가 존재해야만 한다. 하지만 이 각각의 엔지니어는 비행기가 만들어지는 모든 과정을 전체적으로 조감해 보고 평가할 수 있는 능력은 없다. 비록 각각의 부품들이 어떤 기능을 하는지 전문적인 지식은 없지만, 비행기가 온전히 제작되기 위해서는 각각의 전문적인 지식들이 모여 비행기가 만들어지도록 하는 책임 엔지니어가 반드시 필요하다. 철학자는 여러 상반된 지식들을 묶어주는 '책임 엔지니어'와 같은 역할을 할 수 있다. 이른바 이종 분야의 융합이 시대적 화두인 현대사회에서 철학이 담당할 수 있는 역할이란 바로 이런 것이다.

넷째, 호모 파티엔스(Homo patiens)라는 말이 있다. 삶의 고통을 느끼며 살아가는 동물로서의 인간이란 의미다. 이 말에는 갖가지 고통 속에 살아가고 있는 현대인의 모습이 잘 녹아 있다. "철학이 시작된 것은 인간이 땅에서 재배된 것을 먹고 소화불량에 시달렸던 때"라는 말이 있다. 이 말에는 고통이 깊은 사유를 낳는다는 의미가 들어 있다. 결핍이 고민을 부르고 고민은 사유를 낳는다. 이런 과정 속에서 인간은 강해진다. 그리고 진정으로 강한 사람이야말로 남을 배려하는 부드러움이 있다. 마치 힘이 강한 요리사야말로 쉽게 고기를 부드럽게 만들 수 있듯이 말이다. 철학은 고통을 발전적인 에너지로 승화시키는 방법을 알려준다. 소크라테스(Socrates; BC470~BC399년)식으로 표현해보면, 철학자란 임산부가 고통을 잘 승화시켜 아이를 순산할 수 있도록 도와주는 산파와 같은 존재다.

이렇게 "철학이란 무엇인가"라는 질문에 대해 필자 나름대로 대답을 하기는 하였으나, 사실 학문으로서의 철학의 의미를 드러내는 가장 적절한 대답은 "모른다."일지도 모른다. 이게 무슨 뜻일까? 소크라테스는 말한다. "나는 한 가지 밖에는 모른다. 그 한 가지는 내가 아무것도 모른다는 사실이다." "철학이란 무엇인가?"라는 질문에 대한 "모른다."라는 대답은 철학은 단지 지식의 학문은 아니라는 뜻과 '진리를 향한 길'은 목적지가 없이 영원히 지속된다는 의미가 함께 들어 있다. 진리를 향해 뻗어 있는 길은 '영원'이라는 이정표만 가지고 있다.

3. '잡종'이 우대받는 사회와 동양철학의 '혼종성'

문화란 특정한 지역을 상정하지 않고서는 존재할 수 없으며, 또한 개인에게 정체성을 가져다주기도 한다. 이 지역적 의미의 문화는 다른 문화와의 '접촉'을 통해 변해 새로운 문화를 '생성'한다. 우리가 사는 세상 전체를 하나의 단위로 인식하고자 하는 개념으로 '지구촌'·'전지구화'·'세계화' 등이 있다. 이 가운데 마셜 맥루한(M. Mcluhan; 1911~1980)이 처음 정식화한 '지구촌'(Global Village)은 이 책의 키워드인 '혼종성'·'잡종성'·'하이브리디티'(Hybridity)라는 개념을 잘 담아내고 있다. 이 개념은 어느 한쪽의 문화양식이 다른 문화양식을 수렴하는 방식이 아닌 문화의 상호교차성을 잘 드러낸다. '지구촌' 개념은 끊임없이 이어지는 문화의 범세계적 '접촉'과 '생성', 그리고 문화의 혼종성을 잘 표현해준다. 지구촌 시대에서 문화는 다양성 속에서 정체성, 정체성 속에서 다양성을 추구해야만 한다. 이는 끊임없이 나와 타자의 '사이'를 건너지름으로써 생성과 변이를 생산할 수 있는 '상호 문화 잇기'이고 '문화 사슬'이다. 여기서 '사이'란 각 개체의 독립성을 인정하면서도 개체와 개체를 이어서 하나의 세계를 이루게 하는 심급이다. '사이'라는 개념은 'inter'(어떤 것과 다른 것과의 중간)와 'intra'(어떤 것 안의 일정한 범위나 내부 환경) 두 의미를 모두 지닌다. 정보통신망에서는 각각 '인터넷'(internet)과 '인트라넷'(intranet)이라고 불린다. 인터넷은 관계 맺기에, 인트라넷은 자기 범위 형성에 초점이 맞추어져 있다. 그리고 이 둘은 별개가 아니라 상호 의존적이다. 전통적 사고는 일자(一者)와 다자(多者)의 관계가 주요 화두였음에 비해 오늘날에는 다양성과 통일의 문제가 핵심에 놓인다. 현재 사회는 '다양성'-'통일성' 간의 부단한 상호 전변이 문제의 중심이 되었다.

현재는 이른바 '디지털 사이언스'시대다. '사이버스페이스'는 바로 이질적인 존재자들이 섞이고 혼융되는 잡종의 공간이다. "전지구적으로 사고하되 국지적으로 실천하라.(Think Globally, Act Locally)"는 잡종/혼종의 정신이 필요한 시대다. 현대의 음악과 영화를 비롯한 모든 대중문화는 잡종문화다. 순혈주의는 패거리문화와 칸막이 문화의 원인이다. 순종문화는 일사불란할지 모르나 창조성 발양을 위한 필수요건인 다양성이 없다. 순종 약세, 잡종 강세는 진화의 법칙이기도 하다. 우리가 먹는 쌀 중 가장 품질이 좋은 것은 한국 재래종과 일본종, 남방종을 혼합 교배한 쌀이라고 한다. 품질 좋은 후지사과도 잡종이고 개도 잡종이 똑똑하고 면역력이 강하다. 순종 약세의 대표적인 예는 바로 조선왕조다. 잡종강세의 대표적인 예는 바로 실리콘밸리다. 실리콘밸리의 70%는 외국이민자들이 세운 기업이다. 로마제국은 동맹국이나 피정복 국가의 주민에게 시민권을 부여하면서 세계적인 대제국으로 성장했다. 속국의 엘리트도 중앙권력에 진출할 수 있었다. 중국 역사상 가장 강한 제국 가운데 하나로 당나라를 꼽을 수 있다. 당시 당나라 수도 장안은 세계의 중심지였다. 당나라는 중국의 그 어느 통일왕조보다도 다른 나라의 문화나 종교/철학에 대해 관대했다. 동아시아는 물론이고 중앙아시아, 인도, 서양의 문화도 당나라라는 거대한 용광로에서 융합되었다. 당나라가 가진 힘의 원천은 바로 이 융합의 힘에서 나왔다.

하지만 '잡종'이나 '혼종'을 비판하는 수많은 순종주의자들의 언설도 존재한다. "죽도 밥도 안 된다." "한 우물을 파라." 박쥐, 얼치기, 양다리, 회색인, 짬뽕 등의 잡종을 폄하하는 개념들도 많다. 하지만 현실을 잘 살아내고 미래사회에 잘 적응할 수 있는 힘을 비축하기 위해서는 박쥐, 짬뽕이 되는 것을 두려워해서는 안 된다. '혼종성'·'잡종성'·'하이브리디티'(Hybridity) 정신에 입각해 이종을 결합하여 부가가치를 높이는 것은 사회적 성공을 위한 필수불가결한 태도다. 다양성과 다원성이라는 기초 위에서 반대 의견을 포함한 사회의 다양한 목소리를 포용·통합하는 '혼종적' 접근방식이 사회적 통합 코드로 점점 중요시되고 있다. '혼종적 문화 현상'은 이제 우리 시대의 분위기를 함축하는 문화 담론의 핵심으로 자리 잡고 있다. 곳곳에서 목격되는 문화 간 혼합은 미래사회의 진보를 예견하는 척도다.

그러면 동양철학은 이러한 '혼종성'·'잡종성'·'하이브리디티'(Hybridity) 정신을 함양해 내는데 어떤 역할을 할 수 있을까? 동양철학은 기본적으로 유기체적 사유구조를 지닌다. 이는 곧 자연과 인문 사이의 건너지름이다. 또한 '통섭적'이고 '혼종적'인 사유구조다. 유기체적 사유의 핵심적 특징은 전체 속의 각 부분들이 제각기 자신의 스타일을 견지하면서도 다른 부분들과 촘촘하게 연결되며, 부분이 전체이고 전체가 곧 부분이라는 점에서 찾을 수 있다. 유기체적 사유구조는 자연과 인문 사이의 연결, 감성과 이성의 연결, 합리성과 비합리성의 연결 등과 같이 상반된 두 가치체계를 연결한다. 철학

[진眞], 종교[선善], 예술[미美]은 통합적으로 보아야 한다. 즉, '진선미'의 '혼종'이 되어야만 한다. 동양철학은 바로 이러한 사고에 충실하다. 동양철학은 현대인들에게 개인 영역과 전체 영역 사이의 조화, 그리고 인문사회적 영역과 자연 영역 사이의 조화를 발전적으로 '의미화'하고 '체계화'하는 데 보탬이 된다. 특히 동양철학은 편들지 않은 균형으로서의 생태학과 긴밀히 엮일 수 있다. 제임스 캐머런 감독의 영화 〈아바타〉에서 주인공 제이크 설 리가 "지구인의 침략을 막을 수 있게 도와 달라."고 나무의 신에게 기도할 때, 그의 연인 네이티리가 이렇게 말한다. "대지의 어머니께서는 편들지 않아. 오로지 세상의 균형을 지킬 뿐이야." 동양철학의 모든 분야는 바로 이러한 성격의 균형을 강조한다.

또한 동양철학은 서양철학과는 달리 어떤 '이데아'적인 형이상학적 사유보다는 구체적인 삶의 처세와 그와 관련한 '마음' 혹은 '심리'의 문제에 방점을 찍는다. 동양적 사유와 논리는 죄다 심리학이라고 규정하는 것도 가능하다. 보다 정확히 표현하면 메타심리학(Metapsychology)이다. 메타심리학이란 심리학의 연구대상인 의식현상을 뛰어넘어, 그 기초이며 그것을 규정하는 무의식의 특성과 그 활동법칙을 연구하는 학문이다. 동양철학에서는 강력한 정치적 입장을 가진 몇몇 사유나 자연과학적 특징이 강한 음양오행설 등도 인간의 심리적 범주에서 다루어진다. 자연현상도 인간의 심성적 차원과 연동시켜 생각한다. 이런 부분은 서양에도 큰 영향을 주어 칼 구스타프 융(C. G. Jung; 1875~1961)의 분석심리학(Analytical Psychology)이 탄생되도록 하기도 했다. 주지하듯이 융의 분석심리학은 프로이트(S. Freud; 1856~1939)의 정신분석학(Psychoanalysis)과 쌍벽을 이루는 현대 심리학의 핵심 분야다. 융은 동양적인 정신적 가치를 매우 중시하면서 신화적 사유나 샤머니즘 등에서 인간의 원형적인 에너지를 설명할 근거를 끌어오려 했다.

특히 동양철학의 주요 개념인 무(無)의 논리는 융의 집단무의식 이론과 직접적으로 통한다. 동양철학에 풍부하게 내재되어 있는 '마음 챙김'을 위한 담론들은 현대인들의 정신을 '힐링'하는데 시사해 주는 바가 크다.

동양철학의 모든 분야가 공통적으로 희구하는 이상적인 인간형은 무엇일까? 동양철학 전반이 가장 바람직하게 생각하는 인간형은 한마디로 표현하자면 '전인(全人)적 인간형'이다. 앞으로 올 새로운 인간형은 어떤 성격을 지녀야만할까? 서양에서 포스트모던 철학을 창시한 니체(Nietzsche; 1844~1900)식으로 표현해 보면, 이상적 인간형인 초인(위버맨쉬Übermensch; 오버맨Overman)은 기존의 인간형을 극복한 존재로서, 예술가이면서 역사가이며 철학자이다. 동양에서 말하는 군자(君子)·성인(聖人)·진인(眞人)·지인(至人) 등의 이상적 인간형도 이와 마찬가지로 예술가이면서 역사가이며 철학자다. 이 인간형은 개인의 주체적인 영역을 확보하면서 공적이고 보편적인 영역을 아울러 확보할 수 있는 상호주관적 능력, 상상력과 현실적 실천성의 조화를 강조한다. 즉, 이 인간형은 '혼종적' 인간형이다. '혼종적' 사고를 지닌 인간형은 변화무쌍한 사회에 적응하고 새로운 지평을 향해 자기극복을 할 수 있는 새로운 유형의 인간형이다.

자! 그러면 지금부터 동양철학에 깃들어 있는 '혼종성'·'잡종성'·'하이브리디티'(Hybridity) 정신을 본격적으로 탐색해 보도록 하자.

02

유가(儒家)와 문화의 혼종성;
감성과 이성의 혼융

02

유가(儒家)와 문화의 혼종성;
감성과 이성의 혼융

동양철학 세부주제의 첫 장은 유가(儒家)[06]철학으로 장식한다. 동아시아에서 가장 중심적인 사유체계인 유가 철학을 공자를 중심으로 알아본다. 우선 유가를 큰 틀에서 정의해보자. 유가는 공자(孔子)를 창시자로 하고 공자와 그의 제자, 후대학자들이 제시한 도덕적 수양이라는 방법을 통해 내적으로는 성인(聖人)이 되는 것을 목적으로 하고 외적으로는 대동(大同) 세계를 이룩하는 것을 목적으로 하는 사상이다. 유가는 개인의 내면적인 측면과 사회적인 차원을 동시에 강조한 철학이다. 내적인 도덕적인 수양을 통해 개체의 정신을 고양하고, 이를 기반으로 사회적으로는 대동(大同)세계를 이룩해야만 한다. '대동'(大同)이란 유교의 고전에서 말하는 이상 사회다. 그 내용은 천하를 공유로 하면서 홀아비·자식 없는 노인·고아 등도 외롭지 않게 살아갈 수 있는 공공의 사회를 말한다. 세상은 소강

---

06 유가는 유학(儒學)과 같은 말이다. 유교(儒敎)라고 표현할 수도 있다. 필자는 유가와 유학, 유교를 혼용해서 사용할 것이다.

(小康; 먹고 살만한 시대)을 지나 대동(大同)에서 완성된다. 이 내용은 유교 경전에서 5경 가운데 하나인 『예기(禮記)』「예운(禮運)편」에 보인다. 적지 않은 사람들은 유학이 위와 아래 사이의 계층화된 도덕만 강조하는 고리타분한 사상으로 생각하곤 한다. 하지만 유학이 희구했던 가장 이상적인 사회 모습은 모든 존재가 평등하게 살아가는 세상이었다.

1. 춘추전국시대, 철학이 시작되다

중국에서 철학이 본격적으로 꽃핀 시기는 춘추전국(春秋戰國; BC 770 - BC 221)시대다. 춘추전국시대는 각각 춘추(春秋)시대와 전국(戰國)시대로 나뉜다. 통일왕조였던 주(周)왕조는 서북쪽에 있던 견융(犬戎)족의 잦은 침략에 시달리다 BC 770년에 원래의 도읍인 호경(鎬京; 오늘날의 시안西安)으로부터 동쪽에 있는 낙읍(洛邑; 오늘날의 뤄양洛陽)으로 수도를 옮긴다. 수도를 옮기기 이전의 시대를 서주시대라고 하고 옮긴 이후를 동주시대라고 한다. 이 동주시대가 바로 춘추시대와 전국시대로 나뉘는 것이다. 전국시대는 진(秦)나라의 시황제가 BC 221년에 천하를 통일하면서 막을 내린다.

온전한 통일왕조로서의 주 나라, 즉 서주는 중앙의 황실과 각 지방의 제후들이 혈연적으로 관계가 맺어진 봉건주의 체제였다. 하지만 동주시대의 시작, 즉 춘추시대에 돌입하게 되면 이러한 혈연적 유대관계는 여지없이 끊어지게 된다. 춘추시대는 주 나라가 도읍을 옮긴 때로부터 진(晉)나라의 대부(大夫)인 한(韓)·위(魏)·조(趙) 삼씨가 BC 403년에 진나라를 분할하여 제후로 독립할 때까지의 시대를 말한다. 춘추시대에는 200여개의 나라가 난립했다. 이 상황은 유럽의 근대 초기에 있었던 각 민족국가들 사이의 알력과도 흡사한 측면이 있다. 춘추시대 초기에는 각 제후국들이 주 나라의 권위를 약간은 인정했다. 하지만 시간의 흐름에 따라 점차로 몇몇 강한 제후국들을 중심으로 통합되어 간다. 전국시대(BC 403-221)가 되면 7개의 나라로 정리된다.

춘추시대 말기가 되면 철제농기구가 사용되기 시작하면서 농업생산력이 비약적으로 향상되기 시작한다. 또한 소금이나 철(鐵)의 생산이 활발해지면서 상업이 발전하고 화폐도 본격적으로 유통된다. 당연히 이러한 경제발전은 다양한 사회조직들을 양산했다. 비록 춘추시대는 이전 시대에 비해 극도로 혼란스러운 시대였지만, 이 혼란은 각 제후국들 사이의 경쟁을 바탕으로 발전의 토대가 되었다. 그리고 이 시기는 제자백가(諸子百家) 혹은 백가쟁명(百家爭鳴)이라는 말처럼 새로운 철학 사조들이 대대적으로 꽃을 피운다. 이러한 흐름은 전국시대가 되면 극대화된다.

전국시대의 특징을 정리해 보자. 전국시대가 되면 ① 우주만물을 주재하는 절대신이 이 세상을 규제한다는 천명(天命)사상이 비판을 받는다. 저 아득한 하늘에 있는 절대적 존재가 아니라 인간 개개인의 주체적 의지를 강조하기 시작한 것이다. ② 춘추시대와는 달리 기존의 주 나라의 권위를 부정하면서 7개의 제후국들이 제각각 왕을 참칭한다. ③ 철제 농기구가 보편화되면서 농업 생산력이 확장되고 무기의 발달이 급속도로 이루어진다. ⑤ 수공업의 발달로 상인 계급이 왕성하게 활동한다. ⑥ 다양한 사회적 계급들이 출현하자 이 계급들 각각의 이익을 대변하는 다양한 지식인 그룹들이 등장한다.

이러한 춘추전국시대의 여러 특징 가운데 우리의 관심사인 대대적인 학문의 발흥, 이른바 제자백가(諸子百家)의 출현에 초점을 맞춰 보자. 이는 인류의 지성사의 관점으로 보더라도 획기적인 사건이었다. 춘추전국시대에는 수많은 학파가 난립하면서 서로 경쟁하고 영향을 주고받았지만, 가장 대표적인 학파는 유가(儒家)·도가(道家)·묵가(墨家)·법가(法家)로 추려진다. 도가는 일체의 인위적인 태도와 사회제도를 배격하면서 있는 그대로의 자연적 본성을 강조했다. 묵가는 겸애(兼愛; 모든 존재가 아무 조건 없이 서로가 서로를 두루두루 사랑해야 함)·전쟁 반대·근면·절약을 강조하고 사회 정의를 중시하면서 차별 없는 사회를 추구했다. 법가는 도덕이 아닌 법에 의한 통치를 강조하면서 군주와 국가의 이익을 내세웠다.

공자가 창시한 유학은 오늘날까지 중국은 물론이고 동아시아 전반에서 가장 핵심적인 전통으로 기능하게 된다. 춘추전국시대에 접어들어 중국 최초로 수많은 사상이 다채롭게 꽃을 피웠지만, 유학과 같은 수준의 강력한 전통을 일구어낸 철학은 없다.

2. 공자(孔子); 진정한 인문주의의 시작

공자(孔子; BC551~BC479)에서 '자'(子)는 선생님이라는 의미다. 공자의 이름은 구(丘)이며 자는 중니(仲尼)다. 그는 춘추시대의 한 작은 나라였던 노(魯)나라의 추읍(郰邑; 지금의 산동성山東省 곡부[曲阜; 중국어 발음 '취푸'])에서 태어났다. 사마천(司馬遷; BC145?~BC86?)이 저술한 『사기(史記)』「공자세가(孔子世家)」에 의하면, 공자(孔子)의 아버지는 숙량흘(叔梁紇)이고 어머니는 안징재(顏徵在)다. 『사기』는 숙량흘과 안징재가 야합(野合)해서 공자를 낳았다고 말하고 있다. 또 공자는 태어날 때 머리 한가운데가 움푹 들어가 마치 언덕 같은 모습을 하고 있어 구(丘; 언덕)라는 이름을 붙였다고도 전해주고 있다. 공자의 어머니 안징재는 무녀(巫女)였다는 설이 있다. 하지만 공자는 이런 어머니와도 일찍 사별하고 어린 시절을 힘들게 보낸 것으로 보인다. 공자 자신도 이에 대해 "나는 어렸을 때 미천했다"고 술회하고 있다. 또 하나 공자를 설명하는 내용에서 거의 빠지지 않는 부분은 공자의 키가 9척이 넘었다는 기록이다. 공자의 시대에서 1척은 오늘날로 환산하면 약 22.5cm이므로 공자의 키는 2미터가 넘는다는 말이 된다.

공자는 어려운 환경에서 학문을 연마했으며 누구를 스승으로 삼았는지도 불투명하다. 공자는 거의 독학으로 학문을 배운 것으로 보인다. 공자의 통찰력은 누군가로부터의 영향이 아니라, 밑바닥 삶으로부터 길어 올린 생생한 삶의 체험에서 우러나온 것이다. 당시 각 나라들의 정치는 경대부(卿大夫)라고 불린 귀족세력에 의해 좌지우지되고 있었다. 공자와 같이 신분이 낮은 사람이 이 틈을 비집고 들어가는 것은 쉬운 일이 아니었다. 학문이 어느 정도 물이 오르자 공자는 정치에 뜻을 두게 된다. 간신히 노나라에서 자신의 경륜을 펼쳐볼 만한 높은 직책에 등용되어 국정을 담당하기에 이른다. 사구(司寇; 재판이나 형벌을 담당했던 직책으로 오늘날 법무부장관에 해당)라는 관직에 오른 것이다. 하지만 이미 나이는 50살이 넘은 후였으며, 이는 오늘날로 치면 70대 후반에 등용된 것이나 다름없었다. 이마저도 몇 년 밖에 지속되지 못해 다시 백수생활로 되돌아간다. 공자는 현실 정치 공간에서 '보편적인 사랑'[仁]을 실천하고자 했으나 깊은 좌절을 맛본다.

이 때부터 공자는 10년이 넘는 세월에 걸쳐 각국을 돌아다니며 유세를 펼치기 시작한다. 이 장대한 여정은 마치 제자들을 이끌고 각 곳을 유랑하며 이상을 펼치려 했던 예수를 연상시키기도 한다. 하지만 유감스럽게도 이에 관한 자세한 기록은 없으며 단지 『논어』를 비롯한 여러 고전에서 단편적으로 전해주고 있을 뿐이다. 공자의 철학적 사유의 엑기스는 바로 10여년이 넘는 이 장엄하고도 험난한 여정에서 형성되었을 것이라고 짐작되기에, 매우 아쉬운 일이 아닐 수 없다. 공자는 이 여정에서 각 나라의 제후들을 만나 자신의 야심찬 정치적 이상을 실현하고자 하였으나 결과적으로 볼 때 목적을 달성하지는 못한다. 비록 성과는 내지 못했지만 극심한 혼란기였던 춘추시대에 이토록 오랜 기간 동안 방랑생활을 했음에도 목숨을 잃지 않은 것은 그의 뛰어난 처세술을 잘 보여준다. 이러한 처세술은 그가 밑바닥 삶으로부터 시작한 파란만장한 인생역정으로부터 터득한 것이었다. 아무튼 오랜 천하의 주유 기간 동안 깊은 좌절만을 맛본 공자는 노나라로 돌아온 이후 후진양성에만 몰두했으며 73세에 생을 마감한다.

공자는 자신이 살았던 춘추시대를 천하 대란의 시대로 규정하면서 본래의 주 나라 때로 돌아갈 것을 주창했다. 공자는 주 나라의 2번째 군주 무왕(武王)의 동생이자 주나라 창업의 실질적인 주인공인 주공(周公)을 예찬하며 주 나라의 전성기를 다시 재건하려 했다. 주공은 주 나라의 문화적·제도적 기틀을 세운 인물로, 공자는 바로 이 당시의 사회체제로 복귀하기를 꿈꾼 것이다. 오늘날 산동성에 자리 잡았던 공자의 모국 노나라는 작고 힘이 없는 국가였으나, 그 주실(主室)이 주공(周公)의 후예였기 때문에 주 나라의 문화적 유산과 깊은 관련을 갖고 있었다. 노나라 지역은 원래 주공의 맏아들인 백금(伯禽)에게 통치를 맡긴 곳이었다. 공자가 살았던 당시 노나라의 권력은 맹(孟)·계(季)·숙(叔)씨에게 찬탈 당해 노나라 왕은 아무런 힘이 없었다. 공자는 이러한 규범적 질서의 와해를 목도하면서 주공이 세웠던 주 나라 본래의 사회체제로 복귀하고자 했다.

흔히 공자는 고대 그리스의 소크라테스(Socrates)와 많이 비교된다.[07] 공자는 소크라테스와 마찬가지로 아무런 저작도 남기지 않았

---

07 공자는 BC 551년에 태어나 BC 479년에 세상을 떠났다. 공자는 석가모니(BC 563년경 – BC 483년경)와 비슷한 시기를 살았다. 소크라테스(BC 470 – BC 399)가

다. 하지만 많은 중요한 사상가들을 선배로서 갖고 있던 소크라테스와는 달리 공자는 자신에게 영향을 준 선배 철학자들이 누구인지 불투명하다.

공자의 도덕률은 아주 쉽고 상식적이다. 인류의 지성사에서 수많은 도덕률이 제시되었으나, 사실 우리는 "자기가 하기 싫은 것을 남에게 강요하지 않는" 것과 같이 아주 상식적인 도덕도 제대로 지키지 못하곤 한다. 공자가 바랐던 세상은 상식이 통하는 세상이었다. 그러면 공자가 바랐던 세상이 과연 무엇이었는지 그의 육성을 따라가 보자.

3. 모든 사람들을 위한 교육

공자는 중국 최초로 사립학교를 세웠다. 공자는 오늘날의 용어를 빌리자면 중국에서 사학의 창시자다. 공자는 순수하게 사설학원 선생의 입장에서 자신의 가르침을 귀족 출신뿐만이 아니라 평민들인 제자들에게도 설파했다. 그러면 공자 이전 시대에는 학교의 성격이 어떠했는지 잠깐 들여다보자. 주 나라 이전의 왕조였던 은(殷) 나라에서는 학궁(學宮)이라는 교육기관이 있었다. 주 나라 시기에는 벽옹(辟雍)이라는 성역을 마련하여 이곳에서 왕이 신하들과 더불어 각종 연회·활쏘기·음악회 등을 실시했다. 이는 점차로 성격이 바뀌어 왕족을 가르치는 학교로 발전한다. 공자의 모국인 노나라에서도 이

활동했던 시기도 공자가 활동했던 시기와 큰 차이가 없다. 소크라테스는 공자가 죽은 후 약 10여년 뒤에 태어났다.

를 모방해 반궁(泮宮)이라고 했다. 이 모든 교육기관의 공통점은 왕족이나 귀족의 자제들만 가르쳤다는 점이다. 철저하게 국가가 주도하던 교육이었다. 학생들도 자발적으로 모인 것이 아니었다. 이러한 성격의 교육기관에서 학생들은 당연히 스승에 대해 자발적인 추종보다는 대체로 어떤 틀에 얽매인 기계적인 추종을 했을 가능성이 크다. 하지만 공자가 마련한 교육의 장은 국가의 조직이 아니었기에, 제자들은 공자에 대해 강제적으로 추종을 한 것이 아니라 공자의 신선한 통찰력에 반해 자발적으로 따르게 된다. 특히 공자가 제자를 받아들임에 있어 출신 성분이나 재산의 많고 적음을 따지지 않았다는 점은 특별히 방점을 찍어야 할 부분이다.

> 공자가 말했다. 나는 말린 고기 약간만 수업료로 지불한다면 누구라도 가르쳐주었다.[08]

> 공자가 말했다. 나는 귀천 · 빈부 · 높고 낮은 신분을 신경 쓰지 않고 누구나 가르쳤다.[09]

공자는 배움에 열의만 있다면 귀천을 묻지 않고 누구나 제자로 받아들였다. 다음은 『순자(荀子)』「법행(法行)」에 나오는 한 토막이다. "공자의 제자 자공이 어떤 사람으로부터 〈공자의 문인들은 어찌 그리 잡색이오?〉 하는 책망을 듣자 이렇게 말한다. 〈군자는 몸을 바르게 하고 기다립니다. 오고자 하는 자는 막지 않고 가고자 하는 자는 붙들지 않습니다. 또한 명의(名醫)의 문에는 병자가 많고, 도지개[휜 나무를 곧게 펴는 틀] 옆에는 굽은 나무가 많습니다. 이래서 혼잡한

---

08 『論語』「述而」.

09 『論語』「衛靈公」.

것입니다〉”

아마도 공자가 말한 학문적 담론에서 가장 널리 알려진 표현은 다음의 문장일 것이다.

> 배우고서 때때로 그것을 익히면[습習], 또한 즐거운 일이 아니겠는가?[학이시습지, 불역열호學而時習之, 不亦說乎][10]

여기서 습(習)이란 글자는 “자주 날개 짓을 한다는 뜻이다.”[11] 습(習)에서 “우(羽)는 ‘펼치다’의 의미다. 양기(陽氣)가 회복되어 만물이 잉태되고 자라나서 태어난다.”[12]는 의미다. 즉 ‘습’이란 새가 알에서 깨어나 아무 생각 없이 어미새가 가져다주는 먹이만 먹다가 처음으로 스스로의 힘으로 먹이를 사냥하기 위해 날개 짓을 배운다는 뜻이다. 이 글자는 인간이 스스로의 역량으로 세상을 헤쳐 나가기 위한 최초의 몸짓을 은유해 주고 있다. 위 인용문은 『논어』에서 가장 먼저 나온다. 특별한 스승 없이 독학으로 하나하나 직접 배워나가면서 새로운 사태에 적응할 수 있는 힘을 키웠던 공자의 즐거움이 잘 표현되어 있는 문장이다. 또한 공자는 학자의 학문을 대하는 기본적 태도에 대해 다음과 같은 중요한 언급을 한다.

> 아는 것을 안다고 하고, 모르는 것을 모른다고 하는 것, 이것이 바로 아는 것이다.[13]

---

10 『論語』「學而」.

11 『說文解字』「習 부 4편 上 18」.

12 『晋書 · 樂志』. 『說文解字』「羽 부 4편 上 18」.

13 『論語』「爲政」

얼핏 이 말은 너무도 상식적이기에, 실천하기가 매우 쉬운 일이라는 생각이 든다. 하지만 말은 쉬울지언정 실제로 이러한 태도를 실천에 옮기기란 쉬운 일이 아니다. 어떤 질문을 받았을 때 설사 잘 모르더라도 어떤 식으로든 아는 척을 하는 사람이 있다고 치자. 그 사람은 자신감이 결여된 사람일 가능성이 높다. 이런 사람들은 남들의 시선에 극도로 민감하게 반응하면서 '아는 척'이라는 방어막을 치는 것이다. 어느 누구라도 모르는 부분이 반드시 있기 마련이다. 마찬가지로 어느 누구라도 자신 있게 내세울 수 있는 전문적인 지식이 나름대로 있기 마련이다. 자기가 지니고 있는 전문적인 지식에 대해 자신감이 있는 사람들은 잘 모르는 부분에 대해 인정할 수 있는 자신감도 함께 지닌 경우가 많다. 또한 공자는 세간의 학자들의 태도에 대해 이런 말도 한다. "옛날의 학자들은 자신을 위한 학문을 했는데, 오늘날의 학자들은 남에게 인정을 받기 위해서만 학문을 한다."[14] 쉽게 말해 '스펙 쌓기'를 위해 학문을 하지 말라는 말이다. 오늘날에 특히 강한 울림을 전하는 말이다.

제자들을 향한 공자의 구체적인 교육 방법을 두 가지만 추려 보면, 첫째는 제각각 다른 제자들의 성향에 맞춘 '맞춤교육'이고, 둘째는 제자들이 스스로 정답을 찾아가도록 유도하는 토론식 교육이다. 다음은 『논어』「선진」편에 나오는 구절이다.

> 자로(子路)가 "옳은 것을 들으면 곧바로 실행하여야 합니까?"라고 물었다. 그러자 공자는 "부형(父兄)이 계시는데 어찌 옳다고 무조건 실행할 수 있겠는가?"라고 대답했다. 이번에는 염유(冉有)가 "옳은 것을 들으면 곧바로 실행하여야 합니까?"라고 물

14 『論語』「憲問」.

> 었다. 그러자 공자는 "옳은 것은 당장 실행하여야 한다."라고 대답했다. 이 두 번의 문답을 모두 들은 공서화(公西華)가 물었다. "자로가 들으면 곧 실행하여야 하냐고 묻자 선생님은 부형이 계시다 하셨고, 염유가 들으면 실행하여야 하냐고 묻자 선생님께서는 들으면 실행하여야 한다고 대답하시니 저는 헷갈립니다." 공자가 말한다. "염유는 소극적이어서 앞으로 나아가도록 부추긴 것이고, 자로는 너무 적극적인 성향이라 자제하도록 한 것이다."

이 인용문에는 공자의 교육심리학적인 태도가 짙게 나타난다. 공자의 제자 가운데 자로는 매사에 용감무쌍하고 실천위주의 성격을 지닌 사람이었다. 『논어』를 보면 스승인 공자에게 너무 직설적으로 질문을 해서 야단을 맞는 대목도 나온다. 공자 학파의 행동 대장이자 공자의 경호실장과 같은 역할을 한 인물이다.[15] 이에 반해 염유는 온화한 성격이었다. 이와 같이 공자는 제자들의 타고난 저마다의 소질이나 성향에 맞추어 부족하면 보태고 지나치면 덜어내는 교육을 시행했다.

다른 한편 공자는 학문을 함에 있어 제자들의 자발적인 노력을 강조했다.

> 나는 배우는 자가 스스로 분발하지 않으면 깨우쳐주지 않으며, 잘 표현하고 싶은데 잘 되지 않아 애태우지 않으면 더 이상 말해주지 않는다. 그리고 네 귀퉁이가 있다고 할 때 한 귀퉁이를 들어보여 주었는데 나머지 세 귀퉁이로 반응해 오지 않는다면 다

---

15 공자는 자로의 지나치게 행동지향적인 성격을 우려하면서 자로가 "온전한 죽음을 면하기는 어렵겠다."고 걱정하기도 한다. 실제로 자로는 위(衛) 나라 '공리(孔悝)의 난' 때에 죽음을 당한다(『春秋』).

시는 가르쳐주지 않는다.[16]

여기서 세 귀퉁이로 반응해 온다는 말은 제자들과 자유롭게 토론하고자 하는 공자의 태도를 잘 보여주고 있다. 제자가 성실한 마음으로 배우려고 하지만 일시적으로 이해하지 못할 때가 있는데, 이때 스승은 계시를 주어 깨닫게 해야 한다. 네모진 사물에는 4개의 귀퉁이가 있다. 한 귀퉁이를 들면 반대쪽의 귀퉁이와 나머지 두 개의 귀퉁이는 모두 유추해 알 수 있다. 요컨대 배우는 과정에 있는 사람은 지식을 구하려는 성실한 마음 자세가 있어야 하고, 표현하려는 의지와 능력이 있어야 하며, 하나를 제시하면 유추에 의해 다른 나머지 것을 구할 줄 알아야 한다는 것이다.

4. 공자철학의 알파이자 오메가; 인(仁)

'인(仁)'은 공자철학에서 처음과 끝을 관통하는 가장 중요한 개념이다. 공자가 말하는 인 개념은 상당히 넓은 뜻을 지닌다. 공자는 제자들과의 문답 속에서 다양한 방식으로 인을 설명하고 있다. 하지만 우선 인을 단순하게 규정해 보면 '사람됨의 근본'이라고 말할 수 있다. 인이란 품격을 지닌 인간이 발산하는 '인간적 매력'의 근원이다.

공자의 제자 번지(樊遲)가 인(仁)에 대해 물었다. 공자가 대답했

16 『論語』「述而」.

다. "인이란 사람을 사랑하는 것이다."[17]

'인(仁)'은 사람 '인(人)'과 숫자 두 '이(二)'가 합쳐진 한자어다. 즉, 사람이 둘이 있다는 의미다. 이 글자는 사람들 사이의 관계성을 잘 드러내주고 있다. 사람들 사이의 관계 양상을 떠올려보면, 부부간의 관계·친구와의 관계·나와 윗사람 혹은 아랫사람과의 관계 등 숱한 관계가 있다. 아마도 부모와 자식 사이의 관계를 제외하고 가장 순수한 관계는 남녀 사이의 관계(부부관계 및 애인과의 관계)일 것이다. 인(仁)은 마치 남녀 사이의 관계와도 같이 이해관계를 덜 따지는 관계를 다른 사람 사이의 관계로까지 확산시키자는 의미다. 앞의 인용문에서 나온 "사람을 사랑한다."는 공자의 말에는 혈족에 얽매인 사랑을 뛰어넘는 사회적 개방성이 내포되어 있다. 이미 언급한 대로 공자 이전 시대의 교육은 주로 국가가 담당했다. 그리고 이 국가가 담당한 교육기관에서 학생들은 왕족이나 귀족의 자제들로만 국한되었기에 사회적으로 개방된 사랑을 실천하기란 어려웠다. 하지만 공자가 마련한 사적 교육기관은 국가에 소속된 교육기관에 비해 보편적 사랑을 실천하기에 훨씬 좋은 조건이었다.

요컨대 인(仁)이라는 글자에는 사람들 간의 '관계'에 특별한 의미를 부여하는 유학의 특징이 잘 나타난다. 그리고 사람들 사이의 관계성을 강조하는 것은 유학뿐만이 아니라 동양적 사유의 전반적인 특징이기도 하다.

공자의 제자 안회가 인이란 무엇인지를 묻자 공자는 '극기복례(克己復禮; 이기적인 자아를 극복해 예로 돌아감)'[18]라고 대답한다. 전체 사회를 아우르는 총체적 규범인 예(禮)는 개인의 주체적인 역량을 바

17 『論語』「顔淵」.

18 『論語』「顔淵」.

탕으로 한 구체적인 실천 속에서 구현되어야만 한다. 공자는 또 이렇게 말한다.

> 사람이 인(仁)하지 못하다면 예(禮)가 무슨 소용이겠는가? 사람이 인(仁)하지 못하다면 악(樂; 음악)이 무슨 소용이겠는가?[19]

이렇듯 공자에게 인은 다른 모든 도덕관념의 뿌리가 되는 개념이다. 흥미롭게도 한의학에서는 기(氣)가 자연스럽게 순환되지 못하고 막히는 마비 증상을 불인(不仁; 인하지 못함)이라고 표현한다. 여기에서 인은 단순히 사람들 사이의 관계에서 갖추어야만 할 도덕적 의미를 넘어 천지 대자연의 자연스러운 흐름과도 관련된다. 사람들 사이의 관계가 원활하게 흐르지 못하고 막히는 현상도 불인이고, 몸 안에서 기의 흐름이 순탄하지 못해 순환계 계통에 문제가 생기는 것도 불인이다. 전자의 불인은 남을 함부로 대할 때 나타나며, 후자의 불인은 내가 내 몸을 함부로 대할 때 나타난다. 또 이렇게도 생각해 볼 수 있다. 인(仁)은 영어로 'sensitivity(감각)'로 새길 수 있다. 물론 인에 대한 영어 번역에는 이외에도 여러 가지가 있다. 이를테면 인은 'Humanity(인간다움)', 'Benevolence(박애)', 'perfect virtue(완전한 덕)', 'Kindness(친절)' 등으로 해석된다. 그런데 만약 인을 '감각'이라는 의미의 'sensitivity'로 본다면, 불인(不仁)은 무감각, 즉 마비상태가 된다. 마비상태는 영어로 'anesthetic'이다. 여기서 an을 빼면 esthetics가 된다. 이 말은 미학이라는 뜻이다. 아름다움은 곧 감각의 세계다. 이러한 관점을 좇아가 보면 인이란 타자에 대한 '아름다운 감각'이라는 해석이 된다.

19 『論語』「八佾」.

그리고 이러한 감각은 모든 다른 도덕관념이 싹트게 해주는 '씨앗'이다. 한의학에서 살구씨는 행인(杏仁)이라고 한다. 여기서 행(杏)은 살구라는 의미이고 인(仁)은 '씨앗'이라는 뜻이다. 씨앗은 모든 식물의 원천이다. 이제 우리는 "사람이 인(仁)하지 못하다면 예(禮)가 무슨 소용이겠는가?"라는 공자의 말이 무슨 의미인지 분명하게 헤아릴 수 있다. 아무리 예(禮)와 악(樂)이 중요하다 하더라도 감수성이라는 '씨앗'이 없는 예악은 인간을 무겁게 압박할 수 있다.

글자로서의 '인'(仁)의 원형적 의미를 천착해 보면 또 하나의 중요한 함의를 발견할 수 있다. 1993년, 중국 호북성 형문시 곽점촌의 어느 무덤(전국시대 초나라의 공동묘지)에서 대량의 죽간이 출토된 적이 있다. 죽간이란 대나무를 얇게 자른 조각을 가리킨다. 이 죽간은 BC 400년 무렵에 만들어진 것이었다. 학자들은 이 죽간에서 '仁'(인)이라는 글자가 흔히 보던 모양이 아니라는 사실을 발견한다. 위에 글자 '몸 신(身)'이 있고, 아래에 글자 '마음 심(心)'이 있는 모양이었던 것이다. 그리고 '몸 신(身)'은 갑골문자 시기에는 글자 '사람 인(人)'에서 배가 불룩 나온 모양이었다. 즉 임신한 여성의 몸이라는 의미였다. 종합해보면 '인'(仁)이란 즉, "임신한 여성이 자신의 몸에 깃들어 있는 또 다른 생명을 생각하는 마음"이라고 볼 수 있다.

이와 같이 인(仁)은 중요하면서도 다양한 여러 의미를 품고 있는 개념이다. 공자의 인은 그의 사상을 관통하는 가장 핵심적인 개념이지만, 플라톤의 '이데아'와 같은 형이상학적 의미를 지니지는 않는다. 무아지경 상태에서 맛볼 수 있는 어떤 신비로운 경지도 아니다. 인은 내가 타자를 대할 때 나타나는 구체적인 감각이다. 한편 공자에 의하면 인 개념은 구체적인 삶의 처세에도 도움이 될 수 있다.

> 자장(子張)이 공자에게 인(仁)에 대해서 물었다. 공자가 대답했다. "다음과 같은 다섯 가지 일을 세상에서 실행할 수 있다면 인

자라고 할 수 있다." 자장이 자세히 말해 줄 것을 부탁했다. 공자가 말했다. "다섯 가지란 공손함, 관용, 신용, 민첩함, 은혜로움이다. 공손하면 업신여김을 당하지 않고, 관용이 있으면 인기가 높아지며, 신용이 있으면 남들이 의지하고, 일을 민첩하게 잘 처리하면 성공할 가능성이 높아지며, 은혜로우면 남들을 내가 원하는 방식대로 이끌어갈 수 있다."[20]

우리는 흔히 공손함·관용·신용 등의 도덕 가치를 어떤 목적의식과는 상관없는 그것 자체로 옳은 가치이기 때문에 실천에 옮겨야 한다고 생각하는 경향이 있다. 하지만 인용문에서도 알 수 있듯이, 공손함·관용·신용 등의 도덕 가치는 남들에게 업신여김을 당하지 않기 위해, 그리고 나의 인기를 높이는 데에, 또 남들이 나에게 의지해오도록 하기 위해, 삶의 구체적인 처세 차원에서 보탬이 된다. 당연한 맥락이지만 공자의 인은 통치자가 백성을 다루는 태도의 기본 바탕이기도 하다.

중궁(仲弓)이 인에 대해 공자에게 물었다. 공자가 대답한다. " … 백성들에게 일을 시킬 때는 마치 큰 제사를 거행하듯이 신중하고도 공경하는 마음자세로 임해야 한다. [또한] 자기가 원하지 않는 일을 남에게 강요하지 말아야 한다. [마지막으로] 나라 안의 백성들에게 원망을 사지 않고 가족들에게 원망을 받는 일이 없어야 한다."[21]

이 인용문에서 핵심 문구는 "자기가 원하지 않는 일을 남에게 강

20 『論語』「陽貨」.

21 『論語』「顔淵」.

요하지 말아야 한다."는 표현이다. 이런 태도는 남들이 자기실현을 할 수 있도록 적극적으로 돕는 자세로 확대되어야 한다. "인자(仁者)는 자기가 서고자 하면 남 또한 서게 해주고, 자기가 통달하고자 하면 남 또한 통달하게 해준다. 인을 실천하는 방법이란 자기 자신이 하고 싶은 것을 잘 헤아려 남을 이해하는 것이다."[22] 여기서 "자기가 원하지 않는 일을 남에게 강요하지 말아야 한다."는 것은 '서'(恕)이고, "자기가 서고자 하면 남 또한 서게 해주고, 자기가 통달하고자 하면 남 또한 통달하게 해준다."는 것은 '충'(忠)이다. 오늘날에도 우리는 흔히 이를 '충서'(忠恕)라고 합쳐서 부른다. 특히 '서'의 경우는 공자 스스로 제자들이 평생 동안 따르기를 바랐던 핵심 개념이다.

하지만 인은 남에 대한 배려를 위해 무턱대고 자신을 희생하는 태도는 아니다. 공자는 자기 자신에 대한 가치부여가 결여된 희생을 경계했다. "재아(宰我)가 공자에게 물었다. 〈인한 자에게 사람이 우물에 빠져있다고 알려주면 그는 우물에 들어가야 합니까?〉 공자가 대답했다. 〈어찌 그런 짓을 할까! 군자에게 우물 근처에까지 가게 할 수는 있을지언정 우물에 빠지게는 할 수 없다. 이치를 내세워 군자를 속일 수 있을지는 모르겠으나 바보로 만들 수는 없다〉[23]

공자의 정신세계는 흔히 '우환의식(憂患意識)'이라는 개념으로 설명한다. 우환의식이란 단순히 우울한 감정을 의미하지는 않는다. 다음은 현대 중국 철학자 서복관(徐復觀)의 언급이다. "우환(憂患)은 … 책임감에서 나온 것으로 곤란한 일을 몸소 돌파하는 것이 요구되면서 아직 돌파하지 못한 심리상태이다." 인(仁)은 우환의식에 대한 심각한 표현이다. 이는 어찌 보면 자기 연민과도 비슷한 감정이

22 『論語』「雍也」.

23 『論語』「雍也」.

다. 자기를 사랑하고 심지어 불쌍히 여겨야만 남에게도 그렇게 할 가능성이 높다. 현대사회에서 점점 더 많아지고 있는 이른바 사이코패스란 자기 자신을 극단적으로 혐오하는 부류라고 볼 수 있다. 이들은 남의 고통에 대해서 전혀 공감을 하지 못하는 사람들이다. 자기에 대한 혐오는 필연적으로 남에 대한 미움으로 나타날 수밖에 없다. 공자에게는 자신의 이상이 펼쳐지지 못하는 것에 대한 자기 연민과 남들에 대한 공감의식이 뒤섞여 있었다. 공자의 우환의식은 잘못된 세상에 대해 경종을 울려야 한다는 사명감이 모진 현실에서 좌절을 맛볼 때 나타나게 된 것이다. 공자는 실현 불가능한 이상에 자신을 맡겼다.

> 자로(子路)가 석문에서 숙박을 했다. 다음날 석문을 지키는 문지기가 자로에게 물었다. "어디서 오셨습니까?" 자로가 대답했다. "공씨 집에서 왔습니다." 문지기가 말했다. "아! 불가능한 줄 알면서 이상을 펼치려고 하는 바로 그 사람이요?"[24]

5. 내면적 가치; 시(詩)에 의한 '감성' 다듬기

유학에서는 사서오경(四書伍經)을 중시한다. 사서는 『논어』·『맹자』·『중용』·『대학』을 가리키며 오경은 『시경』·『서경』·『역경』·『예기』·『춘추』를 말한다. 이러한 오경 가운데 하나인 『시경(詩經)』이 어

24 『論語』「憲問」.

떻게 형성되었는지는 구구한 설이 있지만, 약 기원전 1200년경부터 한(漢)나라 초기까지의 시들을 한나라 초기에 편집한 것이라고 보는 것이 정설이다. 『시경』은 줄여서 『시(詩)』라고 표현하기도 한다. 『시경』에는 300편이 넘는 시가 실려 있는데 그 절반이 넘는 양이 국풍(國風)이다. 국풍이란 채시관(採詩官; 시를 채집하는 관리)들이 거리에서 수집한 민요들이다. 이 국풍에는 남녀 간의 사랑, 세태에 대한 풍자, 갖가지 풍속, 세상에 대한 원망 등이 풍부하게 들어 있다. 공자는 제자들에게 말한다.

> 너희는 어째서 시(詩)를 배우지 않느냐? 시는 감흥을 불러일으킬 수 있으며, 사회의 기풍을 간파하게 해주며, 다른 사람과 잘 어울리게 해주며, 백성들의 현실에 대한 울분을 토로하게 해준다.[25]

공자에 의하면 『시경』에 나오는 시들은 인(仁)의 감각을 불러 일으켜주고, 이런 감각을 바탕으로 타자와 잘 소통하게 해주며, 백성들의 생각을 알 수 있게 해준다. 또한 백성들이 마음에 맺힌 울분을 토로하게 해 준다. 공자는 시를 인의 감각을 훈련하는 매개체로 삼음과 동시에 백성들의 실정을 파악하는 도구로 활용하고자 했다. '있는 그대로'의 진솔한 감정 토로는 그 자체로 아름다운 것이다. "공자가 말씀하였다. 시 300편을 한마디로 표현하면, 사무사(思無邪; 사색함에 사악함이 없음)이다."[26] "『시경』「관저」의 시는 즐거우면서도 음탕하지 않고, 슬프면서도 몸을 상하게 하는데 까지는 이르지 않았다."[27] 즐거우면서도 음탕하지 않은 태도는 욕망 충족에 있어서

25 『論語』「陽貨」.

26 『論語』「爲政」.

27 『論語』「八佾」.

의 '중용'적 태도이다. 슬프면서도 몸을 상하게 하는데 까지는 이르지 않았다는 것도 같은 맥락이다. 『시경』에 나오는 시들이 중용의 가치를 체현하고 있다는 사실은 공자 이후에 맹자와 더불어 가장 중요한 유학자인 순자(荀子)도 언급하고 있다. 그는 다음과 같이 말한다. "시(詩)란 음악을 절제하여 중화(中和)하게 한 것이다."[28]

그러면 『시경』에 나오는 시들 몇 편을 소개해 보도록 하자.

① 사랑을 표현한 시의 사례

> "매실을 던지는데, 그 열매가 일곱 개. 나를 쫓는 뭇 남자, 좋은 때를 놓치지 마세요. 매실을 던지는데, 그 열매가 세 개. 나를 쫓는 뭇 남자, 지금을 놓치지 마세요. 매실을 던지는데, 기울어진 광주리, 마저 던지고. 나를 구하는 뭇 남자, 말만 하면 되요."[29]

이 시에는 언제인지 시기는 알 수 없지만 고대 중국인들의 남녀 간의 연애와 관련한 생활상이 잘 묘사되어있다. 시를 다시 한 번 주의 깊게 살펴보자. 또 상상을 해 보자. 매실을 따고 있는 일군의 여자들이 있다. 그런데 그 곁을 한 남자가 지나간다. 여자들은 이 남자가 마음에 들었다. 남자가 자신을 돌아다보도록 하기 위해 매실 열매 한 개를 정조준 해 남자에게 던져서 정확히 맞춘다. 만약 이 남자가 마음에 들지 않았다면 여자들이 돌을 던졌을지도 모를 노릇이다. 매실 열매를 남자에게 계속 던지지만 남자는 본체만체한다. 광주리에 담긴 매실이 점점 없어져 기울어질 정도로 계속 던지지만 남자는 계

28 『荀子』「勸學」.

29 『詩經』「國風; 召南, 小星」.

속 그냥 간다. 어떤 여자가 "나를 구하는 뭇 남자, 말만 하면 되요." 라고 마지막으로 한마디 한다. 이 시는 자유분방한 연애생활을 했던 고대 청춘남녀들의 생활상을 읽어낼 수 있는 소중한 자료일 수 있다.

> "관관(關關; 암컷과 수컷이 서로 부르는 소리)히 우는 저구(雎鳩; 물새의 일종), 하수(河水)의 모래섬에 있구나. 요조숙녀는, 군자의 좋은 짝이로다(요조숙녀, 군자호구窈窕淑女, 君子好逑). … 요조숙녀를 자나 깨나 구하노라. 구하여도 얻지 못하니, 자나 깨나 생각하고 그리워하여, 아득하고 아득해라. 전전반측(輾轉反側)하노라. … 요조숙녀를 거문고와 비파로 유혹하노라."[30]

이 시에는 오늘날에도 사용하는 유명한 말들이 몇 개 나온다. "군자의 좋은 짝이로다(요조숙녀, 군자호구窈窕淑女, 君子好逑)"와 '전전반측(輾轉反側)'이 바로 그것이다. '숙녀'라는 말이 오늘날에는 조신한 여자라는 뜻으로 쓰이지만 당시에는 그저 아가씨 정도의 의미였고, '군자'도 도덕적으로 뛰어난 사람이라는 뜻이라기보다는 그냥 '남자다운 사내'라는 뜻이었다.

② 탐관오리에 대한 울분을 표현한 시의 사례

> "큰 쥐야 큰 쥐야, 내 기장을 먹지 마라. 3년 동안 너와 알고 지냈거늘, 나를 즐겨 돌아보지 않으면, 떠나서 장차 너를 버리고,

---

30 『詩經』「國風; 周南, 關雎」.

저 낙토(樂土)로 가리라."[31]

이 시는 탐관오리를 큰 쥐로 비유하면서 수탈에 시달리는 당시 서민들의 고통이 세련되게 잘 묘사되어 있다.

③ 집안 가장의 애환을 표현한 시의 사례

"북문(北門)으로부터 나가며, 마음에 근심하기를 많이 하였노라.
끝내 어렵고 또 가난하거늘. 나의 어려움 알아주는 이 없구나. …
내 밖으로부터 들어오니, 집안사람들은 돌아가며 나를 욕한다."[32]

돈을 충분히 못 벌어와 집안사람들에게 무시당하는 가장의 슬픈 애환이 설득력 그려져 있는 명시다. 바로 앞의 시와 더불어 오늘날의 입장으로 보더라도 공감이 많이 가는 시라고 평가할 수 있겠다.

공자에 의하면 시(詩)는 다음 절에서 다룰 예(禮)라는 코드와 긴밀하게 연관된다. 공자는 마음/행위의 자세를 높은 경지로 도약하기 위한 구체적 방법으로 시(詩)와 예(禮)를 강조했다. 공자는 자신의 아들 백어(伯魚)에게 시를 공부하지 않으면 중대한 것을 표현할 수 없으며, 예를 공부하지 않으면 입신할 수 없다고 말하기도 한다. 다시 말해 시를 배워 풍부한 감성을 갖추어야만 비로소 인(仁)이라고 하는 중요한 도덕관념을 이야기할 수 있고, 예를 배워 몸가짐이 우아한 사람이 되어야 사회적으로 인정을 받는 존재가 될 수 있다.

31 『詩經』「國風; 魏風, 碩鼠」.

32 『詩經』「國風; 邶風, 北門」.

6. 외면적 가치; 예(禮)에 의한 '몸태' 다듬기

'예(禮)'라는 글자에서 시(示)는 T자 모양의 제단 위에 짐승의 사체가 놓이고 양측에서는 피가 뚝뚝 떨어지고 있는 것의 상형이다. '례(豊)'는 나무로 만든 제기인 '두(豆)' 위에 제물(祭物)을 올려놓은 모양을 상형한 글자다. 또 '옥을 담은 그릇' 혹은 '술잔'이라는 주장도 있다. 하지만 정확히 무슨 뜻이건 간에 '신 앞에 바치는 제물'이라는 점에서는 차이가 없다. 요컨대 예(禮)란 제사와 관련된 글자다.

유학에서 예는 첫째로 사람과 초자연적 존재와의 교섭이다. 이 첫째 의미는 예의 본래의 기능이었던 제사라는 퍼포먼스와 관련이 깊다. 이러한 예의 차원은 사회적 맥락(인간의 영역)과 신성함(영적 영역)을 묶어주는 기능을 담당한다. 예란 사회적 삶에 얽매인 인간이 시간적인 제한을 넘어서서 제사 등을 통해 조상을 만남으로써 심령적인 것과 교류하는 심적 기술이다. 이 논리를 조금 확대해 보자. 우리가 만약 자기 조상들을 계속 소급해 올라가면 공통된 조상에 맞닿을 것이다. 그리고 이것은 천(天; 하늘)에 대한 존경으로까지 연결된다. 이런 태도가 될 때, 단순한 욕망의 경쟁상대로서 상대를 보는 적의의 감정을 진정시킬 수 있다는 것이 첫 번째 예의 기능이다.

둘째로 예는 '고상하고 우아한 몸가짐에 대한 예술'이다. 우리는 흔히 '예(禮)' 개념을 접하면 예의범절이나 사람이 갖추어야만 할 기본적인 에티켓을 떠올린다. 물론 유학에서 말하는 예는 이보다 훨씬 복잡한 내포와 외연을 지니지만, 예에 관한 본래 의미가 제사와 관련된 것을 생각해 보면 우선은 간단하게 예의범절이라는 의미로 새겨도 크게 어긋나지는 않는다. 우리가 제사를 지낼 때는 최대한 몸가짐을 단정하게 한다. 마음가짐 또한 경건하고 숙연하게 갖춘다. 예는 이러한 제사 때 실천하는 몸과 마음의 자세를 일반 사회관계에서

도 그대로 실천하고자 하는 도덕률이라고 생각해도 좋다. 이런 의미에서 필자는 예를 '고상하고 우아한 몸가짐에 대한 예술'이라고 규정한 것이다. 또한 이런 면에서 볼 때 예는 아름다운 행위와 양심의 통일이라고 정의될 수 있다.

> 공자가 말씀하셨다. 공손하면서도 예(禮)가 없으면 수고롭기만 하고[지나치게 공손하면 비굴하게 보여 상대에게 무시당할 수 있고], 신중하면서도 예가 없으면 두려워만 하게 되며[신중함이 지나치면 신경쇠약에 걸릴 수 있고], 용감하면서도 예가 없으면 혼란하여 난폭하게만 되고, 정직하면서도 예가 없으면 급하여 너그럽지 못하게 된다[너무 지나치게 정직하면 남들이 볼 때 피도 눈물도 없는 냉정한 사람으로 본다]."[33]

위 인용문에서 [ ]는 필자가 현대식으로 다시 해석한 부분이다. [ ]에서 필자가 재해석한 부분을 보면 명백하게 드러나지만, 예란 사람들 사이의 관계에서 어느 한쪽으로 지나치게 흐르지 않고 중용적인 태도를 지닌 품격 있는 인간의 태도와 관련된다. 특히 이 인용문은 처세술이라는 차원에서 볼 때 우리가 오늘날 현대사회를 살아가는데 도움이 되는 의미 있는 지침을 선사해 준다.

셋째로 예는 올바른 정치와 관련된다. 공자에 의하면 올바른 정치란 "왕은 왕다워야 하고, 신하는 신하다워야 하며, 아버지는 아버지답고, 자식은 자식다워야 한다[군군, 신신, 부부, 자자君君, 臣臣, 父父, 子子]."[34] 이를 정명론(正名論)이라고 한다. 왕의 행동은 왕이라는 명칭과 부합되어야만 한다. 왕이 왕의 자리에 걸맞게 넓은 스케일

---

33 『論語』「泰伯」.

34 『論語』「顔淵」.

로 사태를 바라보지 못하고, 어떤 정해진 일에만 한정되어 있는 일반 신하들의 일처리 방식에 머물러 있다면 그 나라는 '비전'이 없다. 누구나가 자기가 처한 역할에 충실하다면 사회의 예 질서는 어렵지 않게 달성될 수 있다. 그리고 이러한 통치술은 신뢰를 기반으로 해야만 한다.

> 자공(子貢)이 정치에 대해 공자에게 물었다. 공자가 대답했다. "식량을 충분히 마련해 놓고 강한 군대를 확보해 놓으며 백성들로부터 신뢰를 얻어야만 한다." 자공이 다시 묻는다. "만약 이 세 가지 가운데 하나를 반드시 버려야만 한다면 어떤 것을 선택하시겠습니까?" 공자가 대답했다. "군대를 버려야 한다." 자공이 또 다시 물었다. "만약 나머지 두 가지 가운데 하나를 또 버려야만 한다면 이제는 어떤 것을 선택하시겠습니까?" 공자가 대답했다. "식량을 버려야 한다. 사람은 굶으면 죽지만, 어차피 모든 사람은 죽기 마련이다. 하지만 백성들에게 신뢰를 주지 못하면 국가의 정치 자체가 제대로 성립될 수 없다."[35]

공자의 정치관에는 마키아벨리(N. Machiavelli; 1469 - 1527)와 같은 술수가 전혀 발견되지 않는다. 공자에 의하면 "정치란 바르게 하는 것이다."(정자, 정야政者, 正也)[36] 공자에게 정치란 단순히 지배자의 피지배들을 향한 통치가 아니라 도덕적인 행위였다. 공자의 관점에 의하면 사회의 질서는 사회구성원들이 도덕적 수치심을 가져야만 이루어질 수 있다. 단편적인 예를 하나 들어보자. 어떤 가난한 집안에 어머니와 아들 둘이 살고 있다. 어머니는 가정을 꾸려 나가고 아

35 『論語』「顔淵」.

36 『論語』「顔淵」.

들을 교육시키기 위해 힘들게 돈을 벌어야만 한다. 일 때문에 아들을 잘 챙겨주지 못하자 아들은 삐뚤어지기 시작한다. 하지만 어머니는 그런 아들에게 잔소리를 하는 대신 아들이 학교에 갈 때 늘 묵묵히 정성스럽게 싼 도시락을 내민다. 친구와 함께 먹으라고 반찬도 넉넉하게 넣어서 말이다. 이렇게 지극정성을 다하는 자기의 마음을 아들이 알아주지 않아도 어머니는 아들을 인격적으로 대우하며 어머니가 할 역할을 충실히 수행한다. 하지만 어느 날 어머니는 아들에 대한 야속한 마음이 들어 눈물을 흘린다. 그것도 아들이 볼까봐 몰래 숨을 죽이면서 말이다. 이런 모습을 아들이 우연히 보았다고 하자. 만약 힘들다고 어머니가 아들이 직접 보는 앞에서 눈물을 적셨다면 아들은 짜증을 낼 가능성이 많다. 하지만 홀로 외롭게 어머니가 우는 모습을 우연히 보게 된 경우라면 대부분의 경우 강한 도덕적 수치심을 느낄 것이다. 공자가 생각한 도덕적인 수치심을 바탕으로 한 예(禮)의 질서는 바로 이러한 성격이라고 볼 수 있다. 특히 공자가 중시한 정치가의 도덕적 책임이라는 테제는 오늘날의 한국 정치지형에도 시사해 주는 바가 크다.

지금까지 살펴본 바와 같이 예는 개인의 행위, 사회적 관계, 정치적 기구, 종교적 행위 등 다양한 측면들을 포함한다. 예 개념은 기독교의 율법이나 인도의 법(dharma) 개념보다 포괄적인 개념이라고 볼 수 있다.

7. 시(詩)와 예(禮)를 악(樂)으로 조화시키다

중국 고대의 문화에서 악(樂)은 단순히 음악이 아니라 인격 수양과 같은 도덕과 관계가 깊었다. 따라서 음악은 교육에서 중요한 역할을 담당했다. 공자가 생각하는 음악의 위상도 마찬가지였다.

> 공자가 말했다. 『시경』에 있는 시(詩)를 배워 도덕적인 감흥을 불러일으키고, 예(禮)를 배워 도덕적인 규범을 세우며, 악(樂; 음악)을 배워 인격을 완성한다.[37]

여기서 '시→예→악'이라는 순서는 곧, '예술적 감성→올바른 규범→도덕적 승화'라는 교육의 단계를 나타내기도 한다. 이를 오늘날의 교육제도로 비유해 보자. 시는 감성을 불러일으키는 교육으로써 초등학교에서 중시해야만 한다. 어렸을 때는 지식보다는 창의성을 일깨우는 것에 집중하는 것이 좋다. 예는 중·고등학교의 교육에 해당한다. 너무 감성에만 치우치면 방만해질 수 있다. 학생이 사춘기에 접어들게 되면 예로써 질서 의식을 심어주어 스스로를 컨트롤 할 수 있는 능력을 키워야만 한다. 마지막으로 악은 대학교에서 실행하는 교육이라고 볼 수 있다. 음악을 만드는 행위인 작곡은 곧 새로운 창작이다. 교육은 창작에서 완성되는 것이다.

공자의 음악에 대한 관심은 매우 특별한 위치에 놓여 있다. 공자와 같이 음악에 대해 유난하게 의미부여를 한 철학자는 중국 고대 철학자 가운데 찾기 어렵다. 공자는 직접 악기를 다룰 줄도 알았다.

37 『論語』「泰伯」.

> 공자는 제나라에 있을 때 소(韶) 음악을 듣고 오랫동안 고기 맛을 잊고 지내더니 다음과 같이 말했다. 음악이 이런 경지에까지 이를 줄은 생각지도 못했다.[38]

'참됨'의 사고를 가진 아름다운 정신의 소유자와 아름다운 음악의 소리는 동일선상에 놓여 있다. 아름다운 음악의 소리는 '참됨'을 내포한다. 예컨대 슬픔을 나타내는 멜로디가 있다고 하자. 인간의 슬픔을 음악은 아름답게 표현한다. 음악은 "내가 슬프니 너를 죽이겠다."는 이야기를 결코 하지 않는다. 나의 슬픔이 얼마나 참된지를 상대방에게 그저 잔잔하게 표현할 뿐 복수하지 않는다. 이런 맥락에서 공자가 생각하는 음악의 기능은 단순히 예술 장르로서의 음악의 의미를 넘어선다. 공자가 바라본 음악의 기능은 나쁜 감정의 정화와 올바른 인격의 도야, 그리고 상반된 가치들을 소통시키는 '조화'라는 코드와 관련이 있었다. 공자는 도덕적인 선함과 미(美; 아름다움)을 통일시키려고 했다. 그는 도덕과 예술적 감흥을 하나의 카테고리로 엮으려 했다. 이러한 공자의 입장은 플라톤의 음악에 대한 관점과도 흡사한 측면이 있다. 플라톤에 의하면 음악은 지혜와 사랑을 키워주며 영혼을 순화시켜 준다. 특히 공자는 음악이 지니고 있는 '상반된 가치들을 소통시키는' '혼종적' 기능에 주안점을 두었다. 공자는 '시(詩)=감성'과 '예(禮)=규범'을 '악(樂)'을 통해 조화시키려 했다. 이러한 상반된 가치의 통합은 공자 사상 전반을 관통하는 흐름이다. 공자는 타자를 배려하고자 하는 아름다운 감각인 '인'을 바탕으로 '시'[예술적 감성]와 '예'[사회적 규범성]의 혼종을 '악'[예술적 감성과 사회적 규범성의 융합]을 통해 장려했다.

---

38 『論語』「述而」.

8. 상반된 가치의 혼종성; 감성과 이성의 혼융

> 질(質; 질박한 본바탕)이 문(文; 아름다운 외관)을 이기면 촌스럽고, 문이 질을 이기면 겉치레만 잘하는 것이니, 문과 질이 잘 배합된 뒤에야[文質彬彬] 군자(君子)다.[39]

이 인용문은 공자가 '시(詩)=감성'과 '예(禮)=규범'을 '악(樂)'을 통해 조화시키려 하는 것과 같은 방식의 상반된 가치들 사이의 소통이 잘 제시되어 있다. 질(質; 질박한 본바탕)과 문(文; 아름다운 외관), 소박함과 화려함, 내면적 도덕과 외면적 문식(文飾)은 조화를 이루어야만 한다. 다음의 인용문도 상반된 가치를 소통시키고자 하는 중용의 태도가 잘 표현되어 있다.

> 공자가 말했다. 배우기만 하고 사색하지 않으면 얻는 것이 없고, 사색만 하고 배우지 않으면 위험하다.[40]

배우기만 하고 사색하지 않으면 배운 것을 자기 것으로 만들지 못한다. 또 사색만하고 배우질 않으면 망상에 빠져 자신과 남을 위험에 빠뜨릴 수 있다. 사색은 책을 통해 조절되어야만 한다.[41] 독일의 철학자 에른스트 블로흐(Ernst Bloch; 1885~1977)는 공자가 인간의 영역을 하늘 위로 상승시키지 않고 하늘과 땅 사이의 중심적

---

39 『論語』「雍也」.

40 『論語』「爲政」.

41 칸트도 이와 비슷한 말을 한다. "개념이 없는 직관은 맹목적이며, 직관이 없는 개념은 공허하다."

인 한 가운데에 재배치하였다고 평가하기도 했다. 이러한 평가는 하늘의 세계와 인간의 세계, 감성의 세계와 규범의 세계, 자연의 세계와 문화의 세계 등과 같이 상반된 두 영역을 중간 지대에서 소통시키려 한 점이야말로 공자의 기본적인 철학방법이었다는 사실을 잘 꿰뚫어 보고 있다. 공자가 이상적 인간형으로 제시한 군자(君子)도 어느 한 가지 일면에만 충실하거나 뛰어난 능력을 가진 인간형이 아니라 전체를 아우를 줄 아는 포괄적 사고를 할 줄 아는 인간형이다. "공자가 말했다. 군자는 그릇과도 같이 한 가지 용도에 국한된 존재가 아니다."[42] 이러한 인간형은 예상치 못한 어려운 사태에 직면했을 때 잘 대응할 가능성이 크다. 왜냐하면 이러한 인간형의 내면에는 상반된 여러 가지 가치가 이미 혼융되어 있기에, 한두 가지의 가치만을 고집하는 한쪽으로 치우친 사고를 지닌 인간형에 비해 대처할 수 있는 경우의 수를 더 많이 가지고 있기 때문이다.

공자가 말하는 중도의 길은 단지 어떤 것과 어떤 것 간의 평균치가 아니다. 예를 들어 강물이 흐르는데 양쪽에 둑이 있다고 가정하자. 여기서 양쪽 둑 가운데에서 흐르는 강물은 중도를 상징한다. 그런데 이 강물의 흐름은 엄청나게 빨라 양쪽 둑을 무너뜨리면서 흐른다. 여기서 양쪽 둑이 급류 속으로 무너져 내리는 것은 상반된 양쪽의 가치가 이 중도에서 모두 만나는 것을 의미한다. 공자의 사상에서 중도의 세계란 그 안에 최대한의 가치들이 포함되어 있어 어떤 상황에서도 씩씩하게 대응할 수 있는 이른바 '아르키메데스의 점'[43]과

42 『論語』「爲政」.

43 고대 그리스의 철학자이자 수학자인 아르키메데스(Archemedes)는 충분히 긴 지렛대와 그것이 놓일 장소만 주어진다면 지구도 들어 올릴 수 있다고 생각했다. '아르키메데스의 점'이란 바로 이 지구를 들어 올릴 수 있는 중심점을 의미한다. 이후 이 개념은 관찰자가 탐구 대상을 총체적 관점에서 바라볼 수 있는 유리한 지점을 가리키는 말로 사용된다.

같은 영역이다. 우리가 단편적인 가치들에 매몰되어 그것에 의해서만 모든 현상을 해석하려는 독선에 빠져 있을 때, 우리의 외부환경에 대한 대응은 위험에 빠질 가능성이 크다. 공자는 이러한 위험성을 경고하면서, 여러 상반된 가치들을 혼융하는 '혼종성'·'잡종성'·'하이브리더티(Hybridity)'의 원형을 우리들에게 보여주고 있다.

9. 『논어』; 동아시아의 바이블

공자의 철학을 이해하는 데 가장 중요한 텍스트는 공자의 가르침을 제자들이 정리해서 묶어낸 『논어』다. 『논어』는 공자가 직접 저술한 텍스트가 아니다. 고증을 통해 공자가 직접 저술한 것이 확실히 밝혀진 텍스트는 현재로서는 발견된 바가 없다. 『논어』에는 공자가 제자들이나 공자가 살았던 당시의 정치가들, 그리고 숨어있는 은자들과 나눈 대화가 실려 있다. 하지만 이 대화들이 하나의 일목요연한 카테고리로 엮여 있는 것은 아니며, 일종에 잠언집 형태로 되어 있다. 동아시아의 역사에서 가장 많이 읽힌 책을 꼽자면 바로 『논어』일 것이다. 최소한 동아시아 전체 역사에서 가장 많은 독자층을 형성했다는 차원에서 『논어』는 동아시아의 『성경』이라고 말할 법하다.

우리가 『논어』를 읽었을 때 가장 먼저 떠오르는 느낌은 철학하면 연상하게 되는 형이상학적이고 추상적인 언급이 거의 없다는 점이다. 『논어』는 윤리나 정치의 범주를 아주 상식적이고 일상적인 삶이라는 평범한 차원으로 풀어낸다. 문장도 간결하게 구성되어 있다. 하지만 이 간결함 속에는 인간됨이라는 문제와 구체적인 삶에 대한 통찰력이 깊게 드리워져 있다.

『논어』의 내용은 다음과 같이 크게 구분된다. ① 인격 수양의 방법 ② 올바른 인간관계 ③ 나라를 잘 다스리기 위해 지도자가 지녀야 할 태도 ④ 옛사람이나 공자의 동시대인들에 대한 인물평 ⑤ 공자라는 인물에 대한 설명.

기본적으로 『논어』는 '수기치인'(修己治人)의 학문이라고 할 수 있다. '수기'(修己)란 자기의 인격과 능력을 갈고 닦는다는 의미다. 좀 더 우리에게 익숙한 용어로 바꾸면 '수신'(修身)이 된다. 그리고 '치인'(治人)은 "남을 다스린다."는 의미다. 세상이나 사람들을 잘 다스리기 위해서는 우선 '수기'가 전제되어야만 한다. 인격이 모자란 사람이 남을 감화시키려한다면 잘 될 턱이 없다. 자기의 훌륭한 인격을 바탕으로 남을 잘 추스르고 다스릴 때, 이를 '덕치주의'라고 부른다. 다시 말해 도덕을 바탕으로 한 정치다. 이 도덕의 가치 기준 가운데 공자가 가장 중시한 기준은 바로 '인(仁)'이다.

공자는 피부에 와 닿는 생생한 현실적 삶에 집중했다. 자신의 제자가 귀신을 섬기는 방법에 대해 묻자 귀신 보다는 사람을 섬기는 것에 집중하라고 대답한다. 또 죽음에 대해서 제자가 묻자 삶에 대해서도 잘 모르는 데 죽음에 대해 말한다는 것은 가당치 않다고 말한다.[44] 물론 공자가 신의 존재를 인정하지 않은 것은 아니었다. 다만 명확하게 인식할 수 없는 대상에 집착하는 것 보다는 생생한 삶의 현장이 더 중요하다고 말한 것일 뿐이다. 이런 면에서 공자는 중국의 지성사에서 진정한 인문주의의 시작이라고 볼 수 있다. 한편 공자는 정치 행위도 어떤 통치를 위한 전문화된 기술이 아니라 인(仁)과 같은 도덕률이 펼쳐지는 공적인 장이라고 말하기도 한다. 공자에게 도덕과 정치는 구분된 것이 아니었다. 공자는 기본적으로 인간의 됨됨

44 『論語』「先進」.

이가 이러저러하게 되어야만 한다고 주장하는 윤리학자다. 흔히 윤리학은 어떤 필연적인 윤리 원칙을 상정해 놓고 그것을 확신하는 것을 강조한다. 이러한 태도는 지금 현재 작동하고 있는 생생한 삶의 현장에 대한 인식과는 별개의 문제다. 공자에게는 어떤 절대적 윤리 원칙을 확신하는 것만으로는 충분하지 않았다. 그에게 중요한 것은 미리 상정된 윤리 원칙을 어떤 방식을 통하든 현실적인 맥락에서 생생한 삶에 투영해 내는 것이었다. 공자는 지금 여기에 살고 있는 사람의 길을 추구했다.

동양철학과
문화의
혼종성

03

도가(道家)와 문화의 혼종성 Ⅰ;

나와 자연의 대화

03

도가(道家)와 문화의 혼종성 I;
나와 자연의 대화

유가 철학과 발전적 갈등을 벌이면서 성장한 도가(道家) 철학을 노자(老子)와 장자(莊子) 사상을 중심으로 살펴본다. 도가 철학은 동양철학의 여러 분야 가운데 상반된 현상/사물들을 융합하는 '혼종성'·'잡종성'·'하이브리디티(Hybridity)'가 가장 두드러지게 나타난다. 또한 도가 철학은 인문 영역 뿐 아니라 자연의 영역까지도 핵심적인 사유의 범위로 수렴하기 때문에, 다른 동양철학 범주보다 한층 다각도로 접근해 보아야만 한다. 이러한 문제의식에서 필자는 도가의 혼종적 성격을 2개의 파트로 나누어 다루기로 한다. 우선 본 3장에서는 노장 사상의 핵심을 착실하게 소개한다는 차원에서 노장의 사회를 향한 비판의식과 '자연'에 대한 가치부여 및 에콜로지(ecology), '노마드'(Nomad, 유목민)적인 사고방식과 순환적 세계관 등을 중심으로 살펴본다.

리강(李剛) 화백 「장주몽접도(莊周夢蝶圖)」 – 장자(莊子)의 초상; 필자 개인 소장

1. 노자와 장자의 프로필

노자(老子; 미상~미상)의 실존 여부는 매우 불투명하다. 노자가 실제로 존재했는지 여부 자체를 의심하는 학자들도 많다. 사마천(司馬遷)의 『사기(史記)』「노장신한열전(老莊申韓列傳)」에 의하면, 노자는 초(楚)나라 고현(苦縣)사람으로 성은 이(李)이고 이름은 이(耳)이며 자는 백양(伯陽)이다. 시호는 담(聃)이다. 사마천에 따르면 노자는 주(周; 정확히는 동주東周)의 황실 도서관인 장실(藏室)에서 사(史; 기록관)라는 직책에 있었다. 『사기』에는 노자가 공자를 훈계하는 에피소드가 나온다.

> 공자가 주나라에 갔을 때 예(禮)에 대해 노자에게 물었다. 노자는 이렇게 대답한다. "그대가 말하는 옛날의 성인이란 육신과 뼈가 이미 썩어서 지금은 다만 말만 남았을 뿐이다. … 군자는 훌륭한 덕을 몸 속 깊이 간직해 겉보기에는 일단 바보같이 보일지라도 그 사람됨이 충실하다는 말이 있다. 그대는 그대 몸에 지니고 있는 교만함 · 욕심 · 점잖은 체함 · 산만한 생각을 버려야만 한다. 그런 것들은 그대를 위해 하등 도움이 안 된다. 내가 그대에게 하고 싶은 말은 다만 이것뿐이다."[45]

공자는 돌아가서 제자들에게 노자의 인품에 대해 극구 찬양했다고 한다.

한편 장자(莊子; BC369~BC289년경)는 송(宋)나라 몽(蒙)이란 지역에서 탄생했다. 이름은 주(周)이고 자(字)는 자휴(子休)다. 그는 전국시대 중기에 살았다(맹자 및 아리스토텔레스와 동시대). 장자의 프로필은 불투명한 것이 많다. 단지 그가 결혼을 했고 몇 명의 제자가 있었다는 것과 장자와 같은 송나라 출신이면서 위나라 재상을 지낸 혜시(惠施; 명가 사상가)와 친했다는 것 정도가 알려져 있다. 하지만 그가 사회적 지위가 높지 않으면서 가난하게 산 것만은 확실한 것으로 보인다. 사마천은 『사기』「노장신한열전」에서 장자가 송나라 몽 땅에서 칠원(漆園, 옻나무를 재배하는 곳)을 관리하는 일을 했다고 말하고 있다. 장자는 만년에 더욱 생활고에 시달리게 되는데, 어떤 때는 짚신장사로 연명하기도 했다고 한다. 사마천은 장자에 대해 다음과 같이 말하고 있다.

45 『史記』「老莊申韓列傳」.

> 그는 매우 박식해서 엿보지 않은 분야가 없었으나, 학문의 요체는 노자 사상에 귀결된다. 그의 저서는 10여만 자나 되었는데, 대부분은 우화로 구성되어 있다. … 그의 말은 바다와 같이 호탕하고 걸림이 없이 분방했다. 그런 까닭에 왕공과 대인들은 그를 등용할 수 없었다.

장자는 모순투성이의 세상에 대해 무거운 탄식과 분노를 표출했다. 『장자』에 나오는 장자 말투의 상당수는 매우 직설적이고도 거칠다. 욕설도 간간히 보인다. 특히 장자가 살았던 송나라는 7대 강국, 즉 제·초·진·연·위·한·조의 틈에 끼어 있었던 약소국이었다. 장자는 폭군으로 유명했던 강왕(康王)의 치하에서 살았다. 장자 사상에 나타나는 사회에 대한 염증과 현실에 대한 '근본적인' 비판의식은 그가 살았던 시대적 배경과 깊은 관련이 있다.

본격적으로 노장의 사상을 살펴보기 전에 장자의 글쓰기 패턴에 나타난 독특성에 대해 소개하고 넘어가고자 한다. 왜냐하면 장자의 글쓰기 패턴은 당시 다른 동양의 고전에서는 쉽게 찾아볼 수 없는 매우 독특한 성격을 지니고 있기 때문이다. 장자는 자기 글의 패턴을 우언(寓言)·중언(重言)·치언(卮言)으로 나누어 설명하고 있다.

첫 번째 패턴인 우언(寓言)은 사람이나 사물에 빗대어 자기 의견을 펼친 것으로 『장자』의 대부분을 차지하고 있다. 즉, 우언은 일종의 '이솝우화'와 같은 글쓰기 방식이라고 보면 된다. 『장자』의 우언에 나타난 설화적·신화적 요소들은 일종에 진실을 볼 수 있게 해 주는 거짓말이라고 할 수 있다.

두 번째 패턴인 중언(重言)은 역사적으로 권위가 있는 인물이나 주장을 끌어들여 자신의 주장을 합리화하는 방법이다. 예를 들어 장자 자신의 주장을 공자가 한 것처럼 꾸미는 것을 들 수 있다. 장자는 자기가 살던 당대에 이름이 널리 알려져 있던 사상가는 아니었던 것으로 보인다. 하지만 장자가 살았던 당시[전국시대 중기]에 춘추시대말기에 활동했던 공자는 시대가 흘러 이미 널리 알려진 상황이었다. 장자는 자신의 주장을 퍼뜨리기 위해 공자를 활용했을 수 있다. 실제로 『장자』에는 공자가 도가의 정신세계를 온전히 체현한 인물로 그려진 문장이 여럿 나온다.

마지막으로 치언(巵言)은 자연을 대변하는 말이다. 치언은 처음과 끝이 없고 앞뒤도 맞지 않는 말을 의미한다. 치언(巵言)에서 '치'(巵)는 술이 가득 차면 기울고 비게 되면 곧바로 서는 술잔을 의미한다. 대체로 사람이 술에 취하면 비록 횡설수설할 수는 있으나 거짓 보다는 진실을 말할 가능성이 높다. 이런 식으로 아무런 선입견도 지니지 않고 그 어떤 거리낌도 없이 자연스러운 무심의 경지에서 나오는 말이 곧 치언이라고 할 수 있다.

2. '상대주의'를 바탕에 깐 '회의주의'

노장은 비극적 현실에 대한 투철한 인식을 바탕으로 삶에 대한 비관주의를 극복하려 했다. 흔히 노장 사상은 현실도피의 측면이 강하다고 말하곤 한다. 하지만 노장의 현실세계와의 거리두기는 단순히 현실의 억압으로부터 도피하고자 하는 의도에서 나온 것이 아니었다. 노장은 현실의 억압을 냉정하게 응시하면서 그것을 높은 차원의 다른 지평으로 승화시키고자 했다. 특히 전국시대라는 전쟁이 만연한 시대에서 참담한 생활환경에 놓여 있었던 장자의 비극의식은 2차대전이 끝난 후 유행한 서구의 실존주의의 문제의식과 통하는 점이 많다.

노장은 잘못된 기존의 가치를 뒤집으려 했다. 이러한 생각에 밑바탕을 이루는 노장의 기본적 관점은 상대주의와 회의주의다. 우선 상대주의에 대해 살펴보자. 노자는 다음과 같이 말한다.

> 천하의 모든 사람들이 세간에 통용되고 있는 미(美)를 미라고 여기지만, 이는 미추(美醜)가 상대적인 것이라는 모르는 것으로 추한 것일 뿐이다. 모두 선(善)의 선됨을 알지만 이는 불선(不善)일 뿐이다.[46]

노자에 의하면 모든 것은 상대적이다. 무엇이 아름답다고 특별히 강변하는 것은 단지 자기의 입장에서 볼 때 그것이 유리하기 때문이다. 장자도 말한다.

> 사람은 습기가 많은 곳에서 자면 요통이 오고 반신불수가 되어 죽는데, 미꾸라지도 그러하던가? 또 사람은 나무에서 살게 되면 두렵고 겁이 나는데, 원숭이도 그러하던가? 사람과 미꾸라지와 원숭이 이 세 가지 중에서 누가 진짜 바른 거처를 안다는 것이겠는가? … 모장(毛)과 여희(麗姬)는 사람들이 절세의 미인이라고들 한다. 그러나 물고기는 그 모습을 보게 되면 겁이 나서 물속으로 깊이 숨고, 새는 그 모습을 보게 되면 놀라서 하늘 높이 날아오르며, 고라니와 사슴은 그 모습을 보게 되면 줄달음을 쳐서 도망을 친다. 그렇다고 하면 이 네 가지 중 그 어느 것이 천하의 진정한 아름다움을 안다는 것일까?[47]

---

46 『老子』「2장」.

47 『莊子』「齊物論」.

여기서 모장(毛嬙)과 여희(麗姬)는 둘 다 고대의 미녀로 유명하다. 하지만 아무리 미인이라 하더라도 인간의 시각에서나 그러할 뿐 새나 짐승들은 그들을 보면 도망간다. 인간 문화도 환경이 다름에 따라 다양하게 나타난다. 예컨대 각 문화권에 따라 다르게 나타나는 음식에 대한 금기를 떠올려보자. 인도의 힌두교도들은 쇠고기를 먹지 않으며, 회교도들은 돼지고기 먹기를 금지한다. 사탕수수 밭에 잔디가 자라면 농부는 그것을 잡초라고 여기고 제거한다. 하지만 잔디밭에 사탕수수가 자라면 잔디를 관리하는 사람은 그것을 잡초라고 생각하여 뽑아 버릴 것이다. 이렇듯 상황에 따라 아름다움과 추함, 좋음과 나쁨은 달라진다.

노장의 상대주의는 고대 그리스의 소피스트(Sophist) 프로타고라스(Protagoras; BC485~BC414?)의 사상과도 많이 닮아있다.[48] 타고난 본성은 정해진 하나의 원칙이 아니라 사람마다 다르게 나타난다. 같은 물이라도 소가 먹으면 젖이 되고 뱀이 먹으면 독이 될 수 있다.

다음의 그림을 보자.

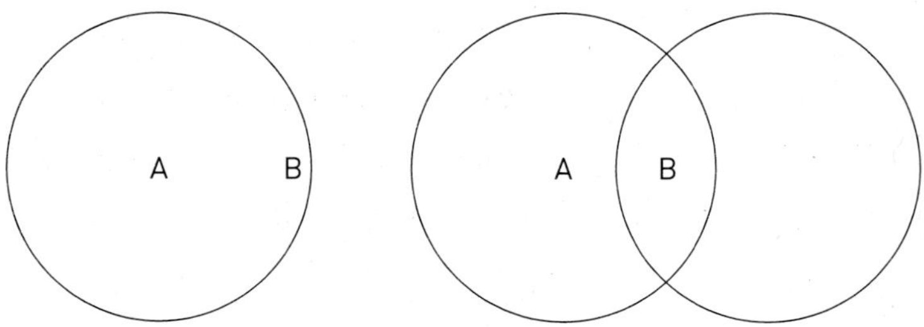

왼쪽 그림을 보면 A가 중심이고 B는 주변이라는 생각이 들 것이

48 프로타고라스에 의하면 인간은 모든 것들의 척도다. 여기서 척도가 되는 사람은 하나의 단일한 실체로서의 인간이지 인류는 아니다. 이런 맥락에서 프로타고라스는 보편타당하고 객관적인 진리는 없다고 주장했다.

다. 하지만 오른쪽 그림에서는 오히려 B가 중심이다. 이렇듯 상황과 형편에 따라 중심은 얼마든지 달라진다.

다음은 미국의 사회 철학자 칼 폴라니(karl Polanyi)의 비유다. 한 사람이 깜깜한 동굴 안에서 막대기를 가지고 발밑을 더듬는다. 처음에는 막대기가 인식된다. 손바닥에 막대기에 대한 감촉이 의식된다. 그러나 막대기가 동굴을 탐색하는 자신의 분신으로서의 도구가 되면서 막대기에 대한 의식은 사라지게 되고 그 대신 막대기 끝을 통해서 전달되는 동굴에 대한 의식이 전면으로 등장한다. 만약 이 사람이 짧은 막대기를 쥔다면 앞이 벼랑이라고 느낄 것이다. 끝에 고무가 달려 있는 막대기를 쥔 사람은 앞이 늪지대라고 생각할 것이다. 사람들은 그렇게 지각된 동굴의 모습이 막대기 때문에 빚어진 것이라고 생각하지 않고 동굴의 모습이 원래 그렇다고 생각한다. 여기서 막대기는 인식의 주체로서의 '자기'를 의미한다. 그런데 인식의 틀로서의 자기는 직접 인식되지 않는다. 인식의 틀인 내가 나를 지각할 수는 없다. 마치 눈이 자기 눈을 볼 수 없는 것과 같은 이치이다. 따라서 세상에 대한 인식이 절대화된다. 모든 갈등은 인식의 이와 같은 절대화 때문에 야기되는 것이다. 한 사람은 짧은 막대를, 다른 사람은 긴 막대기를 쥐고 있다고 가정하자. 이들 사이에 갈등은 필연적이다. 이러한 갈등을 해결하기 위해서는 '역지사지'(易地思之)의 태도가 요청되는데, 그러기 위해서는 절대화된 인식에서 상대화된 인식으로의 전환이 필요하다.

어떤 개념이나 가치가 설정되려면 반드시 상반된 다른 개념이나 가치가 그 대극에 위치해야만 한다. 모든 사물들 간의 관계가 상대적이라는 인식을 바탕으로 사물들 각각의 존재의의를 공평하게 인정해 주고 상반된 여러 가치들을 나의 내면에 이식시켜 폭넓은 '혼종적' 사유를 진행해야만 한다. 노장 사상에는 다중 시점적인 상반된 가치의 결합, 그리고 상반된 의미작용들의 교섭과 세상에 대한 전관(全觀)적인 인식이 함유되어 있다. 그런데 이 상반된 가치의 공존은 타자와의 공존을 도모하기에 앞서 우리 개인의 내면에서 우선 이루어져야만 한다. 개인과 타자 간에 '상호 주관성'이 온전하게 작동되기 위해서는 우선 개인의 내면에서 각각의 이질적인 정신 요소들이 '상호 주관성'을 이루어내야만 하는 것이다. 만약 나의 내면에서 상반된 가치들을 잘 소통시키지 못한다면 나와 타자의 소통도 원활하게 진행되기 어렵다. 나의 내면 속의 왜곡된 관계망은 나와 타자 사이에도 왜곡된 관계망을 불러올 수밖에 없다.

한편 노장 사상에서 회의주의 입장은 엄혹한 현실에 대한 예리한 비판의식에서 출발한다. 노자는 세상에 대해 이렇게 한탄한다.

> 천도(天道)는 활시위를 잡아당기는 것과 같다. 높은 것은 누르고, 낮은 것은 들어 올린다. 남은 것을 덜어 내어 부족한 것에게 준다. … (그러나) 사람의 도는 그렇지가 않다. 부족한 쪽을 덜어서 남는 쪽에 준다.[49]

자연의 도, 즉 천도(天道)는 넘치는 쪽으로부터 가져와 부족한 쪽을 메워준다. 이런 식으로 자연세계는 조화를 이룬다. 하지만 인간의 세계는 거꾸로 부족한 쪽으로부터 가져와 넘치는 쪽을 채워준다. 이는 가난한 사람들에게 가혹한 세금을 매겨 기득권의 배를 불리는 행태를 문제 삼은 것이다. 노장은 이와 같은 사회에 대한 냉소적인 시각을 바탕으로 권력화 된 지식체계 및 도덕의식과 맹목적으로 추종만 하는 전통에 대해 매서운 돌직구를 날린다. 노자는 다음과 같이 기존 가치에 대해 의심의 눈초리를 보낸다.

---

49 『老子』「77장」.

대도(大道)가 없어지자 인의(仁義)라는 것이 나타났으며, 지혜가 나오자 큰 거짓이 생겨났다. 육친(六親)이 화합하지 못하여 효자(孝慈)를 중시하게 되었으며, 국가가 혼란에 빠지자 충신의 가치를 내세우게 된다.[50]

무위의 도를 잃은 뒤에 무위의 덕이 있고, 무위의 덕을 잃은 뒤에 인(仁)이 있으며, 인을 잃은 뒤에 의(義)가 있고, 의를 잃은 뒤에 예(禮)가 있다.[51]

노자에 의하면 '인의예지'와 같은 원칙들의 확장은 오히려 도덕적으로 타락해 가는 현실을 표현해 주고 있는 것에 불과하다. 사회에 '예'와 같은 복잡한 도덕 원칙이 강조되고, 의로운 사람이 특별히 선양된다는 사실은 사회의 발전을 시사해 주는 증거가 아니다. 그것은 그 사회가 더 이상 '인의'와 같은 기본적 윤리 덕목만 가지고는 해결할 수 없을 정도로 혼탁해졌다는 것을 의미한다. 법조문이 특별히 많은 사회는 그 사회가 그만큼 혼란스럽다는 반증이다. 사랑의 가치가 과잉되게 선전되고 있는 사회는 사랑의 결핍을 표현하고 있는 것이다. 노자에 의하면 "선한 자는 선하지 못한 사람의 스승이며, 선하지 못한 사람은 선한 사람의 보탬이 된다."[52] 선하지 못한 사람이 있는 덕분에 선한 사람이 빛을 발한다. 어떤 존재를 파악하려면 그 존재와 차이가 나는 다른 존재들이 있어야만 비로소 인식을 할 수 있다. 예컨대 어떤 고급 승용차가 우리에게 '고급 승용차'로 인식되는 이유는 그렇지 못한 승용차들이 있기 때문에 가능하다. 만약 모든

50 『老子』「18장」.

51 『老子』「38장」.

52 『老子』「27장」.

승용차가 같은 품종의 고급 승용차라면 우리가 그것을 특별히 고급 승용차라고 부를 이유가 없다. 노자의 이러한 인식 때문에 조선시대의 대표적인 유학자 율곡(栗谷) 이이(李珥)는 제자들에게 『노자』를 읽지 말라고 권고하기도 했다. 노자의 사상이 위험한 사상이라고 바라본 것이다.

장자도 잘못된 세상에 대한 불만을 이렇게 표현한다.

> 작은 도둑은 잡히지만 큰 도둑은 제후가 된다. 그리고 제후의 문하에는 [이른바] 의로운 선비들이 모인다. … 옛 책에서 말한다. "과연 누가 나쁘고 누가 아름답다고 판정할 수 있겠는가? 성공하면 우두머리가 되고 성공하지 못하면 꼬리가 될 뿐이다."[53]

『장자』에는 이런 뉘앙스의 문장들이 많이 나온다. 어떤 사회를 정확히 알려면, 사회가 꼭대기 삶을 어떻게 대우하는 것이 아니라 밑바닥 인생들을 어떻게 대우하는지를 살펴봐야 한다. 어떤 옛 격언에 "법이란 큰 고기만 빠져나가는 '촘촘한 그물'이다."라는 말이 있다. 한 사람을 죽이면 살인자이지만 1000명을 죽이면 영웅이 된다는 냉소적인 말도 있다. 장자는 위선적인 지식을 일관되게 비판했다. 즉, 권력에 빌붙은 지식에 대한 비판이다. 장자의 시각에 의하면 별 것 아닌 물건을 훔친 자는 사형당하고 나라를 훔친 자는 제후가 된다. 그리고 그 제후의 곁에 학자들이 모인다. 나라를 탈취하려 했으나 실패한 자는 그저 도둑놈에 불과한 것으로 손가락질당하지만, 나라를 빼앗은 것에 성공한 자는 성인(聖人)으로 칭송된다. 따라서 이런 관점에서 보자면 세간에서 칭송하는 성인이란 도둑질을 성공적으로

53 『莊子』「盜跖」.

잘 완수한 자에 불과하다. 물론 여기서 말하는 성인은 장자가 말하는 자연 그대로의 본성에 자신을 맡긴 진정한 의미의 성인이 아니다. 그리고 큰 잘못을 저질러 높은 지위를 확보한 자들은 자기의 부도덕함을 감추기 위해 도덕이 필요할 수 있다. 폭력적인 방법으로 권력을 탈취한 자들은, 마치 향기가 짙은 소스로 그 밑에 있는 맛없는 생선을 감추듯이, 자기의 부도덕한 행위를 숨길 도덕적 껍질이 필요하다.

예컨대 제국주의 시절의 일본을 떠올려보자. 이 시기 일본 제국주의 당국은 불교를 이용해 마음을 비우고 국가에 멸사봉공할 것을 강조했다. 나치즘이 니체의 사상을 이용한 사례도 떠올려보자. 현대 프랑스의 철학자 푸코(M. Foucault; 1926~1984)의 권력이론에 의하면, 지식들은 보편적인 논리가 아니라 권력과 밀접히 연계되어 있으면서 하나의 조종과 지배를 목표로 한 정보체계다. 암살당한 미국의 흑인 인권운동가 마틴 루터 킹도 다음과 같이 말한 적이 있다. "독일에서 히틀러가 저지른 일들도 모두 합법적이었다는 것을 잊지 마라."

노장의 지식(도덕)에 대한 문제제기는 지식(도덕)이 없어져야만 한다는 무책임한 발상이 아니라, 이데올로기화 되어 권력에만 봉사하는 지식과 도덕을 비판한 것이다. 노장의 지식(도덕)에 대한 비판은 어떤 소수의 유력한 세력들의 이익만을 뒷받침하면서 그것을 모든 사람들을 위한 보편적인 이득으로 포장하는 지식(도덕) 체계의 위선을 폭로하기 위해서였다. 노장사상에서 회의주의에 관한 또 다른 중점은 맹목적인 전통에 대한 추종을 문제 삼는 대목이다.

> 과거와 오늘의 차이는 물과 육지의 차이가 아니겠는가? … 미인인 서시(西施)가 가슴앓이 병 때문에 얼굴을 찌푸리고 있었다. 그러자 그 마을의 못생긴 여자가 그녀를 보고 아름답다 생각하여 집으로 돌아오자 자기 역시 가슴에 손을 대고 얼굴을 찌푸리며 온 마을을 돌아다녔다. 그 마을의 부자는 그 흉악한 모습을 보고

는 문을 굳게 틀어 잠근 채 밖에 나가지 않았으며, 가난한 사람들은 그 흉악한 모습을 보고는 처자를 데리고 마을에서 도망가 버렸다. 그 못생긴 여자는 서시가 얼굴을 찌푸린 모습이 아름답다는 점은 알았지만, 이맛살을 찌푸리면 무엇 때문에 아름다워지는가 하는 원인은 몰랐다.[54]

이 인용문에서 서시라는 인물은 중국 고대의 유명한 미녀다. 아름다운 서시와 추녀에 대한 이 우화는 내려오는 전통과 그것을 단지 답습만하는 사람들에 대한 야유다. 전통이 현실을 보다 발전적인 방향으로 이끌어주는 것이 아니라 단지 무턱대고 추종할 뿐인 것이 되어 버리면 추녀와 같이 많은 사람들을 괴롭힌다. 부자는 문을 닫아 버리는 것으로 피할 수 있지만 가난한 자들은 집이 닫을 문조차 없이 허름하므로 아예 마을을 떠나버린다. 옛 사람이 어떠어떠한 족적을 남겼다는 것은 오늘날에 입장에서는 별 의미가 없다. 중요한 것은 그가 어떤 이상과 가치를 가지고 고민을 하였는지 천착해보고, 그것으로부터 얻어낼 수 있는 현실적 지침이 무엇인지 지금의 입장에서 냉정하게 평가해 보는 작업이다.

우리가 '전통'으로부터 현실을 위한 올바른 지침을 매번 잘 끌어오는 것은 아니다. 그저 전통이란 미명 하에 아무 생각 없이 답습만 하는 경우도 허다하다. 이 전통이란 문제에 대해 진지하게 고민해 볼 수 있는 한 실험이 있다. 원숭이 5마리를 가운데 사다리가 있고 그 위에 바나나가 걸려 있는 우리 안에 넣어 둔다. 5마리 원숭이 가운데 한 마리가 바나나를 먹기 위해 사다리를 오른다. 바나나를 먹기 직전 천장에서 찬 물이 쏟아져 원숭이는 바나나를 먹을 수 없다. 다

54 『莊子』「天運」.

른 원숭이 4마리도 모두 차례로 사다리를 오르고 똑같은 일을 겪는다. 그 다음 이 5마리 중 한 마리를 꺼내고 새로운 원숭이 한 마리를 우리에 넣는다. 이 원숭이는 당연히 바나나를 먹기 위해 사다리를 오르려 하지만, 나머지 4마리가 올라가지 못하게 말리고 이 새로 들어온 원숭이가 말을 듣지 않자 폭행을 가한다. 여기서 재밌는 점은 맞는 원숭이의 경우 자기가 왜 맞는지를 모르고 있다는 사실이다. 그리고 기존의 찬물 샤워를 한 원숭이 가운데 또 한 마리를 꺼내고 새 원숭이를 다시 집어넣는다. 같은 상황이 발생한다. 계속 같은 방식으로 기존의 원숭이를 빼내고 새로운 원숭이를 투입한다. 이제 원숭이들 사이에는 때리는 것이 하나의 전통이 된다. 결국 찬물 샤워를 한 적이 없는 원숭이들로만 채워져 있는데도, 새로운 원숭이가 들어와 바나나를 먹으려 할 경우 때리는 행위는 멈추지 않으며, 이제 원숭이들은 바나나를 먹을 생각조차 않는다.

이것이 전통의 문제점이다. 본래의 맥락과는 전혀 상관이 없게 되었는데, 사람들은 전통이라는 이름으로 계속 답습한다. 과거에 지나치게 얽매이는 태도는 사역당하고 있는 죄수가 쇳덩이를 자기 발에 붙이고 끌고 가는 것이나 다름없다는 말이 있다. 무턱대고 전통에 천착하는 사람들은 '자기 주인을 잃고 절망하는 나이든 하인'이라는 말도 있다.

지금까지 언급한 노장의 회의주의 사고는 근대의 계몽주의적 지평과도 비교될 부분이 있다. 서구에서 근대적 계몽주의의 밑바탕에는 기존 전통의 절대적 가치에 대한 근본적 회의가 바탕을 이룬다. 이런 의미의 회의는 우발적인 의심과는 다르다. 회의적인 비판의 동기는 모든 현상이 다양한 의미를 내포하고 있다는 사실(상대주의) 위에서 출발한다.

지금 현재 우리의 삶은 여러 가지 측면에서 살아나가기가 힘든 형편에 놓여있다. 할머니가 껌을 팔러 편의점에 오는 세상이다. 노자와 장자는 상대주의와 회의주의를 바탕으로 주류에 대항해 비주류를 대변하고자 했다. 비주류집단의 주류집단에 대한 반대의지는 그 주류집단이 부패에 빠지지 않게 하기 위해서라도 필요하다. 상대의 공격을 끊임없이 방어하는 것보다 지식을 강화하는 더 나은 방법은 없다. 역사는 비주류집단에 의한 주류집단의 비주류화와 비주류집단의 주류화에 의해 앞으로 나아간다. 주류집단과 비주류집단은 서로 양립할 수 없는 관계가 아니라 서로 보완하는 관계다. 주류문화와 비주류문화의 건강한 갈등은 주류문화로 하여금 발전적 자기반성을 유도한다.

3. 문명의 억압을 넘어 '스스로 그러하게'(자연自然)

문명의 앞에는 숲이 있고, 문명의 뒤에는 사막이 있다는 말이 있다. 문명은 자연적 본성을 해치는 것과 비례하여 발전한다. 문명은 사회적(도덕적) 억압을 통해 발전한다는 의미다. 문명과 자연 본능은 대체로 모순 관계다. 우리는 문명이 발전되어 가는 과정에서 우리도 모르는 사이에 무엇인가 중요한 것을 점점 잃고 있는지도 모른다. 과연 문명이 발달할수록 우리는 더 행복해졌을까?

중국 춘추전국시대에 나타난 계층 분화는 서로 상반되고 대립되는 여러 정치적 주장들을 양산했다. 노장은 이 모든 주장들을 인간의 자연스러운 성정에 대한 배반으로 간주했다. 노장에 의하면 자연 자체는 옳고 그름의 도덕적 판단과는 상관이 없으며 사물들 스스로의 생멸하는 움직임일 뿐이다. 노장은 세간에서 가치부여를 하는 도덕률과 개인의 생의 의지가 모순적이라는 사실에 깊은 고민에 빠진다.

마치 쇠창살과 같이 작용하는 이데올로기화한 지식은 사람들의 내면에 '본래 그러하게' 존재하는 자연 본능적 타당성에 상처를 준다. 노장은 어떠한 것에도 구애받음이 없이 타고난 자연 그대로 살라고 말한다.

> 사람은 땅[지地]을 본받고, 땅은 하늘[천天]을 본받으며, 하늘은 도(道)를 본받고, 도는 자연(自然)을 본받는다.[55].

노장에게 자연(自然)이란, 글자 그대로 '스스로(自) 그러함(然)'이란 의미다. 노자의 경우는 이 '자연'의 의미를 강조하기 위해 '물[水]과 같은 부드러움', '낮은 자세', '여성성', '어린아이' 등의 비유를 든다. 순서대로 살펴보도록 하자.

> 최상의 선(善)함은 물과 같다. 물은 만물을 이롭게 하면서도 (둥근 그릇에 넣으면 둥글게 되거나 사각의 그릇에 넣으면 사각이 되듯이) 다투지 않는다. 뭇사람이 싫어하는 곳에 있다. 그러므로 도에 가깝다.[56]

노자에 따르면 우리는 물과 같이 담담해야만 한다. 우리는 총명해야 하지만 아무 생각 없이 멍청하게 있는 시간도 필요하다. 간디(M. Gandhi; 1869~1948)의 비폭력 무저항운동인 '사티하 그라하'(Satyāgtaha)운동은 물과 같이 담담하고 낮은 자세가 폭압적이고 높은 자세보다도 오히려 큰 힘을 발휘할 수 있다는 사실을 잘 증언해준다. 간디의 이 운동은 톨스토이(L. Tolstoy; 1828~1910)로부터

55 『老子』「25장」.

56 『老子』「8장」.

깊은 영향을 받은 것이다. 한편 톨스토이의 사상은 노자로부터 지대하게 영향을 받았다. 이런 면에서 볼 때 간디의 비폭력 무저항 운동은 노자로부터 연원했다고 볼 수도 있다.

노자 사상에 나타나는 '여성성'은 다른 사상에서는 찾아보기 힘든 특이한 경우다.

> 골짜기 신[곡신谷神]은 죽지 않는다. 이를 가리켜, '현빈(玄牝)'이라 한다. 현빈의 문은 천지의 뿌리라 한다.[57]

여기서 현빈(玄牝)이란 검은 암컷이란 의미다. 여성의 생식기를 뜻하기도 한다. 곡신(谷神) 또한 여성의 생식기를 상징한다. '현빈'을 천지의 뿌리라고 말한 것은 여성성에 대한 극단적인 예찬이다. 현빈과 곡신은 원시적 모신숭배 사상의 잔재가 짙게 남아 있는 개념이다. 이 개념들은 상반된 가치가 함께 공존하는 것을 상징한다. 곡신(谷神)에서 곡(谷, 골짜기)은 항상 이쪽 산과 저쪽 산의 가운데에 위치한다. 이쪽 산과 저쪽 산의 경계지역으로서 골짜기는 양쪽 영역을 모두 끌어들일 수 있는 발전적 지평의 빈 공간이다. 노자나 장자의 허(虛)나 무(無)와 같은 개념들은 상반된 가치가 공존할 수 있는 '창조적 구멍'이다. 모든 구멍은 모든 방향에서 이쪽과 저쪽을 중심으로 끌어들일 수 있다. 창조성을 발휘할 수 있는 영역은 항상 이쪽과 저쪽의 특성이 모두 공유되고 있는 경계면에 위치한다. 이를 인간의 신체에서 찾으면 욕망의 창조적 지대라 볼 수 있는 '성감대'가 된다. 성감대는 항상 이쪽과 저쪽의 경계면에서 발견(생식기·눈 코 입 등 각 신체의 구멍·목덜미 등)된다. 이를 사회에서 찾으면 항구나

57 『老子』「6장」.

공항이 될 것이다. 항구나 공항은 나와 타자가 들어오기도 하고 나가기도 하는 경계 지역이며, 역사 속에서도 이 경계면은 사회적·경제적·문화적 발전이 집중되곤 했다. 요컨대 장자의 이쪽 지평과 저쪽 지평이 어우러진 경계 영역은, 다소 시적인 표현을 쓰자면 향수 어린 욕망으로 버무려진 환상의 공간이 갖는 매우 매혹적인 현존이다. 그리고 새로운 경계로 넘어가게 할 수 있는 성장 호르몬이자 창조적인 '혼종' 지대다.

노자 사상에서 여성성을 드러내는 어구를 하나 더 소개해 보자.

> 천하에는 시작[始]이 있는데, 그것을 천하의 어머니[母]라고 한다.[58]

이 인용문은 세상만물의 탄생과 그 만물에 대한 양육을 철저하게 여성을 드러내는 개념으로 설명하고 있다. 『설문해자(說文解字)』에 의하면 시(始)란 여성의 첫 월경의 뜻이다. 만물이 초경(初經)을 한 것이 '시'이고, 만물이라는 자식을 낳아 젖을 먹여주는 것이 곧 '모'(母; 어머니)다. 이 인용문에는 회귀해야 할 자연적 표상으로서의 '어머니'에 대한 근원적 회고가 잘 드러나 있다. 또 노자는 자연 그대로의 소박함의 상징으로 '어린아이'를 상정하기도 한다.

> 참된 무위(無爲)의 덕을 안으로 깊이 풍부하게 간직하고 있는 사람은, 비교해서 말하자면 어린아이와 같다.[59]

'어린아이'는 동서양을 막론하고 많은 철학자들이 자연스러움이

---

58 『老子』「52장」.

59 『老子』「55장」.

나 창조성을 이야기할 때 즐겨 사용하는 비유다. 이 가운데 니체(F. Nietzsche, 1844~1900)의 관점은 노자가 말하는 어린아이의 의미를 이해하는 데 크게 도움이 된다. 니체는 더 높은 경지로 '변화된 자'가 되기까지의 과정을 '낙타-사자-어린아이'라는 재미있는 비유에 의하여 설명한다.

> 나 이제 너희들에게 정신의 세 단계 변화에 대해 이야기하련다. … '짐 지는' 정신은 … 짐을 가득지고 사막을 향해 서둘러 달리는 낙타처럼 … 사막으로 서둘러 달려간다. … 저 사막에서 두 번째 변화가 일어난다. 여기에서 낙타는 사자로 변하는 것이다. 사자가 된 낙타는 …그 자신이 사막의 주인이 되고자한다. … [하지만] 새로운 가치의 창조, 사자라도 아직은 그것을 해내지 못한다. … 사자조차도 할 수 없는 일을 어떻게 어린 아이는 해낼 수 있는가? … 어린아이는 순진 무구요 망각이며, 새로운 시작, 놀이, 스스로의 힘에 의해 돌아가는 바퀴이며 … 거룩한 긍정이다.[60]

여기서 낙타란 일정한 가치 기준에 매몰되어 그 무게에 짓눌려 있는 정신의 소유자에 대한 은유이며 사자는 이 기존 가치 기준에 의문을 제기하는 비판적 인식의 소유자를 의미한다. 그러나 이 사자가 단순한 비판을 넘어 새로운 가치를 창조하는 존재로 변화하는 것은 어린아이가 되어서야 비로소 가능하다. 한편 장자에게 자연 그대로의 삶은 다소 환상적이고 극적으로 표현된다.

---

60 F. Nietzsche, 『니체 전집 13 – 차라투스트라는 이렇게 말했다』「세 단계의 변화에 대하여」(정동호 옮김), 책세상, 2003, 38–41쪽.

> 혜자(惠子)는 장자에게 말했다. "내게 큰 나무가 있는데, 사람들은 이 나무를 가죽나무라고 한다. … 지금 그대의 말은 이 가죽나무와 같이 크기만 할 뿐 쓸데가 없다." … 장자는 말했다. " … 지금 그대는 큰 나무가 있지만 그것이 쓸 데가 없어 걱정하고 있는데, 그렇다면 어째서 그것을 무하유(無何有)의 마을[무하유지향(無何有之鄕)], 광막한 들판에라도 심고서, 그 곁에서 무위자연하게 방황하며, 그 아래서 소요를 해가며 잠이라도 자지 않는가?"[61]

'무하유지향'(無何有之鄕), 즉 아무 것도 없는 고요한 마을은 전혀 인위적인 가공이 없는 자연 그대로의 낙토(樂土)이자 유토피아다. 무하유의 마을은 현실 어딘 가에 실제로 존재하는 마을 이름이 아니다. 무하유의 마을은 진정한 유희를 위한 마당으로 장자의 이상이 펼쳐지는 마음속에서의 환상 세계다. 무하유의 마을에서 노니는 인간은 어디든 장소를 옮겨 다닐 수 있고 어디든 새롭게 접목될 수 있다. 마치 모든 국경을 자유롭게 넘나드는 유목민처럼 방랑한다. 장자는 아무 것도 없는 무하유의 마을에서 소요·방랑하면서 모든 대립을 초월하고 무위 대자연과 하나가 되고자 한다. 진정으로 쓸모있는 것은 스스로가 자신에게 매기는 평가이며 이는 자기의 본성에 맞추어 살아가는 데에서 얻을 수가 있다.

2011년에 방영한 SBS 다큐멘터리「최후의 바다 태평양 1부 - 상어와 여인」에서는 다음과 같은 감동적인 인터뷰 내용이 나온다. PD가 타이티섬 가운데 한 작은 섬인 후아히네(Huahine)섬에 사는 어떤 사람에게 어떻게 웃음이 떠나지 않을 수 있는지 그 비결을 묻는

61 『莊子』「逍遙遊」.

다. 그러자 이 섬사람은 이렇게 대답한다. "오늘을 살고 나면 어제는 어제고 내일은 내일입니다. 오늘이 지나가면 과거가 되고 그 다음 날을 또 사는 겁니다. 하루하루를 삽니다. 이곳에는 경쟁이란 없어요."[62] 장자가 내리는 삶의 행복을 위한 처방은 과거에 얽매이거나 미래에 채이지 말고 "지금 당장 행복 하라는 것'이다. 지금의 현실 그 자체에 충실하면서 하루하루를 행복하게 살면, 이것이 곧 영원히 행복하게 사는 것이라는 사실을 깨닫는 것이 중요하다. 오스트리아의 정신의학자 알프레드 아들러(Alfred Adler; 1870~1937)에 의하면, "우리는 트라우마의 충격에 시달리는 것이 아니라, 우리의 필요에 의해 그것을 만들어 낸다." 우리를 계속 바라보게끔 하는 것들이 있다. 흐르는 물, 벽난로에서 타오르는 불 등등 말이다. 이런 것들을 바라보았을 때 느끼는 '이유 없는 행복', 이것이 진정한 행복인지도 모른다.

4. 만물의 '영원한 순환'

> [아름다운 경치를 지닌] 산림이나 평원에서 노는 것은 우리들을 즐겁게 해 준다. 하지만 그 즐거움이 끝나기도 전에 슬픔이 뒤따른다. 슬픔과 즐거움이 찾아오는 것을 우리는 막을 수가 없으며 떠나가는 것도 멈출 수가 없다. 슬프구나! 세상 사람들은 단지 외적 사물의 여관에 불과하다.[63]

---

62 다큐멘터리 「최후의 바다 태평양 1부 – 상어와 여인」, sbs다큐, 2011.

63 『莊子』「知北遊」.

장자는 '무한한 자유'를 동경했다. 그리고 이 동경의 밑바탕에는 삶에 대한 '덧없음'이 깔려 있다. 현상세계의 모든 사태들은 끊임없이 변하고 덧없기 때문에 우리로 하여금 우울한 감정에 빠져들게 할 수 있다. 하지만 장자의 사라지는 것에 대한 아쉬움은 오히려 그의 미학적 감흥을 우리에게 더욱 농밀하게 던져준다. 사라지는 것 혹은 영원하지 않은 것은 사라지고 영원하지 않기 때문에 오히려 아름다운 빛을 발할 수 있다. 영원한 것은 아름다울 수 없다. 모든 아름다움은 언젠가는 사라지기 때문에 아쉬움으로 인하여 아름다운 것이다. 장자의 현실에 대한 비극의식은 오히려 비극적 숭고미를 더해 주었다. 비극적 미의식은 서양문화에서도 대단히 중요한 위치를 점해 왔다. 고대 그리스의 비극작품에서는 인간의 자유의지가 운명과 벌이는 항쟁을 표현한다. 이 작품들은 험난한 인생을 예술적 경지로 승화시켜 삶에 대한 새로운 의미를 확보하고자 하였다. 하지만 장자의 비극의식은 어떤 격정이 아니라 고요함으로부터 유래한다. 그리고 고난을 유유자적한 '소요(逍遙)'의 정신으로 승화시키고자 한다.

장자가 말하는 만물의 순환은 이러한 삶에 대한 덧없음을 다른 경계로 승화시킨다. 이는 노자도 마찬가지다.

> 근원으로 돌아가는 것은 도(道)의 움직임이다[반자도지동反者道之動].[64]

> 크면[대大] 가버리고[서逝], 가버리면 멀어지며[원遠], 멀어지면 되돌아온다[반反].[65]

---

64 『老子』「40장」.

65 『老子』「25장」.

집에서 멀리 떨어질수록 집으로 돌아오려는 충동이 강해지듯이, 인위적인 현상세계 속에서 사회적 이해관계간의 갈등이 커질수록 원시적 시대로의 복귀에 대한 갈망은 그만큼 강해진다. 현대 프랑스 철학자 마르셀(G. Marcel; 1889~1973)이 "인간은 나그네 인간(homo viator)이고 끊임없이 방랑하는 자이며 변화하는 자다."라고 말한 적이 있지만, 도의 운동 양상에 자신을 맞춘 인간은 어떠한 억압도 없이 '나그네 인간'이 되어 멀리 방랑의 길을 떠난다. 그리고 이 방랑에 의해 자신을 변화시키며, 결국은 도(道)의 궤적에 따라 '본래의 자리'로 귀환한다. 이는 니체의 '영원회귀' 사유와도 일맥상통한다. 이 같은 노자의 복귀사상의 성격은 장자에게도 동일하게 나타나지만, 장자에서는 시간적인 과거 시기로의 복귀가 상대적으로 덜 강조되면서 물리적인 자연 세계의 순환이 보다 강하게 부각되고 있다.

> 처음과 끝은 순환하여 어느 쪽이 본래의 기원이라고 할 수는 없다. 따라서 큰 지혜를 가진 사람은 … 아득히 멀다고 해 고민하는 일이 없고, 눈앞에 가까이 있다 하더라도 조급히 서두는 일이 없다. 왜냐하면 시간의 흐름은 (영원함으로 인해) 그치는 일이 없다는 것을 알고 있기 때문이다.[66]

> 오는 세월은 막을 수가 없고, 가는 시간은 멈출 수가 없다. 쇠약해짐과 융성함 · 차고 기울어지는 것은 (항상 순환하며), 끝나면 또 시작이 온다.[67]

이 인용문들에서 장자는 생장과 소멸이라는 자연의 법칙성을 강조

---

66 『莊子』「秋水」.

67 『莊子』「秋水」.

하고 있다. 장자의 순환 세계관은 순수한 물질적 세계의 원환적 흐름을 강조한 외적 자연의 운동성에 기반을 두고 있다. 계속해서 장자는 말한다.

> 사람의 삶은 기(氣)가 모인 것이다. 기가 모이면 삶이 되고, 흩어지면 죽음이 된다. 이와 같이 삶과 죽음은 함께 있는 것이니, 나에게 또한 무슨 근심이 있겠는가? 그러므로 만물은 하나다. … 따라서 이런 말이 있다. 천하는 하나의 기로 통한다.[68]

이렇듯 모든 살아있는 생명은 외적 자연세계에 편재해 있는 기의 이합집산에 의해 삶과 죽음이 끊임없이 순환하는 고정되어 있지 않은 존재다. 마치 서양 고대의 신화에 나오는 거대한 뱀인 '우로보로스'(Uroboros)가 자신의 입[시작]으로 끊임없이 자기의 꼬리[끝]를 먹어치우듯이 시작과 끝 혹은 삶과 죽음은 끝없이 순환한다.

> 생(生)은 무물(無物)로부터 싹터 나오고, 사(死)는 아직 생겨나지 않은 상태로 돌아간다. 처음과 마지막은 서로 무한정으로 순환 · 반복하여 그 끝나는 바를 알 수가 없다.[69]

> 만물은 모두 종류가 제각기 다르고, 다른 형태로 서로 교대한다. 처음과 끝은 마치 둥근 고리와도 같이 순환하며, 그 이치를 알 수가 없다.[70]

---

68 『莊子』「知北遊」.

69 『莊子』「田子方」.

70 『莊子』「寓言」.

장자에게 삶과 죽음은 마치 양면 거울의 앞뒤와 같다. 장자에게 완전히 소멸한다는 의미의 죽음이란 존재하지 않는다. 우리가 속해 있는 우주에서는 그냥 소비되어 사라지는 것은 없으며 단지 다른 형태로 변형되어 갈 뿐이다. 이렇게 삶과 죽음은 끝없이 순환한다. 장자는 나의 인체와 만물이 서로 물질적 기초가 같다고 말한다. 그리고 이를 통해 생명에 대한 신비한 관념과 죽음에 대한 공포를 반대하고 있다. 죽음에 대한 장자의 낙관적 견해는 죽음이란 단지 이것으로부터 저것으로 변화하는 것일 뿐이라는 순환론적 사유로부터 나온 것이다. 만물을 하나로 보는 장자의 유기체적 사유는 인간의 기원과 우주에 있는 별의 기원을 같은 연장선상에서 파악하고자 하는 천체물리학 이론을 끌어올 때 오히려 잘 이해될 수 있다. 천체물리학에 의하면 인간의 기원을 탐구하면 별의 일생을 알 수 있다. 별들은 장엄한 최후를 맞아 폭발하여 엄청난 우주먼지를 발산하고 바로 이 우주먼지에 의해 지구 생명체가 탄생할 수 있었다고 한다.

이러한 고대적 믿음은 우주의 작동원리에 대한 심오한 진리를 우리에게 선사해 준다. 우리 몸의 모든 원자는 저 깊은 우주에서 발생하는 별들의 장대한 재생활동의 결과물이다. 별들이 죽어서 폭발하면 생기는 우주먼지는 인간을 비롯한 모든 생물들의 기원이다. 세상 만물은 삶과 죽음의 우주적 순환이다. 이 증거는 지구에서도 찾아볼 수 있다. 공룡이 살던 시대에 히말라야가 있던 지역은 바다였다. 히말라야의 대부분을 이루는 암석은 석회석으로, 이것은 해양생물의 사체가 쌓이고 굳어져 돌이 된 것이다. 이는 태초부터 오늘날까지 지속되고 있는 지구자원의 끊임없는 순환을 여실히 보여 주는 증거 중 하나다. 모든 산은 살아 있는 유기체다. 산이나 인간이나 동일한 물질로 구성되어 있다. 생물은 돌이 되고 돌은 다시 생물이 된다. 인간이나 식물 그리고 지구 전체는 우주와 구성성분이 같으므로 서로 연결되어 있다. 즉, 장자의 개념을 사용하자면 '만물제동'이다.

이러한 사실을 강조하기 위해 잠시 말장난을 한번 해보자. 영어에서는 '끝'을 의미하는 'End'와 '그리고'라는 'And'가 같은 소리를 갖고 있다. 똑같은 소리 값을 지니지만 하나는 '끝'을 의미하고, 다른 것은 '계속'을 의미한다. 우리의 삶에서 '끝'(End)이란 없다. 삶은 계속 이어지는 '그리고'(And)의 연속이다. 비록 죽는다 해도 다른 형태로 변화되어 가는 것이기에 죽음을 두려워할 필요는 없다. 따라서 장자는 아내가 죽었는데도 북을 두드리며 노래를 불러 아내가 죽은 것을 대자연의 품속으로 드디어 돌아갔다며 축하할 수 있었다.

> 장자의 아내가 죽어 혜자(惠子)가 문상하러 갔다. 장자는 마침 그때 두 다리를 뻗고 앉아 항아리를 두드리며 노래를 부르고 있었다. 혜자가 말한다. "아내와 함께 살면서 자식을 키웠고 함께 늙었다. 아내가 죽었는데 곡은 안하고 오히려 만족해하면서 항아리를 두드리며 노래를 부르고 있으니 너무 심한 것 아닌가?" 장자가 말한다. "그렇지 않다. 아내가 죽었을 때 처음에는 나라고 왜 슬프지 않았겠는가? (하지만 그녀가 태어나기 이전의) 근원을 헤아려 보면 본래 삶이 없었고, 삶만 없었을 뿐만 아니라 형체도 없었으며, 형체뿐만이 아니라 기(氣)도 없었다. 흐릿하고 어두운 것 속에 섞여 있던 것이 자연의 변화에 의해 기를 낳고, 그 기가 변화해 형체가 있게 되었다. … 그것이 지금 또한 변화해 죽은 것이니, 이는 춘하추동이 서로 번갈아 가며 순환하는 것과 같은 운행이다. 아내는 천지라는 거대한 방 안에 편안히 잠자고 있다."[71]

71 『莊子』「至樂」.

이러한 사유는 이미 앞에서 언급한 바와 같이 니체의 '영원회귀' 사유와 일맥상통한다. 니체의 영원회귀가 매우 시적인 필치로 잘 표현되어 있는 한 구절을 인용해 본다.

> 모든 것은 가며 모든 것은 되돌아온다. 존재의 수레바퀴는 영원히 돌고 돈다. 모든 것은 시들어가며 모든 것은 피어난다. 존재의 해는 영원히 흐른다. 모든 것은 부러지며 모든 것은 다시 이어진다. 똑같은 존재의 집이 영원히 지어진다. 모든 것은 헤어지며 모든 것은 다시 만나 인사를 나눈다. 존재의 수레바퀴는 이렇듯 영원히 자신에게 신실하다. 매순간 존재는 시작된다. 모든 여기를 중심으로 저기라는 공이 굴러간다. 중심은 어디에나 있다. 영원이라는 오솔길은 굽어 있다.[72]

장자에게 순환세계관은 '매순간'의 창조와 관련이 깊다. 예를 들어 겨울이 긴 북유럽이나 북미 지역에는 '아이스 호텔'(ice Hotel)이라는 관광 사업이 있다. 이 사업은 한겨울에만 한시적으로 이루어지는데, 아이스 호텔은 주로 수량이 풍부한 강 근처에 위치하고, 이 강에서 자연스럽게 언 얼음을 이용하여 많은 얼음 조각가들이 공들여 호텔을 짓는다. 사람들은 완성된 아이스 호텔에서 겨울을 즐기지만, 봄이 되면 이 호텔은 물이 되어 본래 자신이 있던 곳인 강으로 다시 되돌아간다. 하지만 이듬해가 되면 다시금 많은 얼음 조각가들이 모여 작년보다 더 멋진 모양의 아이스호텔을 지어 손님을 맞이한다. 이러한 과정은 계속 반복·순환한다. 비록 반복하지만 매년 참여하는 예술가들의 다른 의지에 의해 매번 다른 모양의 아이스호텔이 만들어

---

72 F. Nietzsche, 「건강을 되찾고 있는 자」『니체 전집 13 – 차라투스트라는 이렇게 말했다』(정동호 옮김), 책세상, 2003, 364쪽.

지며, 이 호텔은 예외 없이 다시 본래 자신의 근원지인 강으로 돌아간다. 계속 반복되지만 앞으로 나아가는 궤적을 그리는 발전 지향의 반복이다.

5. 너 자신을 사랑해라

노장은 '개인'의 독립된 가치를 특별히 강조했다. 노장은 홀로 유유자적한 삶을 살아갈 수 있는 힘을 주는 철학이다. 오늘날에는 1인 가족이 늘어나는 추세에 있다. 캠핑이나 여행을 하는 경우에도 예전과는 달리 홀로 여행하거나 캠핑하는 사람들이 많아지고 있다. 이런 추세를 볼 때 노장의 '자기 영역'에 대한 가치부여는 현실적인 의의가 크다.

> 자기 몸을 귀히 여기어 천하를 다스리는 사람, 그런 사람에게야말로 천하를 맡길 수 있다.[73]

> 자기 자신에게 내재되어 있는 자연스러운 본성에 따라 보지 않고 상대방의 관점에 휘둘려 보고, 자기 자신에게 충실하여 자연스럽게 만족하는 것이 아닌 상대방의 입장에 사로잡혀 만족하는 사람은, 남의 만족에 만족할 뿐 자기 자신의 진정한 만족을 하지 못하는 사람이다. 이런 사람은 남의 길을 따라갈 뿐 주체성을 가

73 『老子』「13장」.

지고 자기 자신의 길을 가지 못하는 자유롭지 못한 사람이다.[74]

물오리는 비록 다리가 짧으나 그것을 이어주면 근심하고, 학은 다리가 길지만 끊어버리면 슬퍼한다.[75]

타고난 본성은 정해진 하나의 원칙이 아니라 사람마다 다르게 나타난다. 같은 물이라도 소가 먹으면 젖이 되고 뱀이 먹으면 독이 될 수 있다. 인간은 자기가 처한 좌표에 의해 세상을 판단할 수밖에 없다. 우리는 우리의 방식을 통하여 우리 자신의 근거를 세워야만 한다. 자신이 유일무이한 존재라는 사실을 자각하는 자만이 타자들 또한 유일무이하다는 사실을 인정할 수 있다. 자기를 소중하게 생각하지 않는 사람은 남 또한 소중하게 생각하지 않는다. 자신의 성향에 맞추어 충분히 잘할 수 있는 것을 억압하고 겉으로 좋아 보인다고 남의 장점만을 바란다면 자신의 긴 다리를 스스로 끊어버리는 현명하지 못한 처사일 것이다. 노장의 '자기에 대한 사랑', 이것은 이기주의(利己主義; 자기에게 이로움을 주는 행위만을 하려는 주의)가 아니라 애기주의(愛己主義; 자신을 아끼고 사랑하는 주의)다. 자신을 사랑하는 사람이야말로 남을 사랑한다. 자신을 경멸하는 사람은 남도 경멸한다. 평범한 인간관계에서도 열등감이 강한 자들은(이는 곧 자기를 사랑하지 않는 자들인데) 자기의 결핍을 남에 대한 원한으로 돌릴 가능성이 크다.

그리고 남을 선불리 이롭게 하려는 것 자체가 오히려 남을 괴롭히는 일일 수도 있다. 자기 입장에서 상대를 위한다고 생각한 것이 반드시 상대에게 보탬이 되리라고 보장할 수는 없기 때문이다. 항상 모

74 『莊子』「騈拇」.

75 『莊子』「騈拇」.

든 인간관계는 상대를 통해 어떤 것을 충족시키려고 할 때, 잘못되기 시작한다. 저녁형 인간인 자식에게 아침형 인간인 부모가 일찍 일어나길 강요하는데서 반항이 출발하는 법이다. 인간은 자신에게 익숙한 것을 가장 잘 한다. "자기 자신에게 가장 잘 어울리는 삶을 살라. 그것이야말로 궁극적인 럭셔리다." 이는 패션 디자이너 칼 라거펄트(Karl Lagerfeld)의 말이다. 중앙아시아의 위그르족 격언에도 다음과 같은 말이 있다. "사람의 나라에서 왕이 되지 말라. 자신의 나라에서 자신이어라." 특히 자신의 현 처지에 대한 가치부여는 다음과 같이 극단적으로 나타나기도 한다.

> 지리소(支離疏)라는 사람은 턱이 배꼽으로 가려지고 어깨가 정수리보다 높으며, 상투는 하늘로 뻗어 있고 오장(五臟)이 위로 올라가 있으며, 두 개의 넓적다리가 갈비뼈와 이어져 있다. (이와 같이 모습이 추한 남자였지만) 옷을 꿰매거나 빨래를 하면서 충분히 먹고살아갈 수 있고, 산가지를 흔들고 쌀을 흩뿌리며 점을 치면 열 사람의 식구는 먹여 살릴 수 있다. 정부에서 징집령이 내려져도 지리소는 (장애인이라 병역의무가 없으므로 징집을 하는 장소에서) 소매를 걷어붙인 채 사람들 사이를 태연하게 다닐 수 있고, 정부에서 큰 역사(役事)가 있을 때 인부를 모으면 지리소는 오랫동안 있어 온 장애로 인해 일이 배당되지 않았다.[76]

지리소가 권력의 입장에서 볼 때 별 쓸모가 없는 불구자인 덕분에 오히려 자유스럽다고 말함으로써 권력의 잔인성을 폭로하고 있다. 사실 불완전함이란 상대적인 것이다. 이를테면 베어낸 시든 목초

76 『莊子』「人間世」.

더미는 쓸모없이 느껴지지만 넓은 들판에서 목초들이 시들어 노랗게 되는 광경은 우리에게 멋진 경치를 선사한다. 생명 그 자체나 자연 사물에 나쁜 원칙이란 존재하지 않는다. 마찬가지로 자연물로서의 인간에게도 나쁜 원칙이란 없다. 어떤 모양과 형태를 지니던 이미 그것 자체로 의미가 있다. 인간의 불완전한 마음도 그 자체로 의의를 지닌다. 마음이 비뚤어진 사람을 치료하고자 하는 어떤 심리치료사가 있다고 하자. 그는 비뚤어진 사람의 마음을 똑바른 마음이 되도록 하는 데 관심을 기울이기 보다는, 오히려 마음이 비뚤어진 사람으로 하여금 그 비뚤어진 마음에 익숙하도록 도와야 한다. 자연의 견지에서 보면 모두가 나름대로 자기 존재 의의를 지닌다. 이는 우리 모두가 약간은 비뚤어져 있다는 사실을 깨달아야만 가능한 것인지도 모른다. 자신의 긍정적인 면과 부정적인 면을 함께 드러내 보일 때 우리는 망가지는 게 아니라 온전해진다. 우리는 자기에게 있는 '그늘'을 불편해하지 말고 태연히 끌어안아야만 한다. 다음의 인용문은 타자의 호흡에 끌려들어가지 않고 자신의 가치를 지키려는 태도가 인상 깊게 묘사되어 있다.

> 장자가 복수(濮水)에서 낚시를 하고 있었는데, 초(楚)나라 왕이 대부(大夫) 두 사람을 그에게 보내 자신의 뜻을 전달하도록 했다. 그들은 말한다. "선생님께 초나라의 정사를 맡기고자 합니다." 장자는 낚싯대를 잡은 채 돌아보지도 않고 말한다. "내가 들은 바가 있습니다만, 초나라에는 신령스런 거북이 있는데 죽은 지 이미 3,000천년이나 되었다고 하더군요. 왕은 그것을 피륙으로 잘 싸서 상자에 넣어 묘당(廟堂) 위에 소중하게 보관한다고 합니다. 이 거북은 죽어서 뼈만 남은 상태에서 귀하게 대접받길 원할까요? 아니면 살아서 진흙 속에 꼬리를 끌며 다니기를 바랄까요?" 두 대부가 대답한다. "당연히 살아서 진흙 속에 꼬리를

끌며 다니기를 바라겠지요." 장자가 말한다. "이만 돌아가시오. 나는 진흙 속에 꼬리를 끌고 다니며 살렵니다."[77]

장자는 유력한 정치가로서의 삶을 거절했다. 우리는 세상으로부터 완전히 도피할 수 없다는 사실을 잘 안다. 하지만 이 인식이 곧바로 무조건적인 세상을 향한 참여로만 이어질 필요는 없다. 세상으로부터 완전히 도피하지 않으면서 세상에 무조건적으로 참여하지도 않는 길을 걸을 수 있다. 장자의 세상에 대한 참여는 자기 본래의 자연적 성향을 그대로 표출할 수 있는 범위 내로만 한정된 것이었다. 만약 자기 본래의 자연적 성향에 조금이라도 상처를 준다면 아무리 높은 직위라 하더라도 눈길 한번 주려고 하지 않았다. 장자는 인위적인 압박감을 동반한 화려한 삶을 선택하기 보다는, 소박하더라도 자연 그대로 '노니는 것'[유遊]을 선택한다. 이는 세상의 위협으로부터 자신을 지키면서 세상과 함께 살아가는 장자의 처방이다. 비틀즈(Beatles)식으로 표현해 보면 장자는 세상을 향해 'Let it be'(그냥 좀 내버려 둬라)라고 말하고 있다.

장자와 비슷한 철학자를 서양에서 찾자면 디오게네스(Diogenēs; BC400?~BC323)를 꼽을 수 있을 것 같다. 대왕 알렉산더가 원정을 떠나기에 앞서 디오게네스를 방문했다. 목간통에 벌거벗고 앉아 있던 디오게네스는 온 세계를 발밑에 굴복시킨 대왕 알렉산더에게 이렇게 말했다. "나는 그대보다 위대하다. 그대가 소유한 모든 것보다 더 많은 것을 나는 하찮게 여기므로, 그대가 소유하려 애쓰는 그 모든 것이 내겐 아무런 가치가 없다." 알렉산더는 디오게네스와 이야기하는 동안 그에게 완전히 빠져버렸다. 그는 디오게네스에게 무엇이든지

---

77 『莊子』「秋水」.

바라는 것이 있으면 다 들어주겠다고 말했다. 그러자 디오게네스는 이렇게 대꾸한다. "거기에서 좀 비켜주십시오. 해를 가려서 못 견디겠소." 알렉산더는 디오게네스의 요구대로 비켜주고 나서 이렇게 중얼거렸다. "만약 내가 알렉산더가 아니라면 디오게네스가 되고 싶다."

사람을 마치 아름다운 자연사물을 바라보듯이 하는 것은 불가능한 일일까? 우리는 폭포나 바다를 볼 때 있는 그대로 바라보지, 자기만의 가치관을 거기에 부여하지는 않는다. 아무런 편견도 없이 바라보는 것이다.

동양철학과
문화의
혼종성

04

도가(道家)와 문화의 혼종성 II;

홀리즘과 하이브리디티

04

도가(道家)와 문화의 혼종성 II; 홀리즘과 하이브리디티

이 장에서는 3장에서 다룬 도가 철학의 중심 개념들에 대한 이해를 바탕으로 도가철학의 '혼종성'을 심층적으로 파고들어가 본다. 도가 철학의 핵심인 노장은 이쪽의 입장이나 저쪽의 입장에 일방적으로 빠져있는 태도를 문제 삼으면서, 항상 이쪽과 저쪽의 경계에 머물러야 한다고 말한다. 이것은 이쪽과 저쪽의 중간에서 애매한 입장을 취해야 한다는 의미가 아니라 이쪽과 저쪽을 모두 간직해야만 한다는 '혼종성'을 강조한 것이다. 쌍방향을 동시에 보는 태도, 즉 대극의 융합(상반된 가치의 종합)은 폭넓은 사고를 가능하게 할 뿐만 아니라 창조성을 발휘하게 한다. 우리는 이 장에서 노장 사상에 나타난 옳음-그름·현실-환상(가상)·인문-자연 등의 상반된 '결레 가치'들의 공존이 어떤 양상으로 나타나는지 구체적으로 살펴본다. 노장 사상의 유기체적 사유는 철학[진眞]·종교[선善]·예술[미美]의 통합, 즉 '진선미'의 '혼종'을 장려한다. 장자가 상반된 가치들을 함께 끌어안고서 초월하자고 주장한 것이 현실적으로 어떠한 의의를 지니는지 확인해 보도록 하자.

1. 나를 위한 리셋; 망각의 유용성

노자와 장자에게 내가 나를 고요하게 바라보는 퍼포먼스는 '망각'이다. 복잡한 사회적 관계와 관련이 있는 '사회적 자아'를 잠시 잊고 내 내면 속에 깊숙이 잠재되어 있는 '참 자아'와 만나기 위한 의도적인 비움의 자세다.

> 학문을 하면 나날이 배운 것이 많아져 가나, 무위자연의 도를 하면 나날이 있는 것이 덜어져 간다. 덜고 또 덜어 가면, 마침내 무위(無爲)의 경지에 도달한다.[78]

> 안회(顔回)가 말했다. "저는 나아졌습니다." 공자가 물었다. "무엇이 말이냐?" 안회는 대답했다. "저는 인의(仁義)를 잊었습니다." 공자는 말했다. "괜찮구나. 그러나 아직 덜 되었다." 그리고 다른 날, 안회는 다시 공자를 만나서 말했다. "저는 나아졌습니다." 공자가 물었다. "무엇이 말이냐?" 안회는 대답했다. "저는 예악(禮樂)을 잊게 되었습니다." 공자는 말했다. "괜찮구나. 그러나 아직 덜 되었다." 그리고 또 다른 날, 안회는 다시 공자를 만나서 말한다. "저는 나아졌습니다." 공자는 물었다. "무엇이 말이냐?" 안회는 대답했다. "저는 좌망(坐忘)하였습니다." 공자는 깜짝 놀라서 말했다. "무엇을 좌망이라고 하는가?" 안회는 대답한다. "사지(四肢)와 몸을 무너뜨리고 총명(聰明)함을 내쫓으며, 몸을 흩어버리고 지혜나 지식을 버리며, 그래서 대도(大道)와 하나

78 『老子』「48장」.

가 되는 것, 이것을 좌망이라고 합니다." 공자는 말했다. "… 너 정말 훌륭하구나! 나는 너의 뒤를 따르겠다."[79]

'무위'의 경지와 '좌망'은 요가나 불교에서 강조하는 명상과 매우 비슷하다. 장자의 '좌망'과 같은 개념은 인도불교가 중국에 전해져 정착하는 데 큰 역할을 했다. '무위'와 '좌망' 개념은 필자가 대학의 교육 현장에서 강의를 할 때 학생들이 가장 이해하기 어려워하는 개념들이기도 하다. 인용문만 보면 이 개념들은 상당히 신비스러운 느낌이 들고 종교적 수행의 냄새도 난다. 그러한 의미가 깔려 있는 것은 사실이다. 하지만 현대인들의 여가활동이나 건강을 위한 여러 프로그램들에서도 좌망과 무위의 태도는 얼마든지 발견된다. 일단 좌망과 무위를 다음과 같이 이해해 보도록 하자. 세상의 소란으로부터 벗어나 고요하게 '명상'에 잠겨 '무의식' 깊숙이 나의 내면을 가만히 바라보는 태도로 말이다. 정신분석학과 함께 '무의식' 개념을 매우 중시하는 분석심리학의 관점에 의하면 사람의 뇌에는 진화 속에서 축적된 각종 동물의 뇌들의 특성이 고스란히 쌓여 있다. 호모 사피엔스의 뇌 안에 혈거인의 뇌가 있고 더욱 깊이 내려가면 도마뱀의 뇌도 도사리고 있다. 뇌의 심층 영역은 무의식이 발양되는 영역으로서 원시적 에너지의 저장고다. 그것은 생명의 원천이며 쓰임에 따라서 창조적 가능성을 지닌 에너지이기도 하다. 그것은 위험한 동물적 충동임과 동시에 체험하여 의식의 차원으로 동화해야 할 것이기도 하다. 명상은 사회적 번잡함을 약하게 함으로써 내 내면 속에 잠재되어 있는 순수한 생명력을 불러올 수 있는 기회를 제공한다. 우리 모두는 창조적인 잠재력을 태어났을 때부터 이미 갖추었는지도 모른다.

79 『莊子』「大宗師」.

불교는 모든 존재가 불성이 있다는 사고니 말할 것도 없고, 구약성서의 창세기에 의하면 인간은 신의 형상으로 만들어졌다.

조금 더 일상적인 차원에서 바라보자면, 우리가 하루의 피로를 잠으로 푸는 것과 같은 것으로 '무위'나 '좌망'을 이해해도 무방하다. 어떤 일을 하다가 잘 안 풀려 짜증이 나면 잠시 내버려두었다가 안정이 된 후 다시 시작하면 잘 풀리는 것도 '무위'와 '좌망'의 긍정적 기능이다. 대부분의 우리 현대인들은 늘 시간에 쫓기면서 자신을 닦달하면서 살아간다. 누구나 다 그렇게 살아가니, 내가 특별히 촌각을 다투면서 열심히 일한들 크게 경쟁력이 있어보이지도 않는다. 나만 그런 것이 아니라, 누구나 다 그렇게 살아가기 때문이다. 이제 초조감과 불안감은 가끔 느끼는 것이 아니라, 일상적인 느낌이 되어버리고 말았다. 한 사례를 들어보자. 독일의 한 탄광에서 갱도가 무너져 광부들이 갱내에 갇힌 사고가 난 적이 있었다. 광부들은 외부와 연락이 차단된 상태에서 1주일 만에 구조되었는데, 사망자는 단 한 사람 밖에 없었다. 바로 시계를 찬 광부였다. 갇힌 상태에서 끊임없이 시계를 바라보며 불안감과 초조감을 극대화시킨 것이 사망의 원인이 된 것이다.

서양에서 '좌망'과 같은 망각의 범주를 특별히 의미부여한 철학자는 바로 니체(F. Nietzsche)다. 니체에 의하면 "망각이란 … 일종의 능동적인, … 적극적인 저지 능력이다. … 의식의 문과 창들을 일시적으로 닫는 것, … 소음과 싸움에서 방해받지 않고 있는 것, 새로운 것, … 통제하고 예견하며 예정하는 데 다시 자리를 마련하기 위한 약간의 정적과 의식의 백지상태(tabula rasa), 이것이야말로 … 능동적인 망각의 효용 … 이다. … 망각이 없다면, 행복도, 명랑함도, 희망도, … 있을 수 없다…."[80] 분석심리학의 창시자 칼 융(Carl Jung)은

---

80 F. Nietzsche, 김정현 옮김, 『니체 전집 14- 선악의 저편 · 도덕의 계보』, 책세상, 2002, 395–396쪽.

'적극적 명상'이라는 개념으로 망각의 유용성을 설명하기도 했다. 장자의 '좌망'이나 니체의 '적극적 망각', 그리고 칼 융의 '적극적 명상'은 모두 낯설고 모순투성이의 현실을 차분히 관조할 수 있게 하는 힘이라고 할 수 있다. 이러한 잠재력을 아주 잘 활용한 사람이 바로 스티브잡스(Steve Jobs; 1955~2011)다. 그는 말한다.

> 가만히 앉아서 내면을 들여다보면 우리는 마음이 불안하고 산란하다는 것을 알게 됩니다. … 하지만 시간이 흐르면 마음속 불안의 파도는 점차 잦아들고, 그러면 보다 미묘한 무언가를 감지할 수 있는 여백이 생겨납니다. 바로 이때 우리의 직관이 깨어나기 시작하고 … 마음에 평온이 찾아오며 현재의 순간이 한없이 확장되는 게 느껴집니다. 또 전보다 훨씬 더 많은 것을 보는 밝은 눈이 생겨납니다. 이것이 바로 마음의 수양이며, 지속적으로 훈련해야 하는 것입니다.

대개 우리 현대인들은 군중 속의 고독을 두려워하지만 혼자 고요히 있는 것이 도리어 유익한 경우가 많다. 늘 사람들과 같이 있는 것은 심지어 최고의 사람들과 같이 있어도 불필요한 피로를 불러오고 낭비적일 수 있다. 고독은 훌륭한 친구가 될 수 있다. 왜냐하면 우리 내면에 이미 나의 친구[나의 무의식]가 존재하고 있기 때문이다.

망각은 복잡한 현실에 매몰되지 않기 위한 '거리두기'다. '좌망'을 하는 사람은 끝없이 뻗어나가는 인위적이고 불필요한 생각에 일단 제동을 걸어 '판단을 정지하거나 보류'(epoche)시킨다. 그리고 마치 아무리 큰 숫자라 하더라도 0을 곱하면 0으로 돌아가듯이, 현실의 갈등이 빚어낸 스트레스를 '0점'으로 해소시킨다. 이는 생각을 새롭게 시작하기 위한 '리셋'(reset)이라고 볼 수 있다. 우리말에서 '모름'은 독립문자로 순수한 우리말이다. '모름'에서 파생된 어휘로 '모름지기'가 있다. 이 말은 "모름을 지킨다."의미다. 우리의 선조들도 '새롭게 시작하기 위한 리셋(reset)'과 '백지상태(tabula rasa) 만들기'라는 '모름지기'의 가치를 일찌감치 간파했던 것 같다.

자신을 비우는 자세는 구체적인 삶의 처세에도 보탬이 될 수 있다. 다음의 인용문을 보자.

> 배로 강을 건너고 있는데 만약 빈 배가 와서 자기 배에 부딪힌다면 비록 속 좁은 사람이라고 해도 화를 내지는 않을 것이다. 하지만 그 배 위에 한 사람이라도 타고 있다면 다른 곳으로 가라고 소리칠 것이다. 상대가 한 번 소리쳤는데 듣지 못하면 … 욕설을 퍼부을 것이다. 아까는 화를 내지 않다가 지금은 화를 내는 이유는 아까는 '빈 배'였지만 지금은 사람이 타고 있기 때문이다. 사람이 자기를 '텅 비우고' 세상에서 유유히 노닌다면 그 누가 해칠 수 있겠는가?"[81]

이 문장은 '허주'(虛舟; 빈 배)라는 말로 널리 알려져 있다. 만약 내가 배를 타고 강을 건너고 있는 데 어떤 빈 배와 우연히 부딪치게 된다면 잠깐 투덜대기는 할지라도 불 같이 화를 내지는 않을 것이다. 빈 배가 나쁜 의도를 품고 일부러 내 배와 부딪친 것이라고 여기지는 않을 것이기 때문이다. 하지만 사람이 타고 있는 배와 부딪친다면 사정이 달라진다. 이때 나는 상대에게 "배 좀 똑바로 몰아라!"라고 소리칠 것이다. 현실의 인간관계도 마찬가지다. 나를 해칠 의도가 분명한 상대에게는 확실한 방어책을 강구하기 마련이다. 하지만 무슨 의도가 있는지 파악하기 힘든 무심해 보이는 상대를 만나면 긴장

81 『莊子』「山木」.

의 끈을 놓기가 쉽다. 자신을 텅 비우면 남들로부터 해코지당할 가능성이 줄어든다. 물론 이런 태도가 나약함으로 비춰지면서 나쁜 사람들의 좋은 먹잇감이 될 수도 있다. 하지만 '자기 비움'이란 바보가 되라는 뜻이 아니다. 의도가 있어 보이기는 하는데 도대체 그것이 무엇인지 파악하기 힘든 존재가 되라는 의미다. 마음을 텅 비워 담담한 사람, 혹은 어떤 의도를 가지고 있는지 도무지 감을 잡을 수 없는 사람이야말로 가장 두려운 존재다. '포커페이스'라는 말도 있듯이, 우리가 포커 게임을 할 때에 가장 무서운 사람은 아무런 표정이 없는 사람이다.

> 기성자(紀渻子)가 왕을 위해서 싸움닭을 키우고 있었다. 왕이 10일이 되자 기성자에게 묻는다. "닭이 이제 싸울 수 있겠나?" 기성자가 대답한다. "아직 안 됩니다. 허세만 부리고 오직 자기 힘만 믿고 있습니다." 왕이 그로부터 10일이 더 지난 후 다시 물으니 기성자가 대답한다. "아직 안 됩니다. 상대편 닭의 소리와 그림자를 보면 격한 반응을 보입니다." 왕이 10일이 더 지난 다음에 또 묻자, 기성자는 대답한다. "아직도 안 됩니다. 상대편 닭을 노려보며 기운이 너무 강성합니다." 또 10일이 지난 후에 묻자 대답한다. "이제 준비가 되었습니다. 비록 상대편 닭이 운다 해도 전혀 반응이 없습니다. 이놈을 바라보면 마치 나무로 만든 닭 같습니다. 그 덕은 온전해졌습니다. 다른 닭이 감히 덤빌 생각을 못하고 도망가 버립니다."[82]

'목계'(木鷄; 나무로 만든 닭)란 개념으로 유명한 문장이다. 인용

82 『莊子』「達生」.

문에 나오는 전혀 반응이 없는 닭처럼 나 자신을 텅 비우면 남들로부터 해악을 입지 않을 수 있다. 나에 대한 비판이 있을 때나 문제가 발생했을 때 곧바로 반응하는 것은 현명한 태도가 아니다. 다소 품격이 떨어지는 비유이기는 하지만, 바지에 똥이 묻으면 바로 털어낼 것이 아니라 잠시 마르도록 놔두어야 털어내기 쉬운 것과 같은 이치다. 상대가 나를 공격할 때 공격받은 내가 무엇인가 반응이 있어야 상대는 그것에 또 반응하여 공격성이 강해진다. 그런데 만약 내가 반응이 없다면 상대는 어리둥절할 것이다. 장자는 이 문장에서 병법(兵法)의 한 수를 우리에게 가르쳐 주고 있다. 이 인용문을 병가(兵家)식으로 돌려 적용해 보자. 상대가 공격할 때 인용문의 반응이 없는 닭처럼 나는 공격할 의사가 없다는 사실을 상대에게 확실히 주지시킨다. 이에 상대가 안심하고 무장을 해제한다. 이 틈을 노려 상대에게 공격을 가한다. 위 우화의 초점은 장자의 '무'의 지평이 단지 아무 것도 하지 않는, 혹은 아무 것도 없는 'Nothing'의 의미가 아니라는 사실에 있다.

우리가 세상을 살아나가는 데에 있어 배짱은 중요하기는 하지만 모욕에 매번 반응할 필요는 없다. 여기서 반응(Reaction)이란 일어나는 사건과 들어오는 자극에 반사적인 감정반응으로 대응하는 것을 말한다. 예를 들자면, 욕설에 욕설로 받아치기, 자극에 비명으로 약해지기 등이 있다. 하지만 이런 것들은 서로를 향한 화살 쏘기와 핑퐁게임에 빠져 에너지를 소모하는 일이다. 이런 국면에서는 숨을 고르면서 차분하게 자신을 비우는 태도가 필요하다. 우리는 반응으로 말려들어 에너지 소모전에 포문을 열 때 약해지는데, 의식이 산란되다 흐트러지기 때문이다. 이를테면 의식의 양이 100이던 것에서 80, 60, 40으로 점점 줄어들면서 약해지게 된다.

레바논 출신의 철학자이자 시인인 칼릴 지브란(Kahlil Gibran; 1883~1931)의 한 편의 시로 이 절을 마치고자 한다.

만일 골짜기들을 보고 싶다면 그대는 산을 올라야 하고, 만일 산꼭대기를 보고 싶다면 그대는 구름 위로 올라가야 하지만, 구름을 이해하는 것이 그대가 추구하는 바라면, 눈을 감고 생각하라.

2. 꿈(환상)과 현실

장자가 말하는 꿈(환상)과 현실의 관계는 우리로 하여금 많은 것을 생각하게 해준다.

북쪽 바다에 물고기가 있는데 그 이름을 곤(鯤)이라고 한다. 곤의 크기는 몇 천리나 되는지 알 수가 없다. 곤은 변화해서 새가 되는데 그 이름을 붕(鵬)이라고 한다. 붕의 등은 또 몇 천리나 되는지 알 수가 없다. 떨쳐 날면 그 날개는 마치 하늘을 덮은 구름과 같다. 이 새는 바다가 움직이면 (그래서 큰 바람이라도 일게 되면 그 큰 바람을 타고) 남쪽 바다로 날아간다. 남쪽 바다란 천연(天然)의 못이다.[83]

이 '소요유' 우화는 『장자』의 첫머리를 장식한다. 이 신화적 사유는 '만물제동' 사유와 더불어 장자 사상의 핵심이다. 소요유 우화에서 붕(鵬)은 상상속의 큰 새이고 곤(鯤)은 상상속의 큰 물고기다. 소요유 우화에서 대붕은 모든 사물을 가장 높은 경지에서 조망하면

83 『莊子』「逍遙遊」.

서 일체의 차별상을 초월한다. 소요유에서 유(遊, Wandering)란 마음의 절대적 자유를 의미한다. 그리고 이 절대 자유의 세계는 종교적 피안의 세계가 아니라 나의 내면에서 펼쳐진다. 장자의 이 세상으로부터의 벗어남은 이 세상을 완전히 떠나 어떤 피안의 세계로 넘어가고자 하는 데 있는 것이 아니다. 비유하자면 마음에 정신적 아뜰리에를 만들어 놓고 완상하는 것과 같은 특별한 이유 없는 향유를 의미한다. 장자는 마음속에서 무궁한 세계에 노니는 것을 통해 현실의 참혹함을 승화시키고자 하였다. 이러한 정신세계를 지닌 인간은 허무한 세상으로부터 물러서는 대신에 그 위에서 춤을 춘다. 장자는 황무지와 같은 현실을 놀이공원으로 만들고자 했다.

장자의 절대 자유의 환상적 세계는 자신을 억압하는 잘못된 현실을 벗어나는 하나의 방법이었다. 그런데 이것은 현실도피는 아니다. 이는 고통이라는 걸림돌을 다른 방향의 디딤돌로 만든 것이다. 이러한 장자의 환상적 사유가 현대를 살아가는 우리들에게 어떤 지침을 줄지 한번 생각해 보자. 어떤 원하지 않는 것이 있을 때 이것을 내 내면으로부터 몰아내려고 너무 노력하지 말아야 한다. 내가 원하지 않는 것을 밀어내면 낼수록 다른 원하지 않는 것들이 나에게 몰려올 수 있다. 왜냐하면 고통에서 벗어나겠다는 생각 자체가 고통을 생각하는 하나의 원인이 되기 때문이다. 마치 불면증에 시달리는 사람이 그것으로부터 벗어나려고 몸부림치면 칠수록 잠이 더 안 오듯이 말이다. 따라서 이럴 때는 단지 벗어나려는 생각이 아니라 다른 수준과 성격의 일에 집중하는 것이 좋다. 장자의 소요유를 비롯한 환상의 지평은 절대 자유와 조화의 세계를 자기 내면에 만든 것이다. 이것은 현실의 고통을 가라앉게 하면서 자기 내면을 아름답게 꾸며준다.

이렇듯 장자는 환상의 지평에서의 '유희' 혹은 '놀이'의 긍정적 기능에 대해 깊은 이해를 가지고 있었다. '유희' 혹은 '놀이'는 가장 고차원의 문화적 생활양식이라고 볼 수 있다. 필자는 선사시대부터 오늘날까지의 역사에서 인류가 '사냥감'에서 '사냥꾼'으로, 그리고 '놀이꾼'으로 변천되어 왔다고 생각한다. 인류가 선사시대에서는 주로 위력적인 맹수들로부터 일방적으로 쫓기는 사냥감이었다면, 문명을 본격적으로 일구어낸 다음부터는 인간 이외의 자연대상을 인간의 필요성에 따라 마음대로 활용할 수 있는 사냥꾼으로서의 능력을 갖추게 되었다. 지금 인류는 '놀이꾼'이다. 호모 루덴스(homo ludens; 놀이하는 인간; 유희하는 인간)의 시대다. 세속적인 모든 억압을 벗어던지고 절대 자유의 경지에서 유희하고자 했던 장자의 '우아한 환상'의 세계는 '놀이꾼'으로 살아가는(살아가기를 원하는) 현대인들에게 시사해주는 바가 크다.

장자의 환상의 지평은 '꿈'에 관한 장자의 여러 언급에 가장 짙게 녹아있다.

> 꿈속에서 술을 마시며 즐기던 사람이 아침에 깨어나서는 슬픈 현실에 절망하여 통곡을 하고, 꿈속에서 통곡하던 사람이 아침에 깨어서는 상쾌한 기분으로 사냥을 간다. 꿈을 꾸고 있을 때는 그것이 꿈인 줄을 모른다. 꿈속에서 또한 그의 꿈에 대하여 점을 치다가, 깨어나서야 그것이 꿈이었다는 것을 안다. 참된 깨달음이 있은 뒤에야 이 세상이 큰 꿈임을 알 것이다. 그런데도 세상의 어리석은 자들은 자기만이 깨달았다고 생각하면서 세밀하게 따져 밝게 아는 척한다. 이들은 군주는 귀하고 말이나 소를 치는 목동은 천시 하는 등 차별을 한다. 참으로 졸렬한 일이다.[84]

> [공자가 안회(顔回)에게 말한다] 또한 세상 사람들은 제각기 자

84 『莊子』「齊物論」.

기 자신을 가리키면서 그것이 자기 자신이라고 생각한다. 하지만 자기가 말하는 자기가 진짜 자기인지 어찌 분명하게 알 수 있다는 말인가? 가령 네가 꿈을 꾸는데 새가 되어 하늘에서 날고, 또 꿈을 꾸는데 물고기가 되어서 못에 깊이 들어가기도 한다고 하자. 모르겠다, 지금 현재 이야기를 하고 있는 너와 나는 과연 깨어 있는 것인가? 아니면 꿈을 꾸고 있는 것인가?[85]

우리가 깬 상태에서 꿈이 꿈이라는 사실을 아는 것과 마찬가지로, 꿈에서도 꿈에 나타난 꿈을 꿈으로 간주한다. 꿈에서는 꿈과 현실이 모두 꿈이다. 우리는 진짜 현실에서 꿈을 꾸는 것일까? 아니면 꿈에서 꿈을 꾸고 있는 것일까? 장자의 생각에 의하면 우리가 육체에서 생생하게 느끼는 현실도 하나의 환상이고 꿈일 수 있다. 다시 말해 우리가 경험하고 있는 실재라는 것은 순수한 주관의 반영일 수 있다. 우리가 지금 실제 경험하고 있는 현실이 진정한 현실인지 혹은 꿈인지 정확한 판단을 내릴 수 있는 기준을 우리는 가지고 있지 않다. 사실 생생한 육체적인 감각이라는 것도 꿈속에서 얼마든지 체험할 수 있다. 따라서 물리적이고 감각적인 경험의 느낌만으로는 현실과 꿈을 구분해낼 수 없다. 만약 현실이 주관성의 반영이라면 우리는 마치 스크린에 비친 현실을 진짜 현실인 것처럼 착각하고 있는 셈이다. 두 번째 인용문에서 공자가 "내가 꿈 이야기를 하고 있는 것도 또한 꿈"이라고 말하는 대목도 이와 궤를 함께한다. 프랑스의 현대철학자이자 정신분석학자인 라캉(J. Lacan; 1901~1981)도 다음과 같은 의미심장한 언급을 한다. "깨어있는 상태란 그의 꿈의 의식에 불과하다." 아마도 장자의 꿈 이야기 중에 가장 유명한 것은 '호접

85 『莊子』「大宗師」.

몽'일 것이다.

> 옛날에 장자가 꿈속에서 나비가 된 적이 있었는데, 너풀너풀 날아다니는 나비가 되어 스스로 즐거워하였지만, 자기가 장자라는 것을 알지 못했다. 그런데 문득 잠을 깨보니, 틀림없는 장자 자신이었다. 장자가 꿈에서 나비가 되어 있었던가? 나비가 꿈에서 장자가 되어 있었던가? 알 수가 없다. 장자와 나비는 반드시 구별이 있다. 이것을 물화(物化, 만물의 변화)라고 한다.[86]

유명한 호접몽(胡蝶夢) 우화다. 꿈을 꾸는 자는 찰나가 영원과 같고 영원이 찰나와 같은 시간적 해체를 경험한다. 만약 꿈에 나비가 되었는데도 여전히 스스로가 장자임을 안다면, 이는 시간의 연속일 것이다. 장자의 호접몽 우화는 바로 이러한 시간성을 해체하려 한다. 장자가 말하는 환상이나 꿈의 지평을 이해하는 데 도움이 되는 영화는 「매트릭스」와 「아바타」다. 「매트릭스」에서 나오듯이 누가 빨간 약(진짜 현실 세계 즉 인큐베이터에서 깨어나게 하는 약)과 파란 약(그냥 매트릭스의 가상세계에 머무르게 하는 약) 중 하나를 선택하라고 한다면 여러분은 어떤 약을 선택할 것인가? 모피어스는 '앤더슨=네오'에게 이렇게 묻는다. "너무도 현실같이 느껴지는 꿈을 꿔 본 적이 있나? 꿈에서 깨어날 수 없다면 어찌하겠나? 꿈의 세계와 현실 세계를 어떻게 구분하지?"

한 가지 질문을 해 보자. 광속은 '초속 30만 킬로미터=1초에 지구 7바퀴'다. 그런데 이처럼 빠른 빛도 물건에 반사되어 우리에게 전달되는 데 시간이 걸리기 때문에, 우리는 항상 과거를 보고 있는 셈이

86 『莊子』「齊物論」.

다. 태양과 지구와의 거리는 1억5천만 킬로미터다. 따라서 빛이 태양을 출발해 지구에 도착하는 시간을 감안한다면 우리가 보는 태양은 8분 전 과거의 태양이다. 해왕성의 경우는 4시간 전 모습만을 볼 수 있다. 육안으로 볼 수 있는 가장 먼 천체인 안드로메다은하는 지구에서 약 250만 광년 정도 떨어져 있다. 빛이 1년에 가는 거리가 1광년이므로 우리는 무려 250만 년 전의 안드로메다은하를 보고 있는 것이다. 다시 말해, 안드로메다로부터 방사된 빛은 250만 년 전에 출발해 오늘날에야 지구에 다다르고 있는 것이다. 따라서 지금 이 순간의 안드로메다은하는 알 길이 없다. 이 은하의 빛은 우리의 시신경에 전달되어 관측 가능하므로 분명히 존재하는 것이지만, 이미 250만 년 전의 은하다. 이것은 현실적 실체인가 아니면 환상인가?

이렇듯 실재세계와 환상은 구분하기가 애매하다. 우리는 꿈과 현실을 구분할 기준을 가지고 있지 않다. 꿈과 현실을 나누어 말하고 있는 지금 이 순간도 꿈일지 모른다.

조선시대의 대표적인 선승인 청허(淸虛) 휴정(休靜, 일명 서산대사)의 선시 하나를 인용해 본다.

「삼몽사(三夢詞)」
주인은 손님에게 자기 꿈 이야기를 하고 [主人夢說客]
손님은 주인에게 자기 꿈 이야기를 한다. [客夢說主人]
이 꿈을 이야기하는 두 사람 [今說二夢客]
그 모두 꿈속의 사람이어라. [亦是夢中人]

다음의 그림은 현실과 환상(꿈) 사이의 관계가 모호하다는 사실을 잘 표현해 주고 있다.

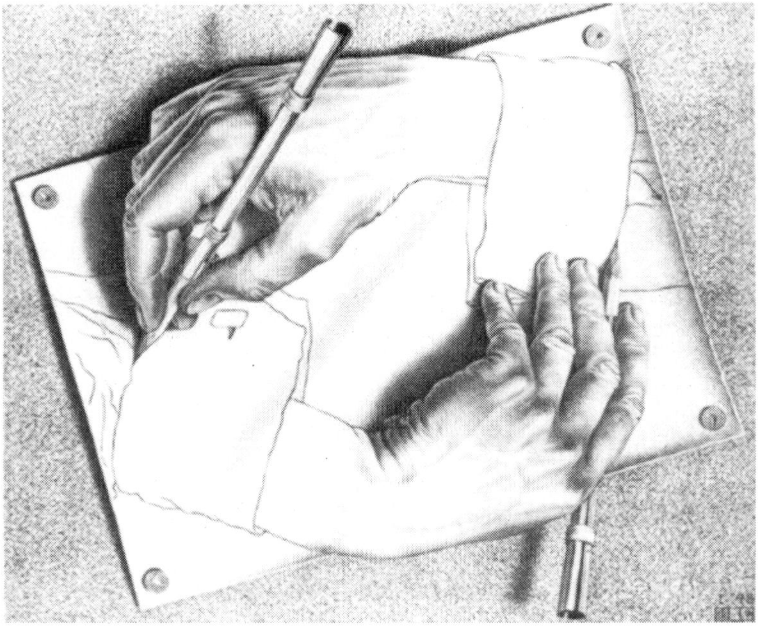

모리츠 코넬리스 에셔의 그림

1948년에 에셔(M. C. Escher)가 그린 이 그림은 환각과 착시현상을 느끼게 한다. 한 개의 손이 다른 손을 그리고 있다고 생각하는 순간, 그려지고 있다고 생각했던 또 하나의 손이 지금 그림을 그리고 있다고 생각하는 손의 손목을 그리고 있다. 마치 끝을 알 수 없는 뫼비우스의 띠와 같이 이 둘 간의 관계는 어느 쪽이 시작인지 끝인지 알 수가 없다. 나는 누군가를 그리고 또 그 누군가는 나를 그려가는 관계 속에서 우리는 살아가는 것일지도 모른다.

3. 만물은 나와 함께 일체가 되어 하나가 된다; 만물제동(萬物齊同)

장자는 시비·선악·미추·화복 등을 구분하려는 일체의 가치판단을 비판하면서 절대적인 무차별을 강조한다. 모든 존재는 차별 없이 공평한 가치를 지닌다. 왜냐하면 모든 존재는 예외 없이 도(道)를 자기 안에 품고 있기 때문이다. 이렇듯 도는 모든 존재에 두루두루 혜택을 주고 있기에, 만물은 하나로 엮일 수 있다. 장자에게 만물제동(萬物齊同; 모든 사물은 동등한 입장에서 서로 통합)의 경지는 만물이 마치 거대한 교향곡과도 같이 서로 음악적 조화를 이루고 있는 것에 빗댈 수 있다.

장자는 이를 '인뢰'(人籟)·'지뢰'(地籟)·'천뢰'(天籟)라는 비유를 들어 설명한다. 인뢰는 사람이 부는 피리 소리를 뜻하고, 지뢰는 바람이 자연사물의 온갖 구멍을 통과하면서 내는 여러 가지 소리들을 의미하며, 천뢰는 구체적 소리가 아니라 지뢰나 인뢰가 내는 다양한 소리들의 근원인 자연 그대로의 모습을 가리킨다. 여기서 인간[인뢰]과 자연[지뢰] 그리고 이 두 범주의 근원[천뢰]은 서로 교향곡과 같이 조화를 이룬다. 이 조화는 '종합주의'(Holism)라는 용어로 개념화가 가능하다. 종합주의는 생명 현상의 전체성을 강조하고, 전체가 단순히 부분이 모여 이루어진 것은 아니라는 철학이론이다. 종합주의는 공명(共鳴, Resonance)현상을 떠올리면 쉽게 이해할 수 있다. 현악기의 한 줄을 건드리면 공명에 의해 다른 줄이 울게 되듯이 인간·땅·하늘은 서로가 서로에게 공명을 일으킨다. 인간·땅·하늘 사이의 자연적 조화를 이해하는 데에는 고대 그리스의 철학자 피타고라스(Pythagoras; BC582?~BC497?)가 말한 음악적 조화의 의미를 끌어오면 도움이 된다. 피타고라스는 우주를 수학적 원리로 이해했다. 그에 의하면 우주는 곧 큰 음악이다. 천체의 운행도 음악적 조화와 비슷하다. 여기서 음악적 감흥은 우주의 수학적 질서에 대한 감정적 반응이라고 말할 수 있다. 장자의 생각을 따라가 보면 그는 우주에 존재하는 모든 사물들이 아주 작은 것으로부터 하늘에 까마득히 수놓아져 있는 별들에 이르기까지 '진동하는 하나의 끈'으로 연결되어 있다고 여기는 듯하다. 우주 자체를 현악기로 본다면 현악기의 한 줄에서 시작된 진동음은 다른 줄에 이르고 이 다른 줄은 또 다른 줄로 끝없이 이어지면서 장엄한 우주적 교향곡을 이룬다.

도(道)는 우주 혹은 자연 전체에 편재되어 있고, 또한 전체 자연 안에 있는 모든 사물은 제각각 도(道)를 제 속에 품고 있다. 만물은 도 안에 있고, 도는 만물 안에 있다. 따라서 도는 모든 곳에 두루 존재하면서 만물에게 골고루 혜택을 준다.

> 물고기는 물[수水]에서 서로 편안하고, 사람은 도(道)에서 서로 편안하다. 물에서 서로 편안하다는 것은 못을 파서 물을 고이게 해주면 영양이 풍부해진다는 뜻이고, 도에서 서로 편안하다는 것은 번잡스러운 세상사를 잊고 마음이 안정된다는 의미다. 따라서 이런 말이 있다. '물고기는 강과 호수에 있게 되면 서로 상대를 잊으며, 사람은 도술(道術)에서 서로 상대를 잊는다.'[87]

이 문구를 보면 물[수水]과 도(道)가 동일 선상에 놓여 있다는 것을 알 수 있다. 장자 사상에서 물은 도를 표현하는 상징으로 흔히 쓰이는 자연물이다. 충만한 상태의 물에서 물고기는 스스로 물 속에 있다는 사실을 인식하지 못하면서 그 혜택을 누린다. 마찬가지

87 『莊子』「大宗師」.

로 사람 또한 충만한 도에서 스스로가 도 안에 있다는 사실을 인식하지 못하면서 그것을 향유한다. 물고기가 물을 삶의 터전으로 여기듯이 도의 세계는 사람에게 터전이다. 이 충만한 도의 세계는 무엇이라고 규정할 수 없고 대상화할 수도 없다. 사람은 마치 목욕물 속에 잠기듯이 이 규정할 수 없는 도 속에 완전히 잠겨 있다. 우리는 어디에나 존재하는 이러한 도를 먹고 마시며 향유한다. 도가 자신을 드러내는 방식은 무(無)다. 따라서 무는 '무가치'한 것이 아니라 우리가 '공짜'로 향유할 수 있는 그 무엇이다. 만물과 도의 관계는 양수로 가득 차 있는 어머니 뱃속에 있는 아기와 어머니와의 관계에 비유할 수 있다. 도는 만물이 향유하고 의존하는 모질(母質, Matrix)이다.

> 동곽자(東郭子)가 장자에게 묻는다. "도라는 것은 어디에 존재합니까?" 장자가 말한다. "어디에든 존재합니다." 동곽자가 말한다. "어디에 있는지 분명히 지적해 주십시오." "땅강아지와 개미에게 있습니다." 동곽자가 묻는다. "어째서 그처럼 시시한 곳에 있습니까?" 장자가 말한다. "돌피나 논에 자라는 피에도 있습니다." 동곽자가 재차 묻는다. "어째서 더욱 시시한 곳을 말씀하십니까?" 장자가 말한다. "기와나 벽돌에도 있습니다." 동곽자가 또다시 묻는다. "어째서 시시한 곳을 말씀하시는 것이 더욱 심해지십니까?" "똥이나 오줌에도 있습니다." 동곽자는 더 이상 아무 말도 하지 않았다.[88]

도는 어떤 피안의 세계에 존재하는 것이 아니라 우리가 사는 일상

88 『莊子』「知北遊」.

적인 현실세계 도처에 있다. 도는 충만하게 가득 차 있는 '그 무엇'이다. 도의 성격을 표현하는 말인 무(無)는 아무것도 없는 것이 아니라 너무 많은 것이 함유되어 있어 오히려 보이지 않는 '그 무엇'이다. 가장 큰 소리는 들리지 않는다. 우주 안의 별들이 운행할 때 내는 소리는 우리가 아는 사물들 가운데 가장 큰 소리를 낼 것이다. 하지만 우리는 그 소리를 들을 수가 없다. 도는 모든 존재에 내재해 있으면서 동시에 모든 존재들을 초월한다. 많은 명언을 남긴바 있는 레바논의 시인 칼릴 지브란(Khalil Gibran)은 다음과 같이 언급한 적이 있다. "창조 속의 모든 것은 그대의 내면에 존재하고, 그대의 내면에 있는 모든 것은 창조 속에 존재한다. 가장 작은 것으로부터 가장 큰 것에 이르기까지 만물은 동등한 것으로써 내면에 존재한다. 하나의 원자 속에서는 대지의 모든 요소들이 발견된다. 한 방울의 물 속에는 바다의 모든 비밀들이 담겨 있다." 어떤 한 인간의 DNA는 비록 극히 작은 생체조각이기는 하지만 전체로서의 그 인간의 특성을 고스란히 담고 있다. 마찬가지 방식으로 아무리 사소한 사물이라도 도의 세계가 차별 없이 내재되어 있다. 무한한 도의 지평은 마치 빛이 모든 사물을 골고루 비추듯이 크고 작음을 가리지 않고 만물에게 혜택을 준다.

장자의 '만물제동' 사유는 오늘날이 '디지털 사이언스'(Digital Science) 시대라는 점을 떠올려볼 때 한 가지 흥미로운 사색에 빠져들게 한다. 우선 다음의 인용문을 보자.

> 조물자가 점점 나의 왼팔을 변화시켜 닭이 되게 한다면, 나는 그것으로 야간의 시각을 알리도록 할 것이다. 조물자가 점점 나의 오른팔을 변화시켜 탄궁(彈弓)이 되게 하면, 나는 그것으로 솔개라도 잡아서 구워 먹을 것이다. 조물자가 점점 나의 꽁무니를 변화시켜 수레바퀴로 만들고 나의 정신을 말[馬]로 만들면 나는 그

것에 탈 것이다. 어찌 다른 탈 것을 구하겠는가?[89]

과학이 발달한 현대 세계는 만물제동의 이상을 현실화시키고 있다. 오늘날에는 인터넷에 의해 전 세계의 존재[물物]들이 마치 인간 신체의 촘촘한 신경망처럼 하나로 엮어져 있다. 이 가상공간에서 사람들은 어떤 구속도 받지 않고 자발적으로 공동체를 꾸려나간다. 가상공간에서 우리는 무한히 해방의 공간을 넘나든다. 전통적인 의미의 인간 주체성의 문제는 여기서 그다지 위력을 발휘하지 못한다. 게다가 인용문에 보이는 오른팔이 탄궁이 되고 꽁무니가 수레바퀴가 되는 등의 변화의 양상은 단지 역설적 어법으로만 볼 수 없는 부분이 있다. 오늘날 자동차는 발의 연장이고 포크레인은 손의 연장이며 망원경은 눈의 연장이다. 이러한 테크놀로지적인 신체의 연장과 미래에 나오게 될 사이보그 인간 등을 생각해 보면, 장자가 꿈꾸었던 만물제동의 경지는 어쩌면 과거에 있었던 원시 자연적 사고로의 회귀가 아닌 미래 첨단 사회의 지평에서 의미가 있을지도 모른다.

4. 유기체적 사유와 '혼종'의 철학

노장 철학은 우리 모두가 외적인 천지 대자연과 어떤 무한한 촉수와 같은 것들에 의해 연결되어 있다는 유기체적 자연관을 잘 반영하고 있다. 나는 분명히 '나'임에는 틀림없지만, 이 '나'라는 '부분'은 모

89 『莊子』「大宗師」.

든 만물을 포괄하는 어떤 '전체'(도라고 표현할 수 있는)와 통해 있다는 사고다. 우리는 선과 악, 공정함과 불공정함, 성공과 실패를 뚜렷하게 구별하라고 강요하는 세상에서 살고 있다. 그러나 장자에 의하면 세계는 본질적으로 대극의 융합이다. 삶은 좋기도 하고 나쁘기도 하며, 공평하기도 하고 불공평하기도 한 것이라고 바라보는 것이다.

> 성인(聖人)은 해와 달과 나란히 서서 우주를 겨드랑이에 끼고 만물과 하나가 된다. 그것들을 어지럽고 혼돈된 상태 그대로 놓아두면서 귀천의 구별을 짓지 않는다. 세상 사람들은 몸을 아끼지 않고 일에만 힘을 쓰지만 성인은 우둔하고 어리석은 것만 같다. 오랜 세월 동안 만물과 섞여 지내지만 일관성 있게 절대적 순수성을 유지한다. 만물에는 차별상이 있긴 하지만 절대의 경지로부터 보면 모두 하나이며, 성인은 이러한 만물 가운데에 존재해 만물과 더불어 서로가 서로를 포함하고 감싸는 관계에 있는 것이다.[90]

"우주를 겨드랑이에 끼고"[협우주挾宇宙]에서 우(宇)는 천지사방(天地四方)을 가리키고, 주(宙)는 왕래고금(往來古今)을 뜻한다. 즉, '우'는 공간이고 '주'는 시간이다. 그리고 이 공간과 시간은 무한하다. 이 무한한 공간과 시간을 품에 안는다는 것은 만물을 구별하지 않고 일체로 본다는 것을 의미한다. "해와 달과 나란히 선다."[방일월旁日月]는 것 또한 같은 맥락이다. 어떤 사물과 다른 어떤 사물 그리고 성인(聖人)과 만물의 관계는 서로가 서로에게 갈마드는 상호

---

90 『莊子』「齊物論」.

침투의 관계다. 고대 그리스 사상의 경우 외물과의 합일은 위로부터 순차적으로 인간-동물-식물 등으로 내려가는 위에서 아래를 내려다보는 합일이다. 반면에 장자에게 존재들 간의 합일은 각각의 존재가 민주적으로 공평하게 서로 마주 대하는 평등한 합일이다.

만물이 서로 혈족처럼 관련되어 있고 연속성이 있다는 장자의 사유는 생태친화적인 과학관에 직접적으로 연결될 수 있다. 다른 한편 이러한 사유는 사회학적으로 볼 때도 의미가 있다. 왜냐하면 모든 인간들은 갈등을 빚을 수밖에 없는데, 기본적으로 각 단위들의 조화를 강조하는 유기체적 사고방식은 이 갈등을 해결하는 데 도움이 될 수 있기 때문이다.

노장 사상에서 가장 두드러지게 나타나는 특이점은 상반된 가치들 사이의 소통이다. 아래의 인용문들은 상반된 두 가지 측면을 동시에 지녀야만 한다는 태도를 잘 반영하고 있다. 상반된 두 가지 측면을 동시에 견지해야만 어떤 상황에도 현명하게 대처할 수 있다는 문제의식이다.

> 도(道)는 텅 비었지만 아무리 써도 차는 법이 없다. 그것은 깊은 물과 같이 속이 깊고, 만물의 선조와도 같다. 그것은 만물의 날카로움을 꺾어 둔화시키고, 만물의 뒤섞인 어수선함을 풀어 정돈한다. 만물의 빛을 부드럽게 하여 만물의 티끌과 하나가 된다. 그 구석의 깊은 곳에 무엇인가가 존재하고 있는 것 같다. 나는 그것이 무엇으로부터 생겨난 것인지를 모른다. 그것은 천제(天帝; 혹은 천天)보다도 먼저 있었던 것 같다.[91]

91 『老子』「4장」.

> 진인(眞人)은 형벌로 다스림을 몸통으로 삼고 예(禮)를 날개로 삼으며, 지식이나 지혜를 시기에 적응하는 수단으로 삼고 덕(德)으로 자연의 본성에 따른다.[92]

> 천(天)의 작용을 아는 자는 자연 그대로 살아갈 수 있고, 사람이 하는 일을 아는 자는 자기가 지금 갖추고 있는 지혜나 지식으로 그 지식이나 지혜가 아직 미치지 못하는 미지의 영역을 키운다. … 이것이 바로 참된 지혜이고 지식이다.[93]

> 남성적인 강함을 알고, 여성적인 유약을 지키면, 천하의 시내가 된다.[94]

흔히 삶은 손으로 비둘기를 잡는 것과 같다는 말이 있다. 우리가 비둘기를 너무 강하게 잡으면 비둘기는 죽을 것이고 너무 느슨하게 잡으면 비둘기는 날아가 버릴 것이다. 삶을 온전하게 지켜나가기 위해서는 일방적으로 한쪽 방향으로만 쏠려서는 안 되며, 이쪽과 저쪽의 중용적 영역을 잘 견지해야만 한다.

특히 위 인용문 가운데 세 번째는 상반된 가치의 융합을 남성성과 여성성의 공존으로 풀어낸 매우 세련된 비유다. 도가 사상으로부터 커다란 영향을 받은 바 있는 칼 융(C. Jung)은 아니마(anima)와 아니무스(animus)라는 개념을 사용하여 남성성과 여성성의 조화를 말한다. 아니마의 원형(archetype)은 남성 정신에 있는 여성적 측면이고, 아니무스의 원형은 여성 정신에 있는 남성적 측면이다. 남성은

---

92 『莊子』「大宗師」.

93 『莊子』「大宗師」.

94 『老子』「28장」.

자신의 내면에 있는 원형적 여성성과 친해야 하고, 여성 또한 자신의 내면에 잠재되어 있는 원형적 남성성과 친해야 한다. 이 언급들은 대립된 요소들이 나의 내면에서 잘 통합되어 있어야만 한다는 것을 강조한 것이다. 이러한 남성성과 여성성의 혼재는 우리들에게 시사해주는 바가 크다. 상반된 가치들이 자기의 내면에서 잘 조화를 이루고 있는 인간은 세상을 씩씩하게 살아갈 수 있다. 다음에 나오는 장자의 언급도 이러한 상반된 가치들 사이의 어울림이 적절한 비유로 잘 표현되어 있다.

> …성인(聖人)은 상대적 차별 · 대립의 입장에 의하지 않고 사물을 천(天)에 비추어 본다. 또한 성인은 시비의 대립을 넘어선 경지에 자신을 맡긴다. (자연의 입장에서 보면) 이것은 저것이다. 똑같이 저것은 이것이다. 저것은 저것의 입장에서 '한 번 옳고' · '한 번 옳지 않음'을 하는 것에 지나지 않고, 이것은 이것의 입장에서 '한 번 옳고' · '한 번 옳지 않음'을 하는 것에 지나지 않는다. … 저것과 이것이 그 짝을 얻을 수 없는 경지(대립을 초월한 경지)를 '도추'(道樞, 도의 지도리)라고 한다. 추(樞, 지도리)를 비로소 얻게 되면 그것이 '환중'(環中, 둥근 원의 중심)이며, 이로 인해 무궁한 변화에 응한다. 옳음도 하나의 무궁함이며 그름 또한 하나의 무궁함이다. 따라서 시비에 매몰되어 있는 태도는 명지(明智, 시비의 대립을 넘어선 밝은 지혜)에 의해서 비춰 보느니만 못하다고 하는 것이다.[95]

인용문에서 키워드는 '도추'(道樞)다. 도추(道樞)에서 추(樞)는 '지

---

95 『莊子』「齊物論」.

도리'란 의미로, 열고 닫는 문의 위아래로 꽂는 둥근 촉을 말한다. 문은 이 지도리가 있음으로써 열고 닫을 수 있다. 열면 바깥세상이 펼쳐지고 닫으면 안세상이 펼쳐진다. 안과 밖은 지도리로 인해 끊임없이 교대한다. 바깥과 안은 별개로 떨어져 대립하는 것이 아니라 함께 동시에 존재한다. 비록 이쪽 입장과 저쪽 입장은 부단히 상호 변화하지만 도는 그 가운데에서 계속 존재한다. 도추는 바로 이러한 이쪽과 저쪽을 나누지 않는 도의 무차별함을 상징하는 용어다. 지도리를 얻게 되면 그것이 곧 '환중'(環中, 둥근 원의 중심)이며 이로 인해 무궁한 변화에 응할 수가 있다. 문의 회전에 의해 그려지는 원의 궤적이 환(環)이며 환중(環中)은 이 원의 중심이다. 가운데가 비어 있는 무물(無物)인 둥근 원은 시작과 끝이 없다. 모든 대립적 요소들은 이 '환'에서 끝없이 회전을 하나, '환'의 중심에 있는 '추'(樞)는 시비·대소·선악·미추 등 일체의 차별상에 상관하지 않는다. 옳음과 그름 사이의 변화가 무궁하다는 말은 상반된 가치가 함께 공존해야만 한다는 말이다. 장자는 오직 자신이 믿는 가치만을 '옳음'으로 인정하고 타자의 가치들은 '그름'으로 단정하는 세상의 갈등을 비웃었다. 도추와 환중은 마치 태풍과도 같이 주변부는 험악하기 이를 데 없지만 그 중심부는 고요한 무(無)를 가리킨다. 그리고 도추와 환중에 나타난 세계는 이쪽 지대와 저쪽 지대의 경계이자 사이다. 따라서 단순한 초월적 지대가 아니라 시비라는 상반된 가치를 함께 끌어안고 있는 '혼종적' 지대다. 나아가 어떠한 타자에게도 씩씩하게 대응할 수 있는, 창조성이 분출할 수 있는 영역이다. 창조적인 사람이란 완전히 동떨어진 것으로 여겨지는 요소들을 연결시키고 통합할 수 있는 '혼종적' 능력을 지닌 자다.

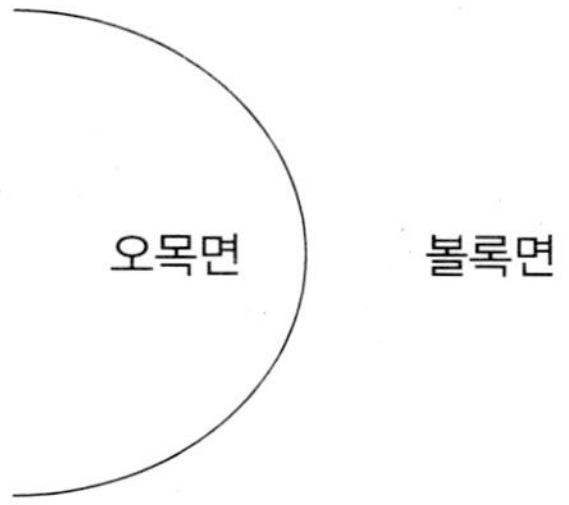

위 그림은 장자의 시각을 잘 반영하고 있다. 이 그림은 미국의 철학자 켄 윌버(K. Wilber; 1949~)가 도식화한 것을 필자가 다시 그린 그림이다. 여기서 나누는 선은 동시에 만나는 지점이다. 오목면을 나타내는 선은 동시에 볼록면을 나타내는 선이기도 하다. 여기엔 오직 한 개의 선밖에 없으며, 그 선은 오목면과 볼록면 모두를 공유한다. 그리고 이 선은 오목면과 볼록면을 분리하기는커녕, 오목면의 외선은 동시에 볼록면의 내선이기도 하기 때문에, 어느 한 쪽은 다른 쪽 없이는 존재할 수조차 없다. 우리가 살아가고 있는 자연은 '분리할 수 없는 패턴의 비이원적 네트워크'이며, 경계가 없는 천의무봉(天衣無縫)[96]이다.

이는 과학적 사례가 아닌 단순한 비유지만, 깊게 하강하는 두 마리의 새를 교배시키면 그 2세는 부모가 모두 하강하는 유전적 성격의 영향을 받아 부모보다 더욱 깊게 하강해 죽어 버릴 수 있다. 하지만 부모 가운데 한 쪽은 상승을 하고 다른 한 쪽은 하강을 하는 성격을 지닌다면, 그 2세는 안정적으로 중간 고도를 날 수 있는 존재가 될 것이다. 서로 차이가 나는 성향이 나의 내면에서 잘 공존하고, 끊임없이 나와 다른 성향을 가진 사람들과 접촉해야만 발전할 수 있다.

---

96 "선녀(仙女)의 옷에는 바느질한 자리가 없다."는 뜻이다. 성격이나 언동, 혹은 시나 문장이 기교를 부린 흔적이 없이 자연스러울 때 사용하는 고사성어다.

또 하나의 비근한 예로 인간이 수태되는 과정을 살펴보자. 흔히 우리는 수많은 경쟁자들을 따돌린 가장 빠른 정자가 난자를 수태시키는 것이라고 생각한다. 그러나 사실은 그렇지 않다. 가장 빨리 도달한 한 마리의 정자가 아니라, 빨리 도달한 수백의 정자가 동시에 난자의 주위에 모인다. 거기서 정자들이 편모를 흔들며 기다리고 있으면, 그 가운데 하나가 난자의 선택을 받게 되는 것이다. 난자는 자기와 비슷한 유전적 형질을 지닌 정자가 아니라 자기 것과 가장 다른 유전자 특징을 보이는 정자를 낙점한다. 우리의 염색체는 자기와 유사한 것이 아니라 자기와 다른 것과 결합해서 '혼종성'을 더욱 풍부하게 하려는 성향을 가지고 있다. 이렇게 자연의 섭리도 각각의 차이들이 모여 발전을 이루어가는 것이다. 우리는 이 자연의 섭리를 거스르지 말아야 한다.

장자는 동양사상에서 가장 중요한 명제 가운데 하나인 '천인합일'(天人合一; 하늘과 인간의 조화) 사유를 본격적으로 시작하고 발전시킨 대표적인 철학자 가운데 한 사람이다. 여기서 말하는 하늘과 인간의 조화란 어떠한 내포와 외연을 가질까? 이는 근대시기 이후부터 가속화되어 오늘날에는 인간의 생존 자체를 위협하고 있는 생태환경파괴 문제와 연동시켜 생각해볼 때 의미가 있다. 하늘[우주; 대자연]은 우리가 그 속에 거주하고 있는 '집'이다. 따라서 생태환경을 인간이 파괴하고 있다는 사실은 우리가 살고 있는 집을 스스로 파괴하고 있는 것과 다를 바가 없다.

흥미롭게도 생태학을 가리키는 영어 개념인 '에콜로지'(Ecology)와 경제학을 뜻하는 '이코노믹스'(Economics)는 어원이 같다. 바로 그리스어인 '오이코스'(Oikos)다. 오이코스는 공적(公的) 영역으로서의 폴리스에 대비되는 사적(私的) 생활단위인 '집'을 의미한다. 『장자』에 나오는 '우주'(宇宙)도 '집'이라는 의미를 함유하고 있다. 즉, 장자에게 우주·하늘·대자연은 곧 우리가 거주하는 거대한 '집'이다. 우리가 지금까지 보았듯이 장자는 하나인 우주 안에서 만물이 유기적으로 엮여있다고 생각했다. 마치 한 집안에서 가족들이 서로 유기적으로 엮여있듯이 말이다. 현재는 디지털 사이언스 사회다. '지구촌'(global village) 곳곳에 스며있는 네트워크를 통해서 우리의 인식은 무한히 확장될 수 있다. 네트워크 구조 양상이 점점 진화해 나가면서 오늘날은 '만물인터넷' 시대라고 불리기도 한다. '만물인터넷'이란 개념은 '만물제동'(萬物齊同)·만물일체(萬物一體)·편재(遍在)가 실질적으로 실현되는 국면을 만들어 가고 있다. 모든 사물은 이제 어떤 특정 분야만이 아니라 우리의 모든 삶에 편재한다. 소셜 네트워크, 만물인터넷, 빅 데이터(Big Data), 인공지능(AI) 등이 이런 양상을 잘 표현해 준다. 이러한 새로운 산업생태계 구축은 '자연생태계'로부터 따온 아이디어다. 산업생태계는 더욱 촘촘히 발달해 가고 있는데, '자연생태계'는 점점 더 심각한 양상으로 파괴되고 있다. 이것이 바로 장자가 말하는 '천인합일'의 사유가 현재 사회에서 새롭게 요청되는 지점이다.

> (진인은) 좋아하는 것도 좋아하지 않는 것도 동등하게 하나의 관점으로 간주한다. 이와 마찬가지로 혼융되어 있는 하나도 하나의 관점이지만, 낱낱이 흩어져 있는 것도 하나의 관점이다. 그 혼융되어 있는 하나의 관점으로 하늘[자연]의 무리가 되고, 낱낱이 흩어져 있는 관점으로 사람의 무리가 된다. 하늘[자연]과 사람은 서로 대립되지 않는다. 이러한 경지에 이른 사람을 바로 진인이라고 하는 것이다.[97]

장자의 관점에 따르면, 자연과 인간이 상통할 수 있는 이유는 자

97 『莊子』「大宗師」.

연이나 인간이 모두 같은 기(氣)로 이루어져 있기 때문이다. 따라서 인간은 천지라는 동일한 기속에서 노닐 수가 있다. 천인합일은 유교에서도 매우 중요한 개념이다. 이 개념은 맹자로부터 시작해 한대(漢代)의 동중서(董仲舒)를 거쳐 송대(宋代)의 성리학(性理學)에서 형이상학적 완성을 본다. 유교에서 천인합일 사유를 본격적으로 전개했던 맹자는 장자와 동시대 사람이다. 천연의 소박한 본능과 문화적 측면의 조화는 유교 사상이 장자와 노자 사상과 통하는 지점이다. 이미 2장에서도 언급한 바 있지만 유교에서 문화와 자연적 본능의 조화는 공자의 '문질빈빈'(文質彬彬) 개념에서도 잘 드러난다.

하지만 장자의 경우는 인문적인 가치와 자연적인 가치의 조화를 강조하면서도 이 둘 사이의 발전적 대립도 전제하고 있다. 즉, 인문적 가치는 자연적 가치의 건너옴을 통해 자신의 결점을 없앨 수 있고 그 반대도 마찬가지다. 단순히 인문과 자연 간의 조화가 아니라 인문과 자연이 대립을 통해서 상대의 영역을 끌어들이는 큰 조화다. 장자의 지혜는 바로 이 둘 사이의 갈등과 조화가 어떠한 방식으로 조정되는지에 대한 통찰에서 찾을 수가 있다.

하나의 예를 들어보자. 인간 문명의 영역과 자연적 원시성 간의 가까움과 멂의 관계는 다큐멘터리 「그리즐리 맨」에서 잘 표현되어 있다. 이 다큐멘터리는 야생 곰을 인간보다 더 사랑한 티모시 트레드웰이라는 인물에 대한 이야기다. 그는 매년 알래스카를 찾아가 곰과 함께 생활하면서 무려 13년 동안이나 직접 그 생생한 모습을 촬영한다. 이러한 생활은 그가 자신의 애인과 함께 곰에게 잡아먹힐 때까지 계속된다. 이 다큐멘터리는 그가 13년 동안 직접 찍은 필름들을 그가 죽고 난 후 친구인 베르너 헤어조크가 편집해 세상에 내놓은 작품이다. 문제는 왜 그가 곰에게 잡혀 먹혔을까 하는 점이다. 13년 동안 자신과 함께 생활해 왔고 이름까지 붙여 준 가족과도 같은 곰에게 잡혀 먹힌 이유는 무엇일까? 인간과 동물의 교류는 곧 인문과 자연과의 교류라고 볼 때, 티모시 트레드웰은 이 양자 간의 넘어서는 안 되는 지점까지 자신을 몰아가는 우를 범했다. 자기의 영역을 충분히 사랑하면서 다른 영역으로 '넘어간' 것이 아닌, 인간 세계에 대한 한없는 증오가 외적 자연세계에 대한 과도한 집착으로 표출된 것이다. 트레드웰에게 그 대가는 죽음으로 나타난다.

상반된 가치들 사이의 가로지름은 그 상반된 가치들 각각의 전문성을 충분히 간직한 상태에서 이루어져야만 한다. 이를 '현실-가상(환상)'의 변증법적 관계라는 문맥에 의해 숙고해 보자. 가상이라는 영역에서는 현실세계와는 달리 각각의 사물들이 하나로 엮일 수 있다. 모든 사물을 하나로 묶어내는 이 가상의 세계는 현실의 세계를 전체적으로 조망할 수 있게 해준다. 하나하나의 현실적 사건들에 채이지 않아도 되는 가상의 영역에서 현실을 바라보면 오히려 현실이 더 잘 파악될 수 있는 것이다. 그리고 가상의 내용은 끊임없이 현실세계에 의해 보완되어야 한다. 이 현실세계를 향한 '건너감'에 의해 가상세계가 지속적으로 재편집될 때 가상은 자기가 담고 있는 이상적 미래상을 잃지 않으면서 동시에 현실세계를 향한 참여적 관점 또한 유지할 수가 있다. 장자에게 자연이란 이 '가상'이라는 지평과 맞닿아 있다. 현실과 가상 간의 관계는 물샐틈없이 꽉 틀어막은 두 개의 방수된 격실이 아니다. 그것들은 문지지가 문 하나로 열고 닫는 두 개의 방이라기보다는 일종의 삼투성에 의해 액체의 내용이 끊임없이 서로 섞이면서 통하는 두 개의 용기다.

장자는 '전인'(全人)이란 개념으로 천진(天眞; 세파에 젖지 않은 자연 그대로의 참됨)과 인사(人事; 인간의 인위적인 행위와 관련한 일체의 일들)를 함께 완비한 균형 잡힌 인간형을 제시했다.

> 성인(聖人)은 자연에 따르는 것에는 뛰어나지만 인위적인 일에는 서투르다. 자연에 따르는 것을 잘하고 인위적인 일도 잘하는

것은 오직 전인(全人)뿐이다. … 전인은 자연을 싫어하는가? 인위의 자연을 싫어하는가? 하물며 나는 자연이랴! 인위이랴![98]

전인 개념에는 인문과 자연 간에 조화가 이루어진 인간형을 희구하는 장자의 고민이 강하게 엿보인다. 하지만 장자 스스로 생각해 보더라도 이 인문과 자연 간의 조화는 쉬운 일이 아니다. 비록 스스로는 인문과 자연이 하나가 되었다고 생각하지만, 그것이 진정한 의미에서 인문과 자연이 하나가 된 것인지 어떻게 확신할 수 있는가? 인용문에서 "전인은 자연을 싫어하는가? 인위의 자연을 싫어하는가?"라고 하고 있는데, 이는 전인이 진정한 자연을 좋아하고 '인위의 자연'을 싫어한다는 의미다. '인위의 자연'이란 실제로는 인위적인 태도에 불과한 것을 자연에 따르고 있는 것으로 착각하고 있는 태도를 가리킨다. 앞에서 예를 든 다큐멘터리「그리즐리 맨」의 주인공인 티모시 트레드웰과 같은 태도가 바로 그것이다. 하지만 전인은 "나는 자연이랴! 인위이랴!"라고 말하는 바와 같이 마지막까지 자신의 경지가 진정한 자연인지 아니면 인위적인 자연인지 고민을 하고 있다. 장자는 다음과 같이 말하고 싶어 했던 것 같다. 이렇게 자기 자신이 깨달은 것을 진지하게 의심하는 것이야 말로, 자연에 진정하게 합치되려 하는 인간형이 가져야 할 태도다.

우리 현대인들은 대체로 내가 남보다 우월해야만 한다는 강박관념 속에서 살아간다. 다른 사람을 볼 때 제일 먼저, 더 똑똑한, 더 멍청한, 더 늙은, 더 어린, 더 부자인, 더 가난한, 이런 치수를 재는 식의 구별법을 놓고 사람들을 분류하고 분리해 취급하곤 한다. 노장은 어떤 이념적 가치들에 의해 사람들을 분리시키고자 하는 행위에 대

---

98 『莊子』「庚桑楚」.

해 일관되게 염증을 표현했다. 오늘날 표현대로 하면 종교·애국·인종·부·계급에 따른 사람들 사이의 분리와 그로부터 발생하는 어떤 우월감들을 비난했다. 장자의 처방에 의하면, 사람들이 자신을 만물과 분리해 인식하는 것을 멈추지 않는 한, 종교·애국·인종·부·계급에 따른 사람들 사이의 분리와 차별은 종식될 수 없다. 사람들이 자신과 대자연의 관계를 조화로서 인식하고, 또한 개인에 내재된 자기만의 자연적 힘을 인식하게 되면 타자를 편견에 사로잡혀 바라보게 하는 어떤 고정된 이념이나 편협한 대중 매체 등에 의해 자행되는 갖가지 정신에 대한 조작은 효과를 발휘하지 못할 것이다. 모든 존재를 공평하게 바라보고자 하는 태도, 즉 만물제동 사유는 타자에 대한 극한의 사랑이다.

다음의 인용문은 필자가 『장자』뿐 만이 아니라 동양철학 전반에 걸쳐 가장 뛰어나다고 평가하고 싶은 명문장이다. 상당히 길기 때문에 중간 중간 생략해 가며 인용해 본다.

> 가을이 되어 물이 불어나면 모든 냇물이 황하(黃河)로 흘러든다. … 이 모양을 보고 황하의 신 하백(河伯)은 기뻐하며 천하의 아름다움은 두 자신에게 모여든다고 여기면서, 흐름을 따라 동쪽으로 가서 북해(北海)에 도착한다. 북해에 도착해 동쪽 바다를 보니 물의 끝이 보이지 않을 정도로 넓었다. 이에 하백은 … 북해의 신 약(若)을 올려다보고 탄식하며 말했다. "속담에 이런 말이 있습니다. 백가지 도리를 듣고는 자기보다 나은 자가 없다고 생각한다. 이는 저를 가리켜 한 말이로군요. … 그런데 이제 당신의 무궁한 모습을 보게 되었군요. …" 북해의 신 약이 말한다. "우물 안의 개구리에게 바다에 대해 말해도 소용없는 것은 그 개구리가 좁은 공간에 구속되어 있기 때문입니다. … 지금 당신은 좁은 물가를 벗어나 큰 바다를 보고서야 스스로의 견해가 얼마나 추

한 것인지를 알게 되었습니다. … 천하의 물 가운데 바다만큼 큰 것은 없습니다. … 하지만 나는 그것을 스스로 많다고 여긴 적이 없습니다. … 사물의 수는 워낙 많아서 만물이라는 표현을 쓰는데, 사람은 그 가운데 하나일 뿐입니다. … 이 사람이란 존재를 만물과 비교해 본다면 가는 털이 말의 몸에 붙어 있는 것과 같지 않겠습니까? … 사물이란 그 수량이 무궁하여 한정할 수 없는 것입니다. … 이런 까닭에 위대한 지혜를 지닌 사람은 먼 것과 가까운 것을 아울러 봅니다. 그래서 작다고 무시하지 않고 크다고 하여 우러러보지도 않습니다. … 또한 그는 과거와 현재를 분명하게 밝혀 그것이 하나라는 사실을 잘 인식하고 있습니다. 따라서 먼 옛날의 좋은 시절이 이미 지나가 보이지 않는 것에 대해 번민하지도 않고, 지금 세상에 가까이 있어 잘 보이는 것이라 하더라도 안절부절 못하며 바라는 마음을 지니지도 않습니다. 시간이란 멈추지 않고 계속 흘러간다는 사실을 알기 때문입니다. 또한 그는 가득 차고 텅 비는 도리를 잘 알고 있습니다. 그러므로 무엇인가를 얻었다고 기뻐하지도 않고, 잃어버렸다고 걱정하지도 않습니다. 사람의 운명이란 변한다는 사실을 알고 있기 때문입니다. 나아가 그는 자연의 도란 평등하다는 사실을 잘 알고 있습니다. 그러므로 살아 있다고 기뻐하지도 않고, 죽는다고 해서 재앙이라고 여기지도 않습니다. 처음과 끝은 영원히 순환하여 항상 새로운 것임을 알고 있기 때문입니다. 사람들이 지금 알고 있는 지식의 범위는 사람들이 아직 알지 못하는 것에 훨씬 미치지 못합니다. 또한 살아 있는 시간은 아직 태어나기 전의 무한한 시간에는 도저히 미치지 못합니다.[99]

---

99 『莊子』「秋水」.

이 인용문의 키워드는 '무한성'이다. 장자에 의하면 무한하게 작은 것이나 무한하게 큰 것이나 모두 무한성을 지니기에 크고 작음을 말하는 것은 의미가 없다. 천지도 크다 하지만 끝없이 펼쳐져 있는 우주에 비하면 작은 것이고, 털끝이 작다고 하나 관찰할 수 없는 더 작은 세계에 비하면 큰 것이다. 현대 천체물리학의 설명을 끌어들이면, 지구가 태양을 도는 거대한 공전 운동은 장엄하기 이를 데 없지만 태양이 우리 은하를 한번 공전하는 2억2천6백만년이라는 은하년에 비하면 아무 것도 아니다. 또한 인류 문명의 탄생부터 지금까지의 시간은 상당히 긴 시간으로 보이지만 우주의 나이인 137억년에 비하면 턱없이 짧다. 따라서 우리는 자기의 현 수준에서 다른 존재보다 조금 크다고 특별히 내세울 것도 없고 남들보다 작다고 불만을 가질 이유도 없다.

05

한대(漢代) 시기와 위진남북조(魏晉南北朝) 시기의 사상조류와 문화의 혼종성;

대통합의 내러티브

05

한대(漢代) 시기와 위진남북조(魏晉南北朝) 시기의 사상조류와 문화의 혼종성;

대통합의 내러티브

이 장에서는 크게 두 시기의 사상을 다룬다. 우선 중국에서 진정한 의미에서 통일왕조의 첫발을 내디뎠다고 평가할 수 있는 한대(漢代)의 철학 사조를 동중서(董仲舒)를 중심으로 살펴본다. 이어서 제2의 춘추전국시대라고 볼 수도 있는 위진남북조(魏晉南北朝) 시기의 철학 사조를 현학(玄學)을 중심으로 다룬다. 중국에서 최초의 통일 왕조는 당연히 진시황이 세운 진(秦)나라이다. 하지만 진나라는 얼마 못가 망해 실질적으로 중국 대륙에서 문화적 대통합을 이루어내지는 못했다. 한나라 때에 와서야 문화적인 의미에서 대통합의 결실을 이룬다. 특히 이때 제자백가 사상 가운데 유가만이 독존이 되어 다른 사상들을 아우르는 상황에 이른다. 한나라 때에 중국의 여러 사상들은 유교를 중심으로 통합된다. 이 당시의 유교는 공자나 맹자 때의 유교와는 달리 제자백가사상들이 '혼종'된 최초의 '융합유교'였다. 그리고 한나라가 멸망한 이후 위진남북조 시기가 되면 한족 이외의 다른 민족과의 혼종 양상이 최초로 나타나기 시작한다. 이 파트에서는 죽림칠현의 성격, 북방(유목)+중원(농경)이라는 이(異)문화 사이의 혼종 양상, 기타 다양한 문화의 잡종성을 살펴본다.

1. 황로(黃老)도가; '혼종'사상의 선구자

진(秦)나라의 시황제는 법가(法家)의 이론을 기반으로 삼아 BC 221년에 천하를 통일했다. 역사 속에서 진시황은 만리장성을 축조하느라 많은 사람들을 죽게 만들고, 유교경전을 비롯한 여러 학파의 주요 경전들을 불태우며 유림 460여명을 파묻어버린 분서갱유(焚書坑儒)를 단행하는 등 폭군의 전형으로 평가받는다. 하지만 그는 지역마다 제각각이었던 도량형과 화폐를 통일해 경제적 질서의 안정을 꾀하기도 했다. 그러나 진나라는 연속적인 반란을 거치면서 세워진지 약 15년 만에 멸망하고 만다. 이후 진나라로부터 배턴 터치를 한 나라는 한(漢) 왕조(BC206~AD220)다. 한 왕조 초기에는 도가(道家)적 통치 방식이 유행했다.

사실 가만히 따져보면 강력한 통치 지배질서를 확립하고 합리적인 정치 운영을 이루어내는 데는 제자백가 사상 중 유가사상이나 법가사상이 가장 제격이다. 하지만 한나라를 건국한 유방(劉邦)과 그의 신하들 대부분은 전문적인 독서를 기반으로 한 지식인 계층이 아니었다. 또한 건국 초기의 혼란 상황은 학문에 대한 관심을 기울이기 어렵게 만들었다. 다른 사상에 비해 도가는 지식이나 학문의 의미를 덜 강조하는 편이다. 한나라 초기에는 도가 사상이 유행하는데, 이때 유행한 도가를 황로(黃老)학파 혹은 황로(黃老)도가라고 한다. 황로도가는 전국시대를 거쳐 한(漢)나라 때에 성행했던 도가 사상의 한 유파로 노자의 사상을 기반으로 묵가(墨家)[100]·명가(名家)[101]·법가(法家)[102] 등의 사상을 흡수하여 청정무위(淸淨無爲)의 정치사상을 내세웠다. 그리고 노자의 도(道) 개념을 발전시켜 기일원론(氣一元

---

100 묵가(墨家)는 묵자(墨子; BC470~BC391?)를 시조로 하며, 유가와 주로 경쟁하던 학파였다. 묵자 사상의 핵심은 겸애설(兼愛說)이다. 겸애란 조건 없이 사람들 전체를 사랑하고 서로 이롭게 하는 것을 가리킨다. 천(天)의 뜻이 바로 겸애다. 특이하게도 묵가는 인격신으로서의 천(天; 하느님)을 믿었다. 또한 묵자는 서로를 이롭게 한다[교상리交相利]는 시각에서 근면한 노동으로 물자를 생산할 것과 절용(節用) · 전쟁 반대 등을 주장했다. 그리고 묵자는 체험을 근본으로 하여 사물의 본질을 추론하는 논리적 사고를 중국에서 최초로 창시한 인물로 높이 평가된다.

101 명가(名家)는 명(名; 명칭)과 실(實; 실재)의 구분과 관계를 연구했다. 서구의 학자들은 명가를 '논리학파' 혹은 중국의 '소피스트(Sophists; 궤변학파)'로 새기기도 한다. 명가가 출현하게 된 요인은 다음과 같다. 첫째, 한자어 자체가 가지고 있는 특성 때문이다. 고립어로서 한문은 한 글자 한 글자가 모두 독립적으로 존재한다. 고립어의 특성으로 같은 말인데도 엉뚱한 해석이 나올 수 있는 점을 들 수 있다. 또한 고립어에는 어미변화나 고정된 품사가 없으며, 조사가 별로 없고 문장부호도 쓰이지 않는다. 둘째, 당시의 시대적 배경이 원인이 되었다. 당시는 옳고 그름의 기준이 무너져 버린 대혼란기였다. 제후들은 서로 자기가 옳다는 논리를 내세우며 이웃나라를 침탈했으며, 다른 나라와의 관계에서 우위를 차지하기 위해 논리적으로 말을 잘하는 사람이나 사정을 잘 살피는 사람을 우대했다. 셋째, 명가 이전부터 공자(孔子), 노자(老子), 묵자(墨子) 등이 '명'(名; 명칭)의 문제를 다루었다. 이를 테면 공자는 명이 바로잡히지 않으면 그 영향이 말과 행동에까지 미치고, 나아가 정치 · 문화 · 형벌에까지 영향을 주게 되며, 그 피해는 백성들이 입게 된다고 보았다. 명가 사상가들은 이들의 영향을 받았다. 대표적인 명가 사상가로 등석(鄧析), 공손룡(公孫龍), 혜시(惠施) 등이 있다.

102 대표적인 법가 사상가는 상앙(商鞅), 신불해(申不害), 한비자(韓非子) 등이다. 천하를 다스리는 원리에 대해, 유가가 인 · 의 · 예와 같은 덕치주의가 근본이라고 주장하였음에 비해, 법가는 보다 엄격한 법치주의가 근본이라고 주장하였다. 법가는 천하를 다스리는 원리로 법(法), 술(術), 세(勢)를 상정했다. 법에서는 성문법에 의한 통치와 지위고하를 막론하고[왕은 제외] 공평하게 집행되는 법의 공평성이 강조되었다. 술이란 신하들 각각의 관직을 명확히 정하고 평소의 근무 상태를 잘 감찰하여 그 결과에 근거하여 상과 벌을 내리는 것을 말한다. 이 상과 벌은 군주가 자신의 권세를 유지할 수 있는 두 개의 자루('二柄')다. 세란 군주 일개인에게 모든 권세가 집중되어야만 비로소 신하와 인민을 호령하고 통치를 원활하게 할 수 있다는 것을 뜻한다. 일종의 카리스마적 통치를 떠올려보면 된다. 법가 사상은 전제 지배체제를 지향하는 군주에게 채용되어 진나라 · 한나라의 중앙집권적 고대 제국 구축에 큰 영향을 주었다. 그러나 한 무제 이후 유가(儒家)가 국교화가 된 이후에는 독자적으로 발전을 못하게 된다. 다만 법가의 핵심 사상이 국교화 된 유가에 스며들어 가게 된다.

論)의 철학적 전통의 기초를 형성하였다. '황로'(黃老)라는 명칭은 중국의 전설에 나오는 황제(黃帝)와 도가 사상의 시조로 전해지는 노자(老子)를 숭앙한 데서 비롯되었다. 전국시대(戰國時代)에는 중국의 시조이자 최초의 제왕으로 여겨지는 황제를 숭앙하는 황학(黃學)이 성행하였다. 황학은 노자의 학설을 기반으로 하고 있었는데 한(漢) 초기에는 황학과 노자의 학설을 하나로 합해서 황로학(黃老學)이라고 불렀다.

새롭게 건국한 한 왕조의 시급한 과제는 진나라의 영향으로부터 벗어나는 일이었다. 즉, 과거청산의 문제가 가장 뜨거운 화두였다. 주지하듯이 진나라는 엄격한 법과 제도에 입각해 강압적인 통치를 시행했다. 그러한 진나라의 정치·사회적 유산을 없애려했던 한나라의 입장에서는 "억지로 하는 것이 없는 자연 그대로"의 정치, 즉 무위(無爲) 정치가 필요했다. 또한 한 나라가 통일하기 직전까지 있었던 참혹한 전쟁도 초기 한나라로 하여금 도가적 무위정치를 실행하게 했다. 게다가 무제(武帝) 이전에는 황제의 권력이 그리 크지 않았으며, 지방의 세력들이 나름대로의 헤게모니를 유지하고 있었다. 지방 정부의 자율성은 도가적인 통치 이념에 걸 맞는 것이었다.

황로학파는 음양(陰陽) 사상뿐 아니라, 묵가(墨家)·명가(名家)·유가(儒家)·법가(法家) 사상의 장점을 폭넓게 흡수하여 노장사상과는 다른 도가 사상의 새로운 흐름을 형성하였다. 황로학파는 노자 사상을 중심으로 제자백가를 통합하려 했다. 황로학파는 유교를 중심으로 제자백가 사상들이 통합되기 전에 먼저 사상통합의 비전을 제시한 중국 지성사에서 '혼종'사상의 선구자다. 황로학파는 노자의 도(道) 개념을 발전시켜 자연을 일정한 법칙과 규칙들로 이해하려 했으며, 도(道)를 물질적인 기(氣)의 개념으로 파악하여 기일원론(氣一元論)의 철학적 전통의 기초를 형성하였다. 나아가 우주 만물과 인간·국가가 동일한 이치에 의해 지배된다고 보고, 청정무위의 도(道)

로 수신(修身)과 치국(治國)·평천하(平天下)를 모두 이룰 수 있다고 하였다. 여기서 '수신-제가-치국-평천하'는 유가의 통치 이념 가운데 핵심을 차지하는 개념들이다. 황로학파는 유가의 예치(禮治)와 법가의 법치(法治), 명가의 형명설(刑名說)을 종합한 정치사상을 제시하였다.

황로학파의 결정판은 바로 전한(前漢)[103]시기 회남왕(淮南王) 유안(劉安; BC179?~BC122)이 편찬한 『회남자(淮南子)』다. 『회남자(淮南子)』는 전한 초기 회남(淮南)지역의 제후였던 회남왕 유안(劉安)의 주도하에 그의 여러 빈객들이 공동으로 저술한 집단 저작이다. 이 책은 제자백가의 학설을 도가의 입장에서 모은 것이기 때문에, 형이상학·천문/지리와 같은 자연과학적 지식·정치학·병학(兵學)·개인의 처세훈(處世訓) 등 방대한 내용으로 구성되어 있다. 『회남자』에는 도가는 물론이고 음양가·법가·유가·병가 등 주요 제자 사상들이 망라되어 있다. 그리고 이 다양한 학파의 학설들이 그저 나열만 된 것이 아니라, 여러 학설들을 포괄하는 통일적인 진리가 나름대로 일목요연하게 기술되어 있다. 여러 학파들의 입장이 융합되어 있기는 하지만, 도(道)와 기(氣) 개념을 근간으로 삼아 노장사상을 중심으로 논의가 전개되었다. 『회남자』는 기존에 단편적으로 흩어져 있던 우주론 또는 생성론에 관련된 사고들을 하나로 끌어 모아, 종합적이고 체계적인 우주 생성론을 완성시켰다. 『회남자』에서는 인간이 자연을 닮았다는 근거로 자연계의 구조와 인간 신체의 구조가 비슷하다는 점을 든다. 인간의 신체 구조는 천지자연의 구조와 형상을 그대로

---

103 BC 206년에 고조(高祖) 유방(劉邦)이 한 나라를 세운 이후 AD 9년에 왕망(王莽)이 정변을 일으켜 신(新)나라를 건립할 때까지를 전한(前漢) 혹은 서한(西漢)이라고 한다. 하지만 신나라는 AD 25년에 한나라 왕조의 후예인 유수(劉秀)에 의해 멸망한다. 유수, 즉 광무제(光武帝)가 다시 건립한 한나라를 후한(後漢) 혹은 동한(東漢)이라고 한다.

본받아 형성되었다는 것이다. 『회남자』에 나타나는 천인감응(天人感應)론의 핵심은 자연계와 인간계는 상호 유기적인 통일성과 긴밀한 상관성을 유지한다는 관점이다.

> 머리가 둥근 것은 하늘을 본뜬 것이요, 발이 모난 것은 땅을 본뜬 것이다. … 하늘에 풍우한서(風雨寒暑)가 있듯이 사람에게는 받고 주고 기쁘고 성내는 것이 있다. 그러므로 쓸개는 구름이 되고, 폐는 기(氣)가 되며, 간은 바람이 되고, 내장은 비가 되며, 비장은 천둥이 된다. 이러한 기관들은 천지와 조응하며 마음이 이 모든 것들을 주관한다. 그러므로 눈과 귀는 태양과 달이며, 혈(血)과 기(氣)는 바람과 비이다.[104]

무엇보다도 『회남자』의 가장 중요한 특징은 도가적 사유의 핵심인 '무위'(無爲; 자연 그대로 있으면서 아무런 인위적인 행위를 하지 않음)와 사회철학적 성격을 가지고 있는 대부분의 제자백가 사상에서 주요 방법론인 '유위'(有爲; 인위적인 행위)가 적절하게 배합되어 있다는 점에서 찾을 수 있다.

무위(자연성)	유위(인위성)
자연의 이치	사회적 가치 규범
자연세계의 일원으로서의 인간	사회나 역사의 일원으로서의 인간
선천적인 본성	후천적인 노력
유희하는 인간	일하는 인간
자족하는 인간	목표지향의 인간
자연주의	문명주의

104 『淮南子』「精神」.

'무위'와 '유위'의 통섭은 가장 극단적으로 대립되는 두 개념의 만남이기에, 『회남자』는 중국에서 혼종 사상의 선구자인 황로도가 가운데에서도 특히 두드러지게 혼종 사상을 체현한 고전 텍스트다. 본래의 노장사상이 반(反)문화주의의 성격이 강하고 세속으로부터 탈주하려는 경향이 농후한 반면, 『회남자』의 사상은 '무위'를 상당히 실용적인 관점에서 접근하면서 '유위'까지 포괄하고 있다. 이런 맥락에서 인위와 자연의 혼종과 소통을 장려한다.

> 무릇 지형의 형세를 보면 물은 동쪽으로 흐르고 있는데, 반드시 사람의 노력이 더해진 이후에야 물이 계곡으로 흐르게 된다. 곡식은 봄에 저절로 싹이 트지만 반드시 사람이 공을 들여야만 오곡이 성장할 수 있다. 물이 흐르는 대로 맡기고 곡식이 저절로 싹트는 데에만 맡긴다면, 곤(鯀)과 우(禹)의 공도 세워지지 않고 후직(后稷)의 지혜도 쓸모가 없게 될 것이다. 내가 말하는 무위(無爲)란 이렇다. 개인적인 생각이 공적인 일에 끼어들지 않고, 개인적 욕망에 의해 바른 통치술이 왜곡되지 않으며, 이치에 따라서 일을 진행하고, 객관적인 상황에 근거해 공을 세우며, 자연스러운 형세에 따라서 일을 추진할 뿐 기교를 허용하지 않는 것을 말한다. 이 경우 일이 완성되어도 자신을 드러내지 않고, 공이 세워져도 명예를 소유하지 않는다. 느껴지는 게 있어도 반응하지 않고, 공격해 와도 움직이지 않는 것은 무위가 아니다.[105]

여기서 무위는 상당히 적극적이고 능동적인 태도를 함유하고 있다. 『회남자』에서는 이러한 사회 참여적인 '무위'론을 기반으로 인재

105 『淮南子』「修務」.

등용, 제도적 장치, 통치권 등의 구체적인 방법론을 활용하게 되고, 이를 통해 "군주는 무위하되 신하는 유위한다."는 황로학파의 무위 정치론을 완성한다. '유위'적 측면을 긍정하는 『회남자』의 입장은 유가의 논리를 적극적으로 끌어들이게 한다. 『회남자』는 도가의 입장에서 유가 등 여러 제자백가 사상들을 통합해 통일 제국을 통치할 이념을 창출하려 했다.

『회남자』의 편자인 유안은 한 고조(漢 高祖) 유방의 서자인 회남여왕 유장(劉長)의 아들이며, 아버지가 문제 때에 모반죄로 죽은 뒤 두 동생 형산왕 유발, 여강왕 유사와 함께 그 영토를 나누어 받아서 회남왕이 되었다. 유안은 한 고조의 손자이자 한 무제와는 삼촌과 조카 사이였고 황실의 원로 종친이라는 특별한 위치에 있었다. 때문에 유안은 중앙정부의 눈치를 볼 필요 없이 비교적 자유롭게 천하의 인재들을 불러 모을 수 있었을 것이다. 유안은 『회남자』를 자신의 조카인 무제에게 헌납하였다. 유안은 도가를 중심으로 제자백가를 통합하려 했으며, 바로 이 '혼종 도가'[황로도가]가 통일왕조를 위한 기초 이념이 되기를 희망했다. 하지만 현실은 유안에게 녹녹치 않았다. 오늘날의 입장에서 냉정하게 평가해 볼 때도 통일된 큰 나라에서 절대주의 국가관을 표방하고자 한다면, 작은 나라를 지향하거나 지방의 자율성을 중시하는 도가적인 스타일은 맞지 않는다.

당시 한 나라의 조정은 제후의 권력을 줄여서 중앙으로 집중시키려 하고 있었다. 그 동안 지방의 정치적 자산을 인정하며 느슨하게 진행되고 있던 도가적 통치에서, 드디어 중앙 집권의 절대적 통치체제로 전환하려 하고 있었던 것이다. 한 무제의 즉위와 더불어 이러한 정책은 가속도가 붙는다. 한무제는 이미 독존유술(獨尊儒術; 유학을 유일한 관학으로 인정하는 것)을 준비하고 있었다. 이 분위기 속에서 유안은 여전히 황로도가에 의한 정치를 주장했던 것이다. 이것은 삼촌[유안]과 조카[한 무제] 사이에서 불화의 불씨가 된다. 결국 기원전 122년에 이르러 유안은 모반의 음모가 있다는 혐의를 받아 강요된 자살을 하게 되고, 나라는 몰수되어 버리고 만다. 이후 한나라 정부는 군신(君臣) 질서를 존중하는 유교의 이데올로기에 의해서 본격적으로 중앙집권정책을 추진하게 된다. 한 무제(武帝)가 유학을 통치이념으로 확립한 뒤에 황로학파의 정치적 영향력은 점차 위축되게 되고, 후한(後漢) 시대에는 민간을 중심으로 종교화의 길을 가게 된다.

마지막으로 『회남자』에는 오늘날에도 널리 회자되는 촌철살인의 명언들이 많이 실려 있다는 사실을 강조하고 싶다. 일부만 예로 들어보자. "사슴을 좇는 사람은 산을 보지 못하고, 돈을 움켜쥔 사람은 사람을 보지 못한다." "열 사람이 우겨대면 평지가 숲이 되고, 날개가 없어도 날 수 있다." "천리나 되는 큰 제방도 땅강아지와 개미가 뚫은 조그만 구멍으로 물이 샌다." "나뭇잎 하나가 떨어지는 것을 보고 가을이 온 것을 안다." "두 마음을 품으면 한 사람도 얻지 못한다. 하지만 한 마음으로써 백 사람을 얻을 수 있다." "인생의 길흉화복은 늘 바뀌어 변화가 많다."는 의미를 지닌 유명한 고사성어 '새옹지마'(塞翁之馬)나, "자유자재로 출몰해 그 변화를 예측할 수 없다"는 의미인 '신출귀몰'(神出鬼沒)도 『회남자』가 출전이다. 이 이외에도 『회남자』에는 명언이나 고사성어가 많이 수록되어 있다.

2. 동중서(董仲舒); '혼종 유교'의 탄생

1) 한 무제와 동중서

한 무제(武帝)는 중국 역사에서 가장 압도적인 영향을 끼친 황제 가운데 한 사람이다. 한 무제는 동서교역로인 실크로드를 처음 개척한 황제로 잘 알려져 있다. 한 무제가 장건(張騫)을 서쪽 지방에 있던 월지국으로 보내면서 촉발된 실크로드 개발은 15~17세기에 있었던 서양의 지리상의 발견에 비견될 수 있는 획기적인 역사의 전환점이었다. 비록 월지국과의 동맹에는 실패했지만, 장건의 서역 견문은 무제를 비롯한 당시의 중국인들에게 커다란 놀라움과 충격을 주었으며, 호기심을 자극했다. 이때부터 중국에 수많은 중앙아시아 국가들의 사정과 문물이 전해지게 된다. 인도의 존재도 이때 처음으로 알려진다. 중국과 중앙아시아 각 국가의 교류는 점차 서아시아로 확대되었고, 머지않아 로마와도 교류 관계를 맺게 된다. 실크로드[비단길]를 통한 동서 교역은 각종 상품뿐만이 아니라, 다양한 종교·철학·과학기술·음악 등의 교류를 통해 이종 문화의 '혼종성'을 가능하게 한 물리적 토대였기에, 그 역사적 의의는 아무리 강조해도 부족함이 없다. 한 무제는 실크로드 개척 등의 혁신적인 정책과 곧 언급하게 될 유교의 국교화를 통해, '팍스(Pax) 로마나'나 오늘날의 '팍스 아메리카'에 대응되는 '팍스 차이나'를 이룩하게 된다. 그리고 이때부터 '중화주의' 논리가 본격적으로 자리 잡게 된다.

한 무제는 안정된 통일왕조의 정치질서를 창출하기 위해 새로운 정치이념을 희구하고 있었다. 무제는 세상에 조서를 내려 '대도(大道)의 요(要), 지론(至論)의 극(極)'에 대하여 질문함으로써 유능한 관리를 선발하려 한다. 이 절의 주인공인 동중서(董仲舒;

BC170?~BC120?)도 바로 이때에 시험에 응시한다.

동중서는 시험에서 유명한 '현량대책'(賢良對策)을 제출한다. 다음은 '현량대책'의 결론 부분이다.

> 이제 선생마다 도를 달리 하여 사람마다 의견을 달리 하고, 백가(百家)는 방향을 달리하며 뜻을 같게 하지 않는다. 이로써 윗사람은 통일을 기할 수 없고, 법칙은 자주 변하여 아랫사람은 지킬 바를 알지 못한다. … 육예(六藝)의 과목과 공자(孔子)의 학술에 있지 않은 것은 모두 그 도(道)를 끊으며 아울러 나오게 함을 금지시키고 사벽(邪辟)의 이론을 없애버릴 때 통기(統紀; 규율과 질서)가 하나로 되고 법도가 밝을 수 있으며 백성은 따를 바를 알게 될 것이라고 생각한다.

간단히 말해서 동중서가 제시한 대책의 핵심은 유교를 중심으로 사상을 통합하자는 주장이다. 무제는 수많은 학자들이 제출한 대책들 가운데 동중서의 '현량대책'을 채택한다. 그리고 그 구체적인 실행은 오경박사(伍經博士)의 설치로 나타난다.

동중서는 유가만을 한(漢)왕조를 위한 정통이념으로 승화시켰다. 당시 무제의 측근으로는 이전 시기와는 다르게 개인의 학문적 실력에 의하여 출세한 신흥 관료층이 많았다. 봉건적인 특권이 배제되면서 능력 본위의 인사체계가 마련되었기 때문에 가능한 일이었다. 여기서 '지식인 계급=지배계층', '피지배층=무지식계급'이라는 중요한 도식이 생긴다. 맹자가 말한 "노심자(勞心者; 마음을 쓰는 자)는 남을 다스리며 노력자(勞力者; 힘을 쓰는 자)는 남에 의해 다스려진다. 남에 의해 다스려지는 자는 남을 먹여 살리며, 남을 다스리는 자는 남에 의해 먹여진다."[106]는 도식이 실천으로 옮겨지게 된 것이다. 이때부터 남을 통치하는 지식계층이 경제적으로는 농민에 의존하며, 다스려지는 농민이 이들 지식계층을 봉양한다고 하는 지배층과 농민 사이의 역할 구분이 확실히 자리 잡게 된다. 그리고 이는 남을 통치하는 지식계층으로 하여금 농민에 대한 보호가 지식계층 자신을 보존하는 것이라는 인식을 확실히 심어줌으로써 '중농억상' 정책이 한 나라의 기본 정책이 되도록 한다.

지식인 계층이 곧 지배계층이 되도록 하기 위해 동중서는 과거시험의 기반을 마련하게 된다. 당시 이 제도 아래에서 사람들은 문벌이나 재산의 많고 적음이 아닌 일정기간에 실시하는 시험의 합격에 의하여 관직에 임명될 수 있었다. 과거시험은 전국적으로 실시되었으며, 아직 시대적인 한계는 있었으나 수험 기회가 각계각층의 모든 사람에게 비교적 공평하게 부과되었다. 비록 과거제도가 보편화되지 못하고 수세기 이후에야 자리 잡기는 하지만, 일단 동중서는 과거제의 기틀을 분명히 다져 놓았다. 과거시험과 같은 성격의 공무원시험제도가 서양에서 처음 실시된 것은 1791년의 프랑스였다. 당시 프랑스에서는 혁명 이후에 합리적인 공무원 채용 시스템을 구축할 필요성이 있었다. 이후 서양에서 공무원시험제도는 1800년에 동인도회사(East India Company)에서 공무원시험이 실시되고, 또 영국에서 1855년에 문관채용시험규정이 마련되면서, 점차로 안착하게 된다. 서양이 18세기 후반에 접어들어서야 처음 실시했던 공무원채용시험을 동양에서는 이미 기원전 시기에 마련했던 것이다.

---

106 『孟子』「滕文公 上」.

2) 유가는 어떻게 승리할 수 있었을까?

유가가 다른 제자백가 사상들을 누르고, 또한 한나라 초기에 자신의 경쟁 상대였던 황로도가를 누르고 승리하게 된 결정적인 배경은 어디에서 찾을 수 있을까? 학자들의 의견은 대체로 다음과 같이 몇 가지로 모아진다.

첫째로 명분의 문제가 있다. 제자백가 사상 가운데 법가는 통치 이념으로 삼기에 가장 적합한 사유체계 가운데 하나라고 볼 수 있다. 법가는 법에 의한 합리적인 통치를 주창하면서 모든 권력을 황제에게 집중하도록 했다. 법가의 논리는 통일왕조를 유지해 나가는데 도움이 되는 이론 체계를 구비하고 있었다. 진나라가 중국에서 최초로 통일을 이루는데 성공한 결정적인 원인 중 하나가 법가의 수용에 있었다는 점은 우연한 사실이 아니었다. 그런데 진나라가 멸망하고 두 번째로 통일 왕조를 이루어낸 한나라는 이런 법가를 외면하고 유교를 국교로 선택했다. 왜 그랬을까? 가장 중요한 이유는 명분의 문제였다. 폭압의 정치를 했다는 이유를 들어 진나라를 멸망시키면서 등장한 국가가 한 나라였기에, 당시 한 나라의 지배층은 법가를 수용하기 어려웠던 것이다.

둘째로 권력의 경제성 문제를 들 수 있다. 즉, 법가보다 유교가 권력을 유지하는 데 비용이 덜 들었다. 법가적 통치는 강력한 경찰력에 의해 유지되어야 하기 때문에 유지비가 많이 들었지만, 반역을 경계하며 복종을 익히도록 유도하는 유교의 도덕은 권력의 절약을 가능하게 했다. 게다가 국교화가 된 이후 유교는 법가의 황제 중심의 사상과 법에 의한 통치와 같은 법가 통치술의 장점을 교묘하게 수용하고 있었다.

셋째로 촌락사회와의 관계도 중요한 요소다. 당시 리(里)라고 불린 촌락에는 생활감정에 기초한 자연 질서가 존재했다. 리를 대표하는 것은 마을의 어른들인 부로(父老)였으며, 부로에 의하여 일반 리(里)의 백성들은 자제(子弟)로 불렸다. 리(里)에서의 인간관계는 가족생활이라는 모델의 확장이었다. 거기에는 유교적인 사고양식에 기초한 권위가 이미 형성되어 있었던 것이다. 그런 까닭에 유교적인 권위를 승인하는 이론을 그대로 유지시켜 절대주의적 국가 권위의 승인으로 전환시킬 수 있다면 국가권력 전체의 에너지가 비약적으로 고조될 수 있었다.

넷째로 유교는 정치적 권력과 도덕적 권위가 일치되게 하는데 유리했다. 국가권력을 노골적으로 발동하여 백성들에게 굴종을 강요하는 것은 효율적이지 못할 수 있다. 설득에 의한 복종이나 도덕적 권위에 대한 자발적인 순종이 정치적 지배질서를 공고하게 유지하게 하는데 보다 효과적일 수 있다. 권위의 승인을 구하여 복종의 동기를 환기시키는 첩경은 국가권력과 유교적 권위의 동일화다. 이에 성공한다면 국가에 대한 복종이 도덕적 규범에 대한 경건한 순응으로 의식되어 권력의 요구가 유교적 권위로 착각되기에 이르게 할 수 있는 것이다.

다섯째로 유교는 황제 지배체제를 이념적으로 보중해 주었다. 즉, 유교는 천명(天命)이나 성인(聖人) 등의 개념을 통해 황제권의 정통성을 뒷받침해주었다. 유교는 예(禮)를 강조하기 때문에 황제의 권위를 의례화(儀禮化)하는 데에도 도움이 되었다.

이 이외에 단편적인 이유들을 몇 개 더 나열해 보면, ① 유교는 다른 사상에 비해 절충성과 포용성이 뛰어났고, ② 이상주의와 현실주의가 병존해 있었으며, ③ 실제 정치의 근거 기준을 제공해 주었고, ④ 관료 및 사대부의 권익과 특권을 보장해주었다.

3) 형이상학이 된 유교; 인문세계와 자연세계의 혼종

동중서가 자신의 주된 과업으로 삼은 것은 당시의 정치적·사회적 질서에 이론적인 당위성을 부여하는 것이었다. 그에 의하면, 인간은 천(天)의 일부이므로 인간행위의 정당성은 하늘의 운행에 달려 있다. 그는 음양오행(陰陽伍行)설에 입각하여 천(天)과 인(人)의 상호작용을 주장했다. 동중서에 의해 공자와 맹자를 대표로 하는 원시유가는 비약적으로 형이상학화(化) 한다. 본래 원시유가에는 우주론적 맥락이 거의 보이지 않았다. 동중서는 자연과학에 가까운 논리를 지닌 음양오행설이나 도가 등의 이론을 끌어들여 원시유가의 미약한 우주론을 메우고자 했다. 동중서 우주론은 크게 보아 음양오행설과 천인감응(天人感應)설로 정리할 수 있다. 목화금수(木火金水)가 방위와 사시(四時)를 주재한다고 보면서, 목(木)은 동쪽과 봄, 화(火)는 남쪽과 여름, 금(金)은 서쪽과 가을, 수(水)는 북쪽과 겨울을 각각 주재한다. 토(土)는 중앙을 주재하면서 나머지 사시의 기(氣)에 도움을 준다. 사시의 운행은 음양의 작용에 따라 왕성과 쇠퇴를 반복한다.

동중서는 인간을 대우주에 대응하는 소우주로 파악했다. 사람에게는 360개의 뼈마디가 있는데 이는 하늘의 둘레인 360도에 해당한다. 사람의 형체와 뼈와 살은 땅의 두터움에 해당하고, 몸의 구멍과 혈맥은 시내와 골짜기에 해당한다. 또 마음의 희로애락은 사계절에 해당하고, 수(水; 물)·목(木; 나무)·화(火; 불)·토(土; 흙)·금(金; 쇠) 오행(伍行)은 인체의 오장에 해당한다. 자연의 바람은 사람의 입과 코에 의한 호흡에 해당한다. 이러한 동중서의 논리는 인간의 신체 구조는 천지자연의 구조와 형상을 그대로 본받아 형성되었다고 주장한 『회남자』의 논리와 통한다. '혼종 도가'인 『회남자』와 '혼종 유가'인 동중서의 사상이 '혼종'이라는 접두어를 공유하고 있듯이, 자연과 인간을 직접적으로 연동시키는 양자의 우주론은 큰 맥락에서 별 차이가 없다.

> 하늘도 역시 기쁨과 분노의 기(氣)를 가지고 있으며, 슬픔과 즐거움의 마음을 가지고 있다. 인간과 하늘은 서로 대응하므로 끼리끼리 짝이 되어 하늘과 인간은 하나를 이룬다.[107]

이는 서로 공명(Resonance)을 통해 영향을 주고받는 것들을 같은 범주에 속한 것으로 간주하는 사고방식이다. 오행설에 비추어 보면, '봄, 동쪽, 나무, 바람, 초록'은 모두 동일한 범주에 속한다. 바람의 변화는 나머지 네 가지에 변화를 유발한다. 1장에서 동양적 사고의 핵심이라고 강조한 바와 같이 '관계성'에 입각한 사고는 동양철학의 가장 기본적인 특징이다. 인간과 천(天; 하늘) 사이의 밀접한 상관관계가 수비학(Numerology)[108]적, 해부학적, 심리학적, 도덕적으로 존재한다는 사실은 인간이 우주 영역 속에서 우월적 지위를 점하며 천지 만물 중에서 가장 중요한 존재임을 보여주는 증거다.

> "천(天) · 지(地) · 인(人)은 만물의 근본이다. 천은 만물을 낳고, 지는 기르고, 인은 완성시킨다."[109]

동중서 우주론의 또 하나의 중점은 음양오행의 논리를 인문 영역

107 『春秋繁露』「陰陽義」.

108 숫자를 사용해서 사물의 본성, 특히 인물의 성격 · 운명이나 미래의 일을 해명 · 예견하는 서양 고래의 점술을 말한다. 수는 만물의 원리이며, 우주의 일체는 수에 측량되어서 질서화 된다는 피타고라스학파의 철학이나, 카발라적 성서해석법인 게마트리아의 전통에 의거한 것으로 추측된다.

109 『春秋繁露』「立元神」.

에 적용한 '천인상응'(天人相應) 논리다. '천인상응'이란 천(天)의 질서원리와 인(人)의 질서원리는 상통한다는 의미다. 천과 인간이 서로 상통할 수 있는 근거는 천이나 인간이나 똑같은 기(氣)를 공유하고 있기 때문이다. 이는 기(氣)와 관련된 도가 계열의 주장과 차이가 없다.

> 우주에는 음양의 기(氣)가 있다. 마치 물고기가 언제나 물속에 잠겨 살듯이 인간은 언제나 기(氣) 속에 잠겨 살고 있다.[110]

동중서는 또 천(天)과 왕조 혹은 국가 관료체제를 서로 감응시킨다. 이를 조셉 니담(J. Needham; 1900~1995)[111]은 '국가 유비'(state analogy)라고 부르기도 했다. 하늘과 한나라의 관료체계가 서로 감응하는 관계라는 동중서의 논리는 한나라 왕실과 조정에게 절대적인 정치적 권위를 부여해 주었다. 그의 주저 『춘추번로』는 관료체제를 역법(曆法) 및 인체와 연관 지으면서 천과 사람의 형상, 그리고 관료기구들은 서로 감응한다고 결론짓는다.

원래 춘추전국시대의 원시유가는 자연이나 초자연의 문제를 거의 논하지 않고 사회적인 문제를 주로 다루었으며, 음양설과 오행설은 사회적 문제보다 주로 자연의 물리적 현상에 주안점을 두었는데, 동중서는 이 관점들을 하나로 융합한다. 동중서의 철학은 한 마디로 자연현상과 인문(사회)현상을 혼합한 '혼종 유학'이다.

---

110 『春秋繁露』「天地陰陽」.

111 중국의 역사를 연구하여 『중국의 과학과 문명』이라는 위대한 저서를 남긴 영국의 과학 사회학자다.

4) 정치사상

동중서에 의하면, 인간은 스스로 성(性)을 옳은 방향으로 잘 발현시키는 것은 아니므로, 반드시 국가의 도움이 필요하다. 여기서 국가는 곧 도덕의 최고의 체현자다. 유가 사상은 기본적으로 윤리도덕을 위한 국가의 역할을 강조해 왔지만, 이를 확실한 정치이념의 반열에까지 끌어올린 것은 동중서의 공로다.

> 하늘이 백성을 낳았으니 그 성(性)에는 선(善)의 바탕은 있으나 아직 선할 수는 없다. 그리하여 백성을 위하여, 군주를 세워 이들을 선하게 만들었다.[112]

그리고 군주는 백성을 경(慶)·상(賞)·벌(罰)·형(刑)의 사정(四政)으로 다스려야 한다. 이 '사정'은 각각 사시(四時; 춘하추동)에 대응된다.

> 왕은 하늘에 짝하고 있는데, 그것을 일컬어 도(道)라고 한다. 하늘에는 4계절이 있고, 왕에게는 사정(四政)이 있다. 사정은 마치 4계절과 같은 것인데, 그 둘은 같은 종류로, 하늘과 사람이 다 함께 가지고 있는 것이다. 가벼운 상을 주는 것은 봄이고, 큰 상을 주는 것은 여름이며, 벌을 주는 것은 가을이고, 형벌을 내리는 것은 겨울이다. 이 네 가지(경慶 · 상賞 · 벌罰 · 형刑) 상벌이 없을 수 없는 것은 마치 봄 · 여름 · 가을 · 겨울이 모두 갖추어지지 않을 수 없는 것과 마찬가지다.[113]

---

112 『春秋繁露』「深察名號」.

113 『春秋繁露』「四時之副」.

동중서는 전국시대 사상가 추연(鄒衍)의 오덕종시(伍德終始)설을 수정하여 '삼통'(三統)설을 주창하기도 했다. 이는 왕조의 교체에 관한 언급이다. 추연은 맹자보다 약간 늦게 등장한 것으로 추측되며 음양오행설을 제창한 가장 대표적인 사상가다. 그가 지은 저서가 10만권이나 된다고 기록되어 있지만, 아직 그의 저서는 발견되지 않고 있다. 추연의 오덕종시설에 의하면, 먼 옛날 황제(黃帝)가 다스리던 시절에는 하늘이 큰 지렁이와 큰 개구리를 보냈으며 토기(土氣)가 강력했다고 한다. 그러므로 황제는 황색을 숭상했다. 하나라를 세운 우임금 때는 하늘이 초목을 가을이나 겨울에도 죽지 않게 했다. 이때에는 목기(木氣)가 강했으며, 청색을 숭상했다. 은나라를 세운 탕임금 때는 하늘이 칼날을 물속에 나타나게 했으며, 금기(金氣)가 강했다. 그러므로 백색을 숭상했다. 주나라를 세운 문왕 때는 하늘로부터 붉은 새가 붉은 종이를 입에 물고 나타나는 일이 벌어졌다. 그러므로 화기(火氣)가 강했으며, 적색을 숭상했다. 추연은 화기를 대신하는 것은 수기(水氣)가 될 것이며 이때 제왕은 검은 색을 숭상하게 될 것이라고 예견한다. 이후 다시 토기로 돌아간다는 것이 추연이 설파한 오덕종시설의 결론이다. 추연의 예견이 맞아떨어진 것이 아니라 추연이 오덕종시설에서 주장한 것을 그대로 따른 것에 불과한 것이겠으나, 주나라가 멸망한 이후에 세워진 통일 왕조인 진나라는 검은색을 숭상했다.

동중서는 이러한 추연의 오덕종시설을 '삼통'설로 수정한다. 삼통이란 흑통(黑統)·백통(白統)·적통(赤統)을 가리킨다. 고대 중국 왕조에서 하왕조는 흑통을, 상[은]왕조는 백통을, 주왕조는 적통을 각각 대표한다는 주장이다. 이후 새로 생긴 왕조도 이 주기를 되풀이한다는 것이 삼통설의 핵심이다. 이는 유가식의 왕권 견제책이라고 볼 수도 있다. 왜냐하면 그 어떤 왕조라도 통치기간은 한정되어 있으며 종말이 오면 다른 왕조에 천명을 넘겨주어야 한다는 논리가 깔려 있기 때문이다. 동중서에 의하면 새로운 왕조는 새로운 천명을 받는다. 동중서에 따르면 주왕조를 계승한 것은 진왕조도 아니고 심지어는 한왕조도 아니다. 그는 천명(天命)을 받아 주왕조에 이어서 '흑통'을 계승한 것은 바로 공자(孔子)라고 주장하였다. 동중서는 노나라에 대한 편년체 역사서인 『춘추(春秋)』를 통해 자신의 입장을 합리화한다. 따라서 그는 자신의 저서를 『춘추번로(春秋繁露)』라고 이름 붙였던 것이다. 공자가 중국철학의 역사에서 거의 신격화의 수준으로 자리매김하는 순간이다. 게다가 이 때는 제자백가의 사상이 유가를 중심으로 통합되었기 때문에, 이때부터 공자는 유가의 태두라는 위상을 넘어서 모든 제자백가 사상의 태두로 등극하게 된다.

동중서 사상의 의의는 군주에 대한 통제권 마련에서 찾을 수가 있다. 동중서는 군주권에 대한 통제 장치로서 '천'(天)을 상정한다. 군주권은 철저하게 천(天)의 제어를 받는다는 입장이다. 군주권의 발생이 천명(天命)에 있는 한 군주권은 천의 제약 아래 있을 수밖에 없다. 하늘로부터 주체성을 빼앗긴 군주는 '원'(元)이라는 개념에 의하여 그 절대성이 근원적으로 부정된다. 원이란 천지만물을 지배하는 우주의 최고원리이며, 군주는 물론이고 천도 이 원에 의해 통제를 받는다고 주장되고 있기 때문이다.

동중서가 마련한 두 번째의 군주권에 대한 통제 장치는 바로 '재이'(災異)설이다. 여기서 재(災)는 자연재해를 말하고, 이(異)는 머리가 두 개 달린 가축이 태어나는 것과 같은 괴이한 현상을 뜻한다. 군주의 잘못된 정치는 천(天)으로부터 이상한 현상을 출현하게 한다. 군주의 통치가 천의 불쾌감을 불러일으키면, 지진·일식·월식·가뭄·홍수·이상한 동물이 태어나는 것 등이 야기된다는 것이다. 만약 군주가 농번기에 백성들에게 부역을 강제한다면, 백성들의 원망(邪氣)이 천(天)에게 까지 전달되어 이상한 자연재해가 발생한다. 이는 통치자로 하여금 과오를 시정하도록 부추길 것이다. 이 대목에서 동중서의 재이설에 따른 군주 권력 견제책의 실제적 의의를 잠시 유추해 보자. 왜냐하면 자연재해나 기이한 현상이 생긴 원인을 군주의 잘못된 정치에서 찾는 재이설을 동중서가 진심으로 믿고 설파한 것일까 약간은 의문이 들기 때문이다. 기본적으로 유가는 다른 어떤 사상보다도 합리적인 이념체계를 지닌 사상이다. 게다가 동중서가 활동할 당시의 중국은 합리적 사고와 제도적 체계가 상당한 수준으로 정착해 가던 시기였다. 이런 상황에서 동중서와 같이 통일 왕조의 이념이라는 '그랜드 디자인'을 설계하는 역할을 맡은 대사상가가 미신이라 볼 수 있는 재이설을 진심으로 주창했으리라고는 생각하기 어렵다.

따라서 얼핏 이런 상상을 해본다. 지금 군주가 정치를 매우 잘못하고 있다. 군주의 사람됨으로 볼 때 말로는 설득하기가 어려운 상황이다. 이 난국을 어떻게 타개할 것인가? 동중서는 각 지방으로 사람을 보내 극심한 자연재해나 샴쌍둥이가 태어난 것과 같은 기이한 일이 벌어진 사례를 수집해 오도록 한다. 어느 시대, 어느 공간이든 일부러 찾는다면 자연재해나 기이한 현상의 사례는 반드시 발견되기 마련이다. 동중서는 수집한 자연재해나 기이한 현상들의 사례를 군주에게 보여주며 잘못된 정치를 그만두도록 압박한다. 군주는 동중서의 주장을 의심하면서, 자신도 따로 사람을 보내 정말로 그러한 자연재해나 기이한 현상이 발생했는지 확인해 본다. 군주가 보낸 사람은 돌아와서 틀림없이 그러한 일이 발생했다고 보고한다. 이 때 군주는 어떤 생각을 할까? 만약 동중서가 학문이 깊은 학자답게 군주의 잘못된 정치로 인해 자연재해나 괴이한 일이 발생했다는 사실을 앞뒤 문맥이 잘 맞도록 안배하면서 그럴듯하게 설명해 낸다면, 군주는 자신의 잘못을 시정할 가능성이 높아진다. 동중서의 의도는 바로 이런 것이 아니었을까?

3. 위진남북조(魏晉南北朝) 시기의 사상조류; 유교 · 도가 · 불교, 3교의 혼종

1) 한(漢)나라 말기의 상황

후한(後漢) 말기가 되면 전국적으로 농민의 의거가 빈번하게 발생한다. 안제(安帝)가 즉위(서기 107년)한 뒤로 약 70-80년 사이에 100번도 넘는 의거들이 일어난다. 특히 영제(靈帝) 원년(서기 184년)에 일어난 '태평도'(太平道)에 의한 이른바 '황건의 난'은 가장 유명한 농민 반란이다. 황건의 난은 우리가 어렸을 때부터 익숙하게 읽어온 소설 『삼국지』에 나오는 여러 영웅호걸들이 역사의 무대에 등장하게끔 한 결정적 계기가 되는 반란이다. 황건의 난은 20여년이 넘게 지속되면서 후한제국을 붕괴시키는 데 주요한 요인이 된다.

당시의 통치 계급은 권력투쟁이 극도로 얽혀있어 한 제국의 몰락을 재촉하고 있었다. 이러한 권력투쟁의 핵심에는 문벌사족 지주세력과 황족(皇族) 지주들 간의 모순이 반영되어 있다. 이때 '청의'(淸議)라는 담론이 대두한다. 문벌사족 지주세력은 이 '청의'를 활용하여 황권(皇權)에 도전했다. 청의의 중심논제에는 농민의거문제, 주변국가들과의 전쟁문제, 경제문제, 외척과 환관의 권력 장악 문제에 이르기까지 다양한 이슈들이 가로놓여 있었다. 청의를 주장한 사람들에게는 멸망해가는 왕조를 바로 세우기 위한 욕망과 국가 전체에 만연되어 있었던 사회적 모순에 대한 비판이 중첩되어 있었다. 하지만 청의파들은 '당고(黨錮; 청의파들을 감옥에 가둔 것)의 화'[114]에 의해

114 황권의 문벌사족 지주에 대한 공격.

심각한 타격을 받는다. 이제 이들은 직접적인 조정에 대한 비판에서 뒤로 한참 물러나 형이상학적 논담에 빠져 들어간다. 위진남북조 하면 떠오르는 '청담'(淸談)과 '현학'(玄學)은 바로 이러한 배경으로부터 출현한 것이다.

2) 황하 농경문명와 북방 유목문명의 혼종

그런데 역사적으로 평가해 볼 때 이 시기부터 나타나는 주목할 만한 사실이 있다. 즉, 이때부터 북방계열의 여러 민족들은 중국에 본격적으로 국가를 세우기 시작한 것이다. 하지만 북방계열이 본격적으로 나라를 세우기 이전부터 이러한 상황은 충분히 예상 가능한 것이었다. 예컨대 위(魏)의 조조(曹操)는 북중국에 자리 잡고 있던 유목민들을 널리 포용하여 자기 군대에 편입시킨다. 그에게 정예부대와 탁월한 기병·사수들을 제공한 것은 바로 이 북방유목민들이었다. 또한 조조는 흉노족의 핵심세력을 오늘날의 산서성 동남방에 해당하는 지역에 이주시켜 정착할 수 있도록 도와준다. 이와 같은 북방 유목민들에 대한 호의 표시는 중국에서 향후 다양한 문화의 수용과정이 가능하게 된 조건이 된다.

위진남북조 이후의 수당(隨唐)이 진한(秦漢)과는 다른 이질적 요소(즉 북방적 요소)를 많이 보이고, 특히 이 요소들이 당(唐) 시기에 문화적 다양성을 창출하면서 중국은 진정한 세계적인 대제국으로 성장하게 된다. 진한의 문화가 거의 황하유역에서 생겨난 농경문화의 소산인 반면, 중국의 북방에는 유라시아 내륙을 지나 오리엔트와 유럽에 달하는 스텝 지대가 있고 일찍부터 서방문명의 영향을 받은 유목문화를 발전시키고 있었다. 위진남북조는 농경과 유목간의 대통합의 시대로 규정할 수 있는데, 이는 중국에 이전에는 없던 새로운 활력을 불어 넣어 준다. 외래 종교인 불교가 위진남북조 이래 대대적으로 보급될 수 있었던 것도 이러한 문화적 다양성이 공존하고 있었기 때문이었다. 중국의 고전 문화를 집대성한 진한과 비교하면, 수당은 아주 이교(異教)적인 색채를 가지고 있어서 고대 그리스 문화에 대한 헬레니즘적인 로마문화의 위치와 곧잘 비교되기도 한다. 이는 위진남북조 시기에 있었던 북방계열의 영향에 의한 문화적 다양성이 기반이 되었기 때문에 가능한 일이었다. 향후 수당제국은 이러한 다양한 조류를 하나로 융합시켜 동아시아의 여러 지역으로 세력을 넓히게 되고, 이 영향은 동아시아 여러 국가들에 깊은 잔영을 남긴다. 조금 옆으로 새는 이야기이긴 하지만, 최근 중국의 정치·경제 대국으로의 대두의 배경에도 이러한 성격의 다민족국가의 일체성은 큰 역할을 했다고 볼 수 있다. 이런 상황을 만든 중요한 전기가 된 시대로서 위진남북조와 그 결과로 출현한 수당시대를 꼽을 수 있는 것이다.

3) 유불도(儒佛道) 3교의 혼종; 위진 현학(魏晉 玄學)

현학(玄學)이란 위진(魏晉)시대의 학문적 경향을 통칭하는 말이다. 현학에서는 삼현(三玄), 즉 『노자(老子)』『장자(莊子)』『주역(周易)』을 중시한다. 현학(玄學)에서 '현'(玄)은 『노자』「1장」의 "현(玄)하고 또 현(玄)한 것이 모든 미묘함이 나오는 문이다."에서 유래한다. 가장 근원적인 진리를 형용하는 이 '현'(玄)은 매우 형이상학적인 개념이다. 위진 시대의 가장 대표적인 '현학가'인 왕필(王弼)은 '현'에 대해 다음과 같은 설명을 한다. "현(玄)이라는 것은 어두움이다. 잠잠한 상태로 있음[유有]을 지니지 않으며, 시작과 [만물을 먹여주는] 어머니가 나온 바이다. [어떤 개념으로도] 이름 지을 수 없기 때문에 말할 수가 없다." '현'을 색깔로 환원하여 설명하면 검은 빛에 약간의 붉은 빛을 띤 색깔이다. 이 규정에서도 우리는 일종의 '신비한 그 무엇'을 연상하게 된다. '현'이란 많은 주석가들에 의해 하늘이고 허공이며 텅텅 빈 무(無)로 설명되었다. 또한 이 용어는 천지(天地)나 만물을 생산하게 하는 근원이 되는 힘을 가지고 있는 곳을 가리키는 말로 이해되기도 했다.

위진 현학은 이전 사상에서는 찾아보기 힘들 정도로 매우 세련된 형이상학적 체계를 갖추고 있다. 이는 현학이 도가와 유가 그리고 불교를 나름대로 종합하여 나온 사유체계였기 때문에 가능한 일이었다. 현학은 앞으로 다룰 송명 이학(宋明 理學; 성리학性理學)의 선구자 노릇을 한다. 현학은 중국의 지성사에서 최초로 나타난 유불도 3종의 '혼종[하이브리드] 철학'이다.

현학의 형이상학적 체계는 당시 사회의 모순을 은폐하는 역할을 함과 동시에 사상의 대통합(유가와 도가의 동등한 통합 and + 불교)이라는 의의를 지닌다. 그런데 여기서 우리는 '형이상학'이라는 것 자체에 대해 한번 짚고 넘어갈 필요가 있다. 기본적으로 철학은 전부 형이상학이라고 할 수 있다. 우리가 어떤 본질적인 측면에 도달하기 위해서는 인식상에 있어서 일정한 시스템 혹은 관념이 요청된다. 쉽게 이야기 하여 무엇을 잘 판단하기 위해서는 그 판단을 위한 틀 거리로서의 '도우미'가 필요하다는 말이다. 모든 형이상학적 입장은 이러한 틀 거리 혹은 토대로 기능한다. 이런 과정을 거쳐야만 복잡한 일상 속에서 벌어지는 사태들에 관해 보다 합리적인 판단이 가능하다. 위진 현학도 당시에 이러한 기능을 나름대로 해냈다고 볼 수 있다.

위진 시대를 거치면서 유가와 도가는 진정한 의미에서 대통합의 길을 걷는다. 물론 위진 이전인 한대(漢代)에도 이러한 경향은 존재했다. 이미 다루어 보았듯이, 동중서의 『춘추번로』는 유가적 체계에서, 『회남자』는 도가적 체계에서 다른 사상들을 끌어 들였다. 하지만

이는 철저하게 중심 사상을 가운데 놓고 다른 사상들을 부분적으로 끌어들인 제한된 통합이었다. 반면에 위진 현학에서는 유가와 도가의 통합이 거의 동등하게 이루어진다. 그리고 현학은 유가와 도가뿐만이 아니라 불교의 이론 또한 흡수하면서 점차 정밀한 이론체계를 갖춘다. 여러 사상적 입장이 종합된다는 점은 그만큼 세상을 읽어내기 위한 논리적 기반이 더욱 충실하게 갖추어졌다는 것을 의미한다. 현학의 사상 통합의 경향은 『남제서(南齊書)』「권41」에서 아주 적절하게 잘 표현되어 있다. 장융(張融)이라는 사람이 다음과 같은 유언을 남긴다. "왼쪽 손에 『효경』과 『노자』를 쥐게 하고, 오른쪽 손에 소품(『반야경』과 『법화경』)을 쥐게 하라."

이러한 학문적 경계를 허무는 열린 태도는 서화(書畵)를 주로 하는 각종 예술 분야에도 커다란 영향을 준다. 이 시기에 장자의 '소요유'(逍遙遊)와 같은 자유 경지를 드러내는 도가의 여러 입장들이 동양 미학 전반에 깔리게 된다. 위진남북조 시기 이후부터는 이전과 같이 예술 분야가 도덕을 목적으로 삼은, 이른바 '거울삼아 경계함(鑑戒)'이 아니라, 예술적 태도 자체가 목적이 됨으로써 순수한 비평과 감상이 나타나기 시작한다. 즉, '순수 예술'(FINE ARTS)이 출현하기 시작했다. 이 시대에는 서론(書論)과 화론(畵論)이 대량으로 출현한다. 특히 자연에 대한 관심을 바탕으로 산수화(山水畵)가 본격적으로 나타난 것도 바로 이 시기다. 예술작품을 도덕적 판단과는 상관없이 미학적 탁월성에 따라 평가하는 태도는 이 시대가 낳은 독특한 현상이었다. 전반적으로 볼 때 동아시아의 전통예술은 기교보다는 정신을 중시하는 태도를 보이는 데, 이는 대부분 도가, 그 중에서도 장자 사상으로부터 유래한 것이다. 장자 사상에서 열쇠 개념인 '허'(虛)는 동양의 미학적 전통에서도 핵심이다. 시에서는 '운외지치'(韻外之致; 자구 밖의 묘미)로, 서화에서는 '기운생동'(氣韻生動; 생동하는 기의 리듬)으로, 음악에서는 '허향지음'(虛響之音; 소리 너

머의 울림)으로 표현된다. 또한 중국 고대의 화론에는 '형사'(形似)와 '신사'(神似)라는 개념이 있는데, 전자는 외적형태와 닮게 그리는 것을 뜻하고 후자는 내면의 특징을 그려내는 것을 의미한다. 화론에서는 '형신겸비'(形神兼備, 형과 신은 겸비해야 한다)에 이르도록 하는 것이 궁극적인 목표이긴 하지만 '신사'를 더욱 강조했다. 이는 정신을 강조하는 장자 사상의 전통과 관련이 있다. 나아가 문학에 있어서도 단순한 창작 차원이 아닌 문학비평이 획기적인 발전을 이룬다. 그 대표적인 업적으로 유협(劉勰)의 『문심조룡(文心彫龍)』과 소통(蕭統)의 『문선(文選)』을 꼽을 수 있다.

한편 위진남북조 시기가 되면 인도로부터 건너온 불교 경전의 한역(漢譯; 한문으로 번역하는 것)이 크게 유행한다. 이 때 노자와 장자를 대표로 하는 도가 사상은 번역을 위한 좋은 지침이 된다. 불교를 장자 및 노자 사상에 의지해 이해한 것을 '격의불교'(格義佛教)라고 한다. 인도의 불경을 노장사상에 기대어 해석한 이유는 노장사상이 불교와 비슷한 점이 많았기 때문이다. 장자의 '좌망'과 같은 개념들은 불교의 명상을 이해하는 데 큰 도움이 되었다. 장차 출현하게 될 중국 특유의 불교인 선종(禪宗)은 인도의 불교가 노장 사상 등의 영향을 받아 변종된 불교 분파다. 장자의 언어에 대한 관점은 선종의 불립문자(不立文字; 언어문자의 형식에 집착하지 않고 마음에서 마음으로 법을 전하고 깨닫는다는 말)·교외별전(教外別傳; 말이나 문자를 쓰지 않고 마음에서 마음으로 진리를 전하는 일) 등의 개념이 정립되는 데 도움을 주게 된다. '격의 불교' 개념이나 선종은 불교와 도가 사상 사이의 혼종성을 잘 드러내준다.

4) 현학(玄學)의 중심사상가들

우선 하안(何晏)과 왕필(王弼)을 꼽을 수 있다. 하안과 왕필은 초기 현학의 대표 인물들이다. 위(魏)나라 명제(明帝)가 죽고 제왕(齊王) 방(芳)이 황제에 오르자 어린 황제를 조상(曺桑)과 사마의(司馬懿)가 보좌하였는데, 조상은 사마의를 견제하기 위해 하안을 기용한다. 하안은 조조(曹操)의 부마로 조씨 집안과 긴밀한 관계에 있었다. 왕필은 이때 하안에 의해 중앙 정계에 발탁된다. 이 시기에 조위(曹魏) 정권과 사마씨(司馬氏) 집단과의 권력투쟁은 대단히 격렬하였다. 사마씨 집안은 결국 조위 정권을 붕괴시키는 데 성공하며 하안은 이 와중에 처형되고 만다.

하안과 왕필은 만물이 무(無)를 근본으로 한다고 주장하였기 때문에 '귀무(貴無)파'로 불린다. '유(有)-무(無)' 범주는 『노자』에서 처음 등장한다. 노자는 "천하의 만물은 유(有)에서 생기고, 유는 무(無)에서 생긴다."고 하면서, 무가 유에 비하여 더욱 근본적인 근원이라 생각하였다. 하안과 왕필은 만물이 무(無)를 근본으로 한다는 노자의 입장을 심화시킨다. 하안과 왕필은 모두 『주역』과 『노자』의 개념을 사용하여 자신들의 세계관을 피력했다. 그들에게 있어 세계에서 가장 근본적인 것은 『주역』에서 말하는 '태극'(太極)과 노자가 말한 '도'(道)다. 왕필은 만물을 생장하게 하는 모체로 '도'(道) 혹은 '무'(無)를 상정하면서 이를 사회적 범주로까지 확대시킨다.

왕필과 하안에게 '무'(無)는 단지 가장 근원적인 위상만을 지닌 것이 아닌 현실 속에서 구체적인 효용가치를 지닌 것이었다. 하안에 의하면 음양(陰陽)은 만물과 함께 세상을 이루고, 현자(賢者)는 어리석은 자들과 함께 세상을 이끈다. 이렇게 하안은 노자 사상을 유학적 세계관에 의해 해석했다. 이런 연장선상에서 왕필은 반드시 하나의 '지극히 적은(지과至寡)' 것이 있어 만물을 통솔해야만 세계에 질서가 생긴다고 생각했다. 왕필에 의하면 전체 우주에는 최고의 본체인 도(道) 또는 무(無)가 있으며, 이와 마찬가지로 사회에서도 지고한 통치자가 일반백성을 이끌고 사회에 질서를 부여해야 한다. 왕필은 다음과 같이 말한다. "천지의 본성은 사람을 귀하게 여기는 것이고, 왕은 사람들 가운데 으뜸이다.[115]

한편 유가를 대표로 하는 기성의 논리에 대해 구체적인 비판이 제기되기도 한다. 공융(孔融; 153~208)은 부자관계를 단순한 정욕의 발산에 의한 결과로 설명하였으며, 모자관계 역시 물건을 항아리 속으로 넣었다가 꺼내면 분리되는 것과 같다고 주장했다. 공융은 공자(孔子)의 20대 손으로 알려져 있는 인물이다. 이러한 형태의 유교에 대한 부정을 하나의 사상 차원으로까지 높인 사람이 바로 혜강(嵇康; 224?~263?)이었다. 그는 왕필과 하안과는 달리 유교를 넘어서서 자연에 모든 것을 맡길 것을 주장했다. 혜강 또한 왕필 및 하안과 마찬가지로 사마씨(司馬氏)의 세력이 조위(曹魏)정권을 쟁취하려는 시기에 활동하였다. 혜강은 완적(阮籍)·산도(山濤)·유영(劉伶)·완함(阮咸)·향수(向秀)·왕융(王戎)과 함께 '죽림칠현(竹林七賢)'이라 불렸는데, 이들 모두는 사마씨의 반대파였다. 그런데 죽림칠현이라는 낭만적인 수식어에는 정치적 헤게모니 다툼에서 밀려난 사람들의 자기 위안이 강하게 내포되어 있다.

유의경(劉義慶)이 지은 『세설신어(世說新語)』는 다음과 같이 말한다. "[혜강을 비롯한 일곱 사람은] 늘 죽림 아래에 모여 자유로이 기분 내키는 대로 술을 마셔 죽림칠현이라 일컬어졌다."[116] 흔히 죽림칠현 하면 세상과 동떨어져서 청담(淸談)을 논하면서 술을 즐기고 현실세계의 난맥상을 마음껏 비웃으며 고결하게 살아간 부류로 인식

---

115 『老子注』「25장」.

116 「任誕」 제23.

된다. 이들의 기이한 행적에 관한 여러 일화들이 지금까지도 전해져 내려오고 있다. 이를테면 유영(劉伶)이 술 마시러 갈 때 종으로 하여금 술병과 함께 삽을 들고 따라 오게 한 것은 '술 먹다 죽으면 그대로 묻으라.'라는 이유 때문이었다는 일화 등이다. 죽림칠현은 일부러 예법(禮法)을 무시하면서 매우 격렬한 주장을 내놓곤 하였다. 예를 들어, 사마씨가 '명교'(名教; 유교 도덕의 가르침)의 중요성을 강조하자 이를 비판하면서 예법(禮法)과 군자(君子)를 바지 속의 서캐로 비유하기도 하였다. 특히 혜강은 공개적으로 탕(湯)·무(武)·주공(周公)·공자(孔子)를 경멸[117]하기도 했다.

그러나 죽림칠현의 '명교'에 대한 공격에는 자신들의 사상적 입장을 순수하게 표현한 것만이 아니라, 자신들의 열악한 정치적 입지에 대한 불만으로부터 비롯된 측면도 있다. 즉, 사마씨의 권세에 밀린 것에 대한 분노와 불만이 크게 작용한 측면도 들여다볼 필요가 있다. 혜강을 제외한 다른 죽림칠현의 멤버들은 그다지 두드러진 이론을 내놓지도 못한다. '죽림칠현'은 사마씨의 압력 밑에서 매우 빨리 분화되어 간다. 혜강은 피살되는 반면에 산도(山濤)는 관직에 오르며 완적(阮籍)의 경우는 사마씨가 황제가 되는 것을 권장하는 문장을 기초하기도 한다. 향수(向秀) 또한 이들과 비슷한 시기에 죽림(竹林)을 떠나 낙양(洛陽)으로 가서 사마씨에게 의탁한다.

왕필의 '귀무론'(貴無論)을 비판하면서 '숭유'(崇有)를 주장한 배위(裵頠)도 빠뜨릴 수 없다. 배위는 『숭유론』에서 관리들이 정사에 소홀히 하는 것을 고상하다고 부르며, 방탕함을 오히려 활달함으로 치부한다고 비판한다. 그는 이렇게 된 원인을 모두 "무(無)를 귀하게 여기고" "유(有)를 천하게 여기는" 무위(無爲)의 이론에서 찾는다.

117 「산도(山濤)에게 보내는 절교서」.

배위는 유(有) 차원을 강조하면서 현실 세계 바깥에 따로 본체를 세우는 입장에 대해 부정적 견해를 밝힌다. 배위에게 '무'(無)란 왕필이 주장하는 바와 같이 사물의 본체가 아니라 단지 '유'(有)가 없어진 것일 따름이다. 배위는 더 나아가 유(有)적 차원들의 의존성을 강조하기도 했다. 각 사물은 모두 다른 사물과 관계를 맺으며 존재하며, 만물이 서로 돕고 의지하는 것이야말로 만물이 발전해가는 근거가 된다는 관점이다. 이로부터 그는 "유(有)를 성취시키는 것은 모두 유(有)다."라는 결론을 끄집어낸다. 배위는 왕필 등의 귀무론이 주장하는 형이상학적 관점에 대하여 나름대로 유물론적 관점을 가지고 대응을 했다고 평가할 수 있겠다.

마지막으로 곽상(郭象)의 사상을 소개하는 것으로 이 절을 마무리할까 한다. 곽상은 '무'를 강조한 왕필의 '귀무'와 '유'를 강조한 배위의 '숭유'를 포괄하는 '독화'(獨化)론을 제시한다. 현학 내에서 가장 상반되었던 두 입장이 통합의 계기를 마련한 것이다. 현학의 중심축은 왕필의 귀무론(貴無論)에서 출발하여 배위(裵頠)의 숭유론(崇有論)을 거쳐 곽상(郭象)의 독화론(獨化論)으로 이어진다는 것이 기본적인 현학의 흐름도다. 곽상의 독화론은 두 가지 의미를 지닌다. 첫째, 천지만물의 생성변화는 자연히 이루어지는 것이라는 시각이다. 이 주장에는 천지만물에 영향을 주는 종교적 의미의 조물주를 인정하지 않는다는 맥락이 들어 있다. 둘째, 천지만물의 생성 변화는 각자 독립적으로 '돌연히' 발생한다는 관점이다. 곽상은 이를 천지만물은 "돌연히 스스로 얻는다"[118], "우뚝하게 스스로 얻는다"[119] 등으로 표현했다. 곽상에 의하면 천지만물의 생성 변화의 밑바탕에는 어떤 원인이나 근거가 있을 수 없다. 곽상에 의하면 유(有)란 독자적으로

118 『莊子注』「天地」.

119 『莊子注』「大宗師」.

각각 돌연히 발생하고 변화하는 고립적 개체로서 어떠한 근원도 없으며 유(有)와 다른 유(有) 사이에는 아무런 관련이 없다. 하지만 이렇게 서로 무관한 개체들이 모인 세계 자체는 완전히 통일적인 질서를 지닌다. 곽상에 따르면 이러한 방식으로 '각기 본성에 족하기'만 하면 저절로 통일적 세계는 구축된다.

동양철학과
문화의
혼종성

06

신유교(新儒敎)와 문화의 혼종성;

'존재'와 '의식'의 분리냐! 혼종이냐!

06

신유교(新儒敎)와 문화의 혼종성; '존재'와 '의식'의 분리냐! 혼종이냐!

유교와 도가, 그리고 불교가 유교를 중심으로 새롭게 교차 합성되어, 성리학이라는 또 하나의 새로운 사유구조가 탄생한다. 성리학자들이 중시하는 수양 방법인 '정좌'(靜坐)는 불교의 '좌선'(坐禪)에서 영향 받은 것이며, 성리학에서 흔히 쓰이는 복초(復初)·만물일체(萬物一體)·무욕(無慾)·무극(無極) 등의 개념은 본래 노장(老莊)에서 볼 수 있는 용어다. 이런 유가철학에 대한 도가 및 불교의 영향은 양명학에서도 극명하게 드러난다. 성리학과 양명학은 명실상부하게 전대의 유학과 다른 새로운 경지를 열었으며, 또한 전대와 다른 양상의 훨씬 세련되고 보다 심층적인 범위에서 여러 사상의 '혼종'을 이루어내었다. 사상들 간의 '혼종' 양상이 기존에는 양적인 팽창에 집중된 경향을 보였다고 한다면, 이 시기의 '혼종' 양상은 질적인 차원에서 도약을 이루어내었다.

1. 새로운 사유의 출발, 송대(宋代) 성리학(性理學)

1) 근대를 예비하는 새로운 '혼종'적 사유; 성리학(性理學)의 등장

신유교(新儒教)는 공맹(孔孟)의 원시유교가 음양오행(陰陽伍行)설 등의 형이상학적 논리로 재무장한 동중서의 유교로 탈바꿈한 이래, 또 한 번의 혁명적인 변화를 겪으면서 다시 탈바꿈한 문자 그대로 새로운 유학이다. 신유교의 대표로는 성리학(=주자학朱子學)과 양명학(陽明學)을 들 수 있다. 후한 말기에 전래한 불교와, 노장사상(老莊思想)에 바탕을 둔 현학이 육조시대에 융성하여 서로 경쟁하는 가운데, 유교는 침체기에 접어든다. 하지만 당나라 때에 접어들자 한유(韓愈)가 유교의 도통을 밝히고 숭유척불(崇儒斥佛)의 기치를 들면서 반전의 계기를 마련한다. 이후 북송(北宋)에 이르러 주돈이(周敦頤)·정호(程顥)·정이(程頤) 등이 나와 과거 훈고에만 치중하던 유교를 형이상학적인 면에서 다루어 크게 부흥시켰고, 이어서 남송(南宋)의 주희(朱熹)는 이들 학설을 집대성하여 주자학, 즉 성리학을 확립시키게 된다.

성리학은 도가/도교와 불교로부터 깊은 영향을 받았다. 특히 성리학은 양(陽)으로는 유학이고 음(陰)으로는 불교라는 소리를 들을 정도로 불교와 밀접한 관계를 가지고 있었다. 몇 가지 사례를 들어보자. 당나라 말기의 유학자로 성리학 이념의 이론적 토대를 세운 이고(李翺; 774~836)는 『복성서(復性書)』에서 '성'(性)의 고요하고 맑은 상태를 회복할 것을 강조했다. 여기서 '성'은 불교의 '진여'(眞如; 모든 현상의 있는 그대로의 참 모습)나 천태종(天台宗)의 지관(止觀)법과 비슷하다. '지관'이란 몽매함을 깨우치는 명(明)과 마음의 흔들림을 바로잡는 정(靜)을 통해 만물의 참모습으로 돌아가는 것을 의미한다. 그리고 주희의 핵심 주장인 '이일분수'(理一分殊; 보편적인 리理가 만물 각각에 구현되어 있음)도 "하나인 달이 무수한 강물 위에 비치어, 헤아릴 수 없이 많은 것처럼 보이지만 원래의 달이 쪼개진 것은 아니다."라는 불교 경전 『화엄경』의 비유와 문맥이 통한다. 성리학의 형이상학적 사변을 드러내는 대표적인 개념인 '리'(理)는 원래 불교 진영에서 주로 사용하던 용어였다. 불교 문헌에서 리(理)는 주로 사(事)와 짝을 이루어 사용되는 개념으로, 리(理)는 평등한 본체·현상계의 본질·참된 실재 등을 뜻하고, 사(事)는 상대적인 차별현상·현상계·모든 현상 등을 의미한다. 불교의 '리(理)-사(事)'는 성리학의 개념인 '리(理)-기(氣)'에 대응된다. 성리학자들이 중시하는 수양 방법인 '정좌'(靜坐)도 불교의 '좌선'(坐禪)에서 영향 받은 것이다.

또한 성리학은 도가(道家)로부터도 짙은 영향을 받았다. 성리학의 핵심 개념들인 복초(復初; 원시 자연 상태로 돌아감), 만물일체(萬物一體), 무욕(無慾), 무극(無極), 허(虛), 정(靜) 등은 본래 노장 사상에서 사용되던 용어다.

성리학이 자리 잡은 이후 본격적으로 등장하게 되는 새로운 지배계층인 사대부(士大夫)는 이전과는 다른 성격의 지배층이었다. 사대부란 당대(唐代)의 과거제도의 확립과 함께 일어나 송대(宋代)에 이르러 확고부동한 세력으로 자리 잡게 된 독특한 지배계급이었다. 사대부는 지식인 계급으로서, 경제적으로 보면 대체로 지주였다. 한대(漢代)를 이끌었던 세력은 호족세력이었다. 이어 위진남북조시대는 귀족의 시대였다. 호족이나 귀족이나 모두 지식보다는 가문을 중시했다. 이와 비교할 때 사대부는 선명한 특징을 보인다. 사대부는 출생을 원리로 하는 폐쇄적인 신분이 아니라 능력을 원리로 하는 개방적인 계층이었다. 그 능력이란 유교경전을 이해하는 교양을 가리킨다.

송나라 이전에는 『역경(易經)』·『서경(書經)』·『시경(詩經)』·『예기(禮記)』·『춘추(春秋)』, 즉 오경(伍經)을 교재로 했으며, 여기에 덧붙여 『논어(論語)』와 『맹자(孟子)』를 중시했다. 하지만 송대에 와서 주희에 의해 『대학(大學)』과 『중용(中庸)』이 새롭게 편입된다. 이른바 『논어(論語)』, 『맹자(孟子)』, 『대학(大學)』, 『중용(中庸)』이라는 사서(四書) 개념이 확립된 것이다. 이후 유교 사상은 오경 중심에서 사서 중심으로 바뀌게 된다. 주희가 성리학을 집대성한 이후 역대 중국 왕조는 학교 교육과 과거시험에서 주희가 정식화한 사서를 기본 교재로 삼게 된다. 이렇듯 주희는 성리학의 태두이지만, 주희 이전에 주희에게 영향을 끼친 학자들이 여럿 있었다. 이 가운데 몇 명만 간단하게 추려보자.

2) 성리학 체계의 출발, 주돈이(周敦頤)

성리학 논리는 주돈이(周敦頤; 1017~1073)의 『태극도설(太極圖說)』로부터 시작한다. 『태극도설』은 송나라 초의 도사[120] 진단(陳摶)의 〈무극도〉를 보고 주돈이가 착안해 작성한 것이다. 『태극도설』에는 무극(無極)·태극(太極)·중정(中正)이라는 세 가지의 중요한 개념이 나온다. 태극은 『역경』「계사전」의 "역(易)에는 태극이 있고, 태극은 양의[음양]를 낳는다."는 말에서 유래한 용어다. 그리고 무극은 『노자』「28장」에 나오는 말이다. 또한 중정은 『역경』에서도 자주 등장하며, 『중용』에서 말하는 중화(中和; 중용의 경지에 다다른 상태)와 맥락이 닿는다. 요컨대 주돈이의 『태극도설』은 유가와 도가의

120 도교(도가 사상이 종교화 한 것)의 출가 수행자를 뜻한다.

혼종 텍스트다.

주돈이는『태극도설』첫머리에서 "무극(無極)이면서 태극(無極)"이라고 말한다. 주희의 설명에 따르면 태극이 공간적인 제약을 지니지 않고, 물리적인 형태를 지니지도 않으며, 특정 장소에 있는 것이 아니라는 사실을 강조하기 위해 무극이라는 개념이 사용되었다.『태극도설』은 '태극'(太極)에서 '음양'(陰陽)으로, '음양'에서 '목(木)-화(火)-토(土)-금(金)-수(水)'의 오행(伍行)으로, 오행에서 사물로 이어지는 성리학의 우주론과 존재론의 기초를 세운다. 또 주돈이는 이어서 음양이라는 두 기(氣)가 교감하여 만물이 생성되는 중에 사람이 가장 빼어난 기를 받아 생겨남으로써 가장 영험한 존재가 되었다고 말한다.

『태극도설』은 우주의 생성 변화와 인간의 윤리 도덕을 '혼종'의 관계로 일치시켰다. 유가에서 우주의 생성 변화와 인간의 윤리 도덕 사이의 '혼종'은 동중서의 유학이후 계속 발전되어 성리학에 이르러 정점을 찍게 된다. 자연의 세계와 도덕적인 당위의 세계를 하나로 합쳐, 자연과 인문을 총체적·혼종적으로 바라보는 것은 성리학의 가장 기본적인 논리다.『태극도설』이 성리학의 핵심 텍스트가 된 것은 주희가 태극을 리(理)와 동일시하면서『태극도설』을 중시하였기 때문이다. 매우 난해하기는 하지만『태극도설』전문을 본문에서 직접 소개해 본다.

> 무극(無極)이 태극(太極)이다. 태극이 동(動)하여 양(陽)을 낳고, 동(動)이 지극하면 정(靜)하게 되고, 정함이 음(陰)을 낳으며, 정(靜)이 극에 이르면 동(動)으로 돌아간다. 동(動)과 정(靜)이 서로 뿌리가 되고, 음(陰)과 양(陽)이 나뉘어 양의(兩儀)가 선다. 양이 변하고 음이 합하여, 수화목금토(水火木金土; 오행五行)를 낳고, 다섯 기(氣)가 고르게 펼쳐지니, 춘하추동 사시의 계절이 운행된

다. 오행(五行)은 하나의 음양(陰陽)이고, 음양은 바로 하나의 태극(太極)이며, 태극은 본래 무극(無極)이다. 오행이 생겨남이 있어 저마다 하나의 성(性)을 갖춘다. 무극의 진리와 음양오행의 정수가 묘하게 합하여서 응결되니, 건도(乾道)는 남성을 이루고, 곤도(坤道)는 여성을 이룬다. 둘인 음양의 기운이 서로 교감하여 만물을 화(和)하고 생겨나게 하니, 만물이 생생(生生)하여 그 변화가 무궁하다. 오로지 사람만이 만물의 영장이니, 형체가 이미 나오자 정신이 지각을 발하며, 오성(五性)이 감동하여 선악의 구별을 하게 되므로, 삼라만상이 나오게 되었다. 성인(聖人)이 중정(中正)과 인의(仁義)로서 정하니, 고요함을 주로 하여 사람의 지극함을 세웠다. 그러므로 성인이 천지(天地)의 그 덕(德)을 합하고 일월(日月)의 밝음을 합일하니, 춘하추동의 순서를 합하여 귀신이 그 길흉에 합일한다. 군자(君子)가 이것을 닦으면 길하고, 소인(小人)이 이를 어기면 흉하다. 그러므로 천(天)의 도리를 세워 음양이라 말하고, 지(地)의 도리를 세워 부드러움과 강함이라 하며, 사람의 도리를 세워 인(仁)과 의(義)라 하니, 또한 이르기를 '시작에 근원하여 끝으로 돌아간다. 그러므로 삶과 죽음의 이야기를 안다'고 하였으니, 참으로 역(易)은 위대하고도 지극하다.[121]

---

121 無極而太極. 太極動而生陽, 動極而靜, 靜而生陰, 靜極復動. 一動一靜, 互爲其根, 分陰分陽, 兩儀立焉. 陽變陰合, 而生水火木金土, 五氣順布, 四時行焉. 五行一陰陽也, 陰陽一太極也, 太極本無極也. 五行之生也, 各一其性. 無極之眞二五之精, 妙合而凝, 乾道成男, 坤道成女, 二氣交感, 化生萬物, 萬物生生, 易變化無窮焉. 惟人也, 得其秀而最靈, 形旣生矣, 神發知矣, 五性感動而善惡分, 萬主出矣. 聖人定之以中正仁義, 而主靜立人極焉. 故聖人與天地合其德, 日月合其明, 四時合其序, 鬼神合其吉凶. 君子修之吉, 小人悖之凶. 故曰, 立天之道曰陰與陽, 立地之道曰柔與剛, 立人之道曰仁與義, 又曰, 原始反終, 故知死生之說. 大哉易也, 斯其至矣.

3) 장재(張載)의 기(氣) 사상

기본적으로 중국철학에서 기(氣)라는 개념은 사물을 구성하는 물질적 근원·생명력·활동력의 근원 등의 의미로 새길 수 있다. 특히 기는 도가 사상에서도 핵심 개념 가운데 하나다. 장재(張載; 1020~1077)는 만물의 근원을 '태허'(太虛)라고 했다. 그는 이 태허로부터 분산된 기가 음양에 따른 동(動)과 정(靜)의 활동을 통해 응집되어 사물을 형성한다고 생각했다. 기가 흩어지게 되면 사물은 모양을 잃고 다시 태허로 돌아간다. 물이 엉기어 얼음이 되었다가 녹는 것처럼 사람이 죽으면 그 몸이 흩어져 태허로 돌아간다. 모양을 갖추기 이전의 기가 '태허'라면, 수렴되고 확산되며 분화하는 작용으로서의 기는 '태화'(太和)다. 그리고 그러한 여러 작용의 법칙은 리(理)라고 불린다. 이는 나중에 성리학의 우주론 및 생성론[존재론]의 기본 골격이 된다. 장재는 '모든 사람들은 나의 동포' 혹은 '우주적 가족주의'라는 이상을 품었다. 그는 『서명(西銘)』에서 다음과 같이 말한다.

> 하늘을 아버지라고 부르고 땅을 어머니라고 부르니, 우리 모두는 하늘과 땅 사이에 서로 섞여 있는 미미한 존재들이다. 천지(天地)의 기(氣)가 나의 몸체를 이루고, 천지의 근원이 나의 본성이 된다. 따라서 사람들은 모두 한 뱃속 형제이며, 만물은 나의 친구다. 나이 많은 어른을 모실 때는 자기 어른을 모시듯이 모시고, 약하고 외로운 사람을 돌볼 때는 자기 아이를 사랑하듯이 사랑하라. 살아 있는 동안 나는 하늘과 땅을 부모처럼 섬기고, 죽을 때는 편안이 그 안에 안기리라!

그가 『서명』에서 말한 '모든 사람들은 나의 동포'라는 입장은 모든 인간이 공통적으로 똑같은 '기'(氣)를 공유하고 있기 때문에 평등하다는 점을 밝힌 것으로, 이 관점은 앞으로 언급하게 될 하심은(何心隱)에게서도 발견된다.

4) 형제 유학자, 정이(程頤)와 정호(程顥)

정이(程頤)와 정호(程顥)는 형제 사이이다. 정호(程顥; 정명도程明道; 1032~1085)가 형이고 정이(程頤; 정이천程伊川; 1033~1107)가 동생이다. 앞서 언급한 장재가 기(氣) 중심의 사유를 펼쳐 나갔다면, 정호와 정이는 모두 '리'(理)를 강조했다. 정호와 정이의 '리'개념은 장재의 '기'가 구체적인 성격을 지닌 데 비하여 추상적이다. '리'는 '기'가 모여 이루어진 사물에 내재되어 있는 관념적인 성격을 지니며, '기'와 같이 실체성을 가지고 있는 것은 아니다.

정호와 정이가 비록 형제 사이이긴 하지만 사상적으로 미묘한 차이점이 있었다. 정호는 인간의 본성 그 자체는 선과 악의 구별이 없다고 생각했다. 이에 비해 정이는 성선설의 입장을 취한다. 정이에 의하면 우주의 보편적인 원리로서의 리(理)는 선하고 순수하다. 그리고 인간은 이 보편적인 리를 부여받고 태어난다. 단지 기(氣)의 맑고 탁함에 따라 선하거나 선하지 못한 구별이 있게 되는 것인데, 인간은 기질을 변화시켜 본래의 선한 성품이 드러나도록[복성復性] 공부를 해야만 한다. 공부의 구체적인 방법은 마음을 고요하게 하고 늘 반성하는 '경'(敬)과 차분하게 사물을 연구해 나가 참된 이치를 깨닫는 '치지'(致知)다. 한편 정호는 차근차근 이치를 깨달아 나가는 방법보다는 한꺼번에 깨닫는 것을 선호했다. 정호는 하나의 사물에 대해 그 리(理)를 연구해 나가는 방법보다는, 만물이 이미 내 내면에 모두 갖추어져 있다는 믿음을 바탕으로, 이 갖추어진 마음을 밝히는 것만으로 만물의 리(理)가 저절로 드러날 것이라고 생각했다. 이러한 정호의 방법은 성리학보다는 심학의 방법에 가까운 것이었다.

정이의 사상은 주희의 이기이원론(理氣二元論) 형성에 결정적 영향을 주었다. 한편 정호의 학문 방법은 심학에 일정 부분 영향을 끼친 것으로 평가된다.

5) 성리학의 집대성자 주희(朱熹); '혼종'의 질적 도약

성리학은 남송(南宋) 때의 인물 주희(朱熹; 1130-1200)에 의하여 집대성된다. 주희는 흔히 주자(朱子)로 높여 부른다. 주희의 출현은 성리학 혹은 주자학이 영향을 미치는 곳이 단순히 중국에만 머물지 않았다는 점에서 동아시아적인 사건이다. 주희 이후의 중국 유학은 주희가 제시한 틀로부터 크게 벗어나지 못했다 해도 과언이 아니었다. 이러한 사정은 한국의 유학도 마찬가지이다.

주희 철학의 핵심 개념은 기(氣)와 리(理)다. 주희에 의하면 모든 존재는 기(氣)에 의해 구성되며, 이 기는 끊임없이 운동을 한다. 운동의 정도가 클 때에 그것을 양(陽)이라고 하고, 고요함의 상태에 있을 때 음(陰)이라고 한다. 그러나 양의 기와 음의 기가 별도로 존재하는 것이 아니라 상황에 따라 양의 기 혹은 음의 기가 되는 것이다. 그리고 기는 일기(一氣)→음양(陰陽)→오행(伍行)으로 분화한다. 오행이 다시 다양하게 짝을 이루게 되면 만물이 생겨난다. 그리고 기가 응집하고 조합되는 양상에 따라 그 사물의 성격이 결정된다. 예컨대 목기(木氣)가 우세한 사람은 애정이 깊고, 화기(火氣)가 우세한 사람은 예의가 바른 성격이 된다.

주희는 세계의 생성과정을 기의 운동으로 설명한다. 음양의 기(氣)는 회전운동을 계속하는데, 회전이 급속하게 되면 각 부분의 마찰에 의하여 안쪽에 많은 찌꺼기가 생긴다. 그 찌꺼기는 나갈 곳이 없기 때문에 회전의 가운데 부분에 퇴적하여 땅을 형성한다. 땅은 중앙에 있으면서 움직이지 않고 그 바깥쪽에서 정교한 기가 회전운동을 한다. 하늘이 격렬하게 회전하고 있기 때문에 땅은 떨어지지 않고 있을 수가 있는 것이다. 주희는 또 말한다. "…천지(天地)가 아직 형성되지 않은 처음에는 아마도 수(水), 화(火)가 가장 우세했을 것이다. 그 수(水)의 앙금이 땅이 된 것이다. 오늘날 높은 곳에 올라가 산들을 둘러보면 물결의 모습을 하고 있는데, 그 이유는 먼 옛날에 수(水)였기 때문이다."[122]

사람은 기의 응집에 의해 생겨나고 기의 흩어짐에 따라 죽는다. 다만 사람의 기는 다른 존재들과 비교할 때 맑고 치우치지 않을 뿐이다. 죽음이란 인체를 구성하고 있던 기가 본래의 기의 바다로 돌아가는 것일 뿐이다.

주희사상에서 또 하나의 핵심 개념은 리(理)이다. 리(理)라는 글자는 본래 옥(玉)의 표면에 있는 결을 의미한다고 하지만, 고전에서는 정치적인 의미에서 '다스린다'는 의미로 사용된 예가 많다. 유교 경전에서 리(理)자는 체계적으로 사용되었다고 보기 어렵다. 본래 리(理)라는 용어는 불교에서 즐겨 사용하는 개념이었다. 예컨대 화엄(華嚴) 사상에서 리(理)와 사(事)의 범주가 바로 그것이다. 이미 앞에서도 언급한 바와 같이 불교에서 리(理)는 참된 실재이고 사(事)는 차별적인 현상계를 의미한다. 불교의 '리(理)-사(事)'는 성리학의 개념인 '리(理)-기(氣)'에 대응된다.

모든 존재는 단순히 있는 것이 아니라 '있어야 할' 모습으로 있는 것이다. 이것이 바로 리(理)의 차원이다. "천하의 사물은 반드시 각각 그런 까닭과 그 당연히 그러해야 할 법칙이 있는데, 바로 이것이

---

122 『朱子語類』 권1.

이른바 리(理)인 것이다."[123] 천지만물을 포괄하는 '리'의 총체적인 명칭은 '태극'(太極)으로 불린다. 태극(太極)이란 모든 리(理)를 관장하는 궁극적인 리다. 주희는 말한다.

> 하나의 태극만이 있는데 이것이 만물의 각각에 품수(稟受)되었다. 또 각 만물은 모두 하나의 태극을 공유하고 있다. 그것은 마치 하늘에 있는 달과 같다. 하나뿐인 달이 강과 호수에 반사되어 가는 곳마다 보이지만, 달이 나누어졌다고 말할 수 없는 것과 같다.[124]

여기서 하나뿐인 달은 태극(太極)이자 천리(天理)를 가리키며, 강에 반사된 달은 각각의 리(理)를 뜻한다. 이런 비유법도 불교로부터 받은 영향이다. 이렇듯 주희에게 리 개념은 부분과 전체를 다 반영한다. 리는 인간의 내부에 있는 리[성(性)]임과 동시에 인간의 외부에 있는 천지자연의 리, 즉 천리다. 이렇듯 인간 개체의 리와 자연의 리는 연속되어 있다.

기본적으로 주희는 리(理)가 기보다 먼저인지 기(氣)가 리보다 먼저인지 확정짓기는 어렵다고 보았다. 하지만 결국 리(理) 차원에 무게중심을 두었다. 주희는 어떤 곳에서 인간을 포함한 모든 존재의 리는 심장 속의 빈 곳에 있다고 말하기도 한다. 주희에게 리는 만물의 존재 근거다.

> 천지(天地)가 생성되기도 전에 리(理)가 있었다. 이 리가 있었기에 바로 천지가 생성될 수 있었다.[125]

---

123 『大學或問』.

124 『朱子語類』, 권94.

125 『朱子語類』 권1.

리가 사물의 존재 근거라는 뜻이다. 예컨대 인간이 배와 자동차를 만들기 이전에도 이미 배와 자동차의 리는 존재했다. 즉, 주희의 관점을 쫓아가 보면, 배와 자동차는 발명된 것이 아니라 배와 자동차의 리를 인간이 발견한 것에 불과하다.

주희는 리와 기의 관계를 다음과 같이 비유했다.

> 리(理)가 기(氣) 안에 있는 것은, 예를 들면 맑은 구슬 한 알이 물속에 있는 것과 같다. 리가 맑은 기 안에 있는 모습은 구슬이 맑은 물 가운데 있어서 구석구석까지 비추고 있는 것과 같고, 리가 탁한 기 안에 있는 모습은 구슬이 탁한 물 가운데 있어서 밖에서는 그 빛이 보이지 않는 것과 같다.[126]

리와 기의 관계를 한 마디로 정리해 보자면, 리는 우주에 퍼져있는 모든 사물들이 그러하게 존재하게끔 하게 하는 근본적인 이치이며, 기는 그러한 이치를 바탕으로 삼아 형태를 이루게끔 하는 요소를 가리킨다. 이는 서양철학의 개념을 끌어와 이해하면 도움이 될 수 있다. 리(理)는 서양철학에서 말하는 '형상'에 가까우며, 기(氣)는 '질료'에 가깝다고 일단 이해해 보자. 같은 돌[질료]이라도 그것을 통해 석상을 만들 때 동물의 석상과 인간의 석상은 형상이 다르기에 다른 의미를 띠게 될 것이다.

계속해서 주희는 말한다.

> 리(理)란 형이상(形而上)의 도(道)이며, 만물을 생성하는 근본이다. 기(氣)란 형이하(形而下)의 사물이며 만물을 생성하는 재료이다.[127]

126 『朱子語類』, 권4.

127 『答黃道夫書文集』.

주희에게 있어 리의 위상은 기보다 높게 상정되어 있다고 볼 수 있다. 주희는 유가 예교(禮教)의 윤리 덕목을 '천리'(天理)라고 규정하고 인간의 물질적인 욕망을 '인욕'(人欲)으로 단정한다.

> 천리(天理)를 보존하고 인욕(人欲)을 제거해야만 한다(존천리, 멸인욕存天理, 滅人欲).[128]

주희에 의하면 인간의 마음은 천리(天理)와 인간의 욕망이 엇갈려 싸우고 있는 전쟁터다. 기질지성(氣質之性; 선할 수도 있고 악할 수도 있는 후천적인 본성)을 버리고 본연지성(本然之性; 선천적으로 타고난 선한 도덕적 본성)으로 돌아가는 것은 욕망을 없애고 천리(天理)를 회복해야만 가능하다. 주희는 인간의 등급과 명분(名分)도 선천적으로 정해진 '예'(禮)의 구현이라고 보았다. 사회적 등급은 원래부터 '자연적'으로 정해져 있다. "어떠한 사물이 있기 전에 이미 그 리가 존재하므로", "군신(君臣)이 있기 전에 이미 군신의 리가 존재했고, 부자(父子)가 있기 전에 이미 부자의 리가 존재했다." 어떤 누군가가 군주가 될 수 있었던 이유는 그에게 군주의 리가 있었기 때문이다. 이런 측면에서 보면 주희의 리 개념에는 일정부분 위와 아래를 확실히 나누는 등급 논리가 들어있다.

그런데 만약 우리가 모든 사물을 기(氣)로만 설명한다면 어떤 일이 발생할까? 비록 리가 달라 누군가는 군주가 되고 누군가는 신하가 되었지만, 이 군주와 신하는 모두 같은 기를 가지고 있다. 군주와 신하로 차이가 나게 된 이유는 이 양자의 리가 다르기 때문이다. 그런데 여기서 리 개념을 완전히 무시하고 기 개념으로만 설명하

128 『朱子語類』 권12.

게 되면 어떤 일이 발생할지 생각해 보자. 아마도 모든 사물은 평등하다는 결론에 이르게 될 것이다. 군주나 신하나 백성이나 똑같이 기로 이루어져 있기 때문이다. 바로 이러한 이유로 중국의 지성사에서 기 개념만을 강조한 유가들은 매우 진보적인 성향을 띠었으며 때로는 이단으로 비판받기도 했다. 이러한 사정은 조선도 마찬가지였다.

지금까지 살펴본 내용으로만 평가해보면 주희는 얼핏 전통적인 예 담론과 사회의 주류 세력만을 위한 논리를 제공한 것으로 보이기도 한다. 하지만 주희는 다음과 같은 혁명설을 주창하기도 했다.

> 주(周)나라는 도(道)를 잃어버렸으므로 점차로 미약하게 되어 멸망의 위기에 놓이게 되었다. … 성인의 마음은 천(天)과 같아서 '적'(適; 편애함)도 없고 '막'(莫; 싫어함)도 없다. 쇠약해져서 이미 명백히 다해버린 주나라를 정성껏 지켜서 인민들로 하여금 앉아서 그 화를 끝없이 입게 만들어서 어찌하려는가?[129]

우리는 주희의 사상으로부터 근대적인 맥락을 추출해 볼 수도 있다. 주희는 학문의 방법론으로 '경'(敬)과 '격물치지'(格物致知)를 중시했다. 경(敬)은 마음을 오직 한곳에 집중시킨 상태로 계속 유지하여 '본연지성'(本然之性)을 지키는 마음 자세를 말한다. 이는 우리 조선시대에서 퇴계 이황 선생이 특별히 중시한 방법이기도 하다. 주희는 '격물치지'(格物致知)를 "사물의 이치를 그 궁극적인 데까지 탐구하여 지극한 앎에 이른다."로 해석했다. 다음은 주희가 '격물치지'에 대해 보충해서 설명을 한 유명한 '격물보전'(格物補傳)이다.

129 『朱子文集』 73.

> 치지(致知)는 격물(格物)에 있다는 것은 나의 앎을 다하려고 생각한다면 사물에 입각해 그 [사물의] 이치를 궁구하지 않으면 안 된다는 의미이다. … 학문하는 사람으로 하여금 천하의 모든 사물에 근거하여 이미 알고 있는 이치를 실마리로 하여 계속 궁구해가서 마침내는 지극한 데에까지 이르도록 노력하게 한다는 것이 『대학(大學)』에서 말하고자 하는 가르침의 시작인 것이다. 오랫동안 노력하고 있는 동안에 어느새 활연히 툭 터져 관통(활연관통; 豁然貫通)하게 되면 모든 사물의 안과 밖, 정밀함과 거침이 모두 파악되어 내 마음의 전체(全體; 본래 완전한 본질), 대용(大用; 위대한 작용)이 모두 명백하게 된다. 이것이 사물에 이르렀다, 그리고 앎이 지극해졌다는 말이 지니고 있는 의미이다.

격물치지에 대한 주희의 이러한 해석은 연역법과 귀납법이라는 두 학문의 방법 가운데 귀납법에 해당한다. 귀납법이란 개별적인 특수한 사실이나 원리로부터 그러한 사례들이 포함되는 좀 더 확장된 일반적 명제를 이끌어내는 방법을 말한다. 실험을 중시하는 과학 분야에서 주로 사용하는 방법이다. 연역법은 귀납법과는 거꾸로 보편적인 원리를 먼저 상정해 놓고 그에 부합하는 개별적인 사례들을 찾아나가는 방법이다. 주로 '합리론'적인 철학 분야에서 사용하는 방법이다. 주희의 격물치지는 이 두 방법 가운데 과학적인 사고에 가깝다.

우리는 주희의 사상으로부터 또 한 가지의 근대적인 맥락을 뽑아낼 수 있다. 어찌 보면 이것은 사상사적인 면에서 가장 중요한 주희의 업적일지도 모른다. 주희는 윤리도덕의 범주에 가까운 '리'(理)와 물질적인 범주에 가까운 '기'(氣)를 나누었으며, 마찬가지 맥락에서 '심'(心; 정신적인 차원)과 '물'(物; 물질적인 차원)을 분명히 나누었다. 여기서 심은 '의식'이며 물은 '존재'라고 볼 수도 있다. 서양에서 근대철학의 시작은 정신과 물질, 혹은 존재와 사유를 분명히 나누었던 데카르트(Descartes; 1596~1650)로부터 잡는다.[130] 데카르트의 주장과 비슷하게 보이는 주희의 이분법적 사유는 데카르트의 경우보다 400여년이나 앞선 것이었다.

2. 성리학(性理學)의 탈바꿈, 심학(心學; 양명학陽明學)의 논리

1) 심학(心學)의 집대성자, 왕양명(王陽明)

심학(心學)은 주희(朱熹)와 비슷한 시기에 살았던 육구연(陸九淵; 1139~1193)에 의해서 시작되었다. 주희가 경서 연구를 매우 중시한 데 비해, 육구연은 경서 연구보다는 마음을 수양하는 데 중점을 두

---

130 데카르트가 정식화한 가장 유명한 명제는 코기토(Cogito), 즉 "나는 '생각'한다. 그러므로 나는 '존재'한다."다. 데카르트는 모든 것을 의심하고 회의하고자 했다. 하지만 아무리 의심을 극한에까지 진행하더라도 한 가지 사실만은 자명하다. 내가 지금 '의심'[생각]하고 있다는 사실 그 자체다. 따라서 "나는 생각한다[의심한다]. 그러므로 나는 존재한다." 데카르트는 이 결론으로부터 '사유[정신]'와 '연장(延長)[육체]'를 2분법으로 분명하게 구분했다. 연장은 구체적인 부피와 같은 공간을 차지하는 실체를 말하고, 사유는 연장과 달리 부피와 같은 것이 없는 실체를 말한다. 데카르트는 인간을 연장과 사유가 함께 있는 것으로 보았다. 하지만 동물을 비롯한 인간 이외의 자연 대상은 연장할 수 있는 존재이기는 하지만 사유는 하지 못한다. 사유는 오직 인간만의 전유물이라는 생각이다. 데카르트에게 '생각하는 나'인 인간이라는 주체는 자연의 다른 생물과는 다르게 사고하는 힘이 있으며, 그것을 이용해 자연세계를 지배하는 힘을 갖고 있다. 반면 대상으로서 자연세계는 조용히 주체의 처분만 기다리고 있는 수동적인 대상이다. 데카르트는 인간을 중심에 놓음으로써 자연을 완벽하게 지배하려는 기도로 나가는 길을 열어 놓았다. 인식의 주체와 객체, 인간과 자연을 분리하는 이러한 데카르트적 합리성은 과학기술의 놀라운 발달이라는 개가를 올린다. 그리고 그 출발은 정신적인 차원과 물질적인 차원의 철저한 2분법이다.

었다. 주희와 육구연은 서로의 학문적 입장 차이를 두고 논쟁을 벌이기도 했는데, 이 두 사람의 논쟁은 이후 유학이 성리학과 심학으로 갈라지게 된 하나의 계기가 된다. 비록 주희와 육구연이 학문적인 경쟁 상대이기는 했지만, 두 사람은 서로를 인간적으로 존경했다.

육구연의 사상은 다음의 한 구절로 집약할 수 있다.

> 우주는 곧 나의 마음이고, 내 마음은 곧 우주이다.[131]

필자는 육구연의 이 언급을 접할 때마다 고대 그리스의 델포이의 아폴로 신전 전면에 새겨져 있었다는 다음의 글귀가 떠오른다. 이 글귀는 소크라테스도 인용했다.

> 너 자신을 알라. 그러면 너는 신들과 우주의 모든 비밀들을 알게 될 것이다.

육구연은 위의 인용문과도 같이 모든 수수께끼의 해답은 결국 내 마음 속에 있다고 생각한 것처럼 보인다. 주희가 인간의 본성은 인간에게 부여된 보편적인 리(理)라고 생각한 반면에, 육구연은 인간의 마음이야말로 보편적인 리(理)라고 보았다. 심학은 육구연이 첫발을 디딘 이래 여러 학자들을 거쳐 발전해 오다가 명대(明代) 중기 인물인 왕양명(王陽明; 1472-1528)에 의해 확실하게 본궤도에 오르게 된다. 심학을 양명학(陽明學)이라고도 부르는 이유는 심학이 성리학과 쌍벽을 이룰 수 있을 정도로 발전된 것이 왕양명에 의해서이기 때문이다.

131 『象山全集』 권33.

왕양명은 35세 때에 당시 최고 권력가인 환관 유근(劉瑾)에 대한 반대운동에 참가했다가 투옥된다. 이후 멀리 귀주성(貴州省) 용장역(龍場驛)의 역승(驛丞)에 임명되었는데, 이는 유배나 다름없는 것이었다. 용장은 귀주성에서도 서북쪽에 치우친 요족 등 소수민족지대였고 미개척의 산지로 언어가 통하는 사람들은 도망쳐온 죄인들 밖에 없었다. 이곳에서 생활하면서 왕양명은 석실을 만들어 그 안에서 정좌하고 명상하면서 자기 철학을 만들어 나간다.

왕양명은 성리학에서 가장 중요한 개념인 리(理)의 차원을 마음[심心]의 차원으로 전환시킨다.

> 심(心)은 곧 리(理)일 뿐이다. 세상에 다시 마음 외의 일이 있고, 마음 외의 이치가 있겠는가?[132]

왕양명은 마음[심(心)]을 우주만물의 근원으로 보면서, 심과 리를 완전히 합일시킨다. 주희의 사상은 기본적으로 리(理)와 기(氣)를 나누는 이원론이다. 주희에 의하면 리는 맑고 순수하지만 기는 맑을 수도 있고 탁할 수도 있다. 따라서 사람의 마음은 리(理)의 순수성을 잃을 가능성이 있다. 이런 위험성으로부터 벗어나기 위해 인간은 각종 욕망을 제어하고 사물의 리(理)를 궁구하면서 고요하게 도덕심을 함양해야만 한다. 하지만 왕양명에게 리(理)는 단지 기(氣)에 갖추어져 있는 이치에 불과하다. 기 밖에 따로 리가 존재하는 것도 아니며, 사실상 리와 기는 같은 차원에 대한 다른 이름일 뿐이라고 생각했다. 그렇다면 사람의 마음을 순수한 리의 차원과 여러 요소가 섞여 있는 기의 차원으로 구분할 수는 없다. 마음은 온전히 하나의

132 『傳習錄』 上, 「徐愛錄」 3조목.

마음일 뿐이다. 요컨대 왕양명은 모든 차원을 하나의 마음[심(心)]으로 수렴시키면서 주희의 이원론을 일원론으로 개조하였다.

이러한 왕양명의 '마음'에 대한 이해는 '양지'(良知)로부터 출발한다. 그에 따르면, 사물에 대한 최초의 반응에서 우리는 자연스럽게 옳은 것은 옳고 그른 것은 그르다는 사실을 안다. 이렇게 아는 것은 우리가 타고 날 때부터 가진 본성이다. 이 본성이 바로 '양지'이며, 모든 자연 대상은 양지를 가지고 있다. 양지란 곧 태어날 때부터 갖추어진 근원적인 앎의 능력을 뜻한다.

> 시비를 분별하는 마음은 생각하지 않고서도 알 수 있고, 배우지 않고도 능히 할 수 있는 것, 곧 '양지'(良知)이다. 양지는 성인과 어리석은 사람, 과거와 현재를 불문하고 동일하다.[133]

왕양명은 '양지'를 길러서 온전하게 발휘하는 것, 즉 '치양지'(致良知)를 자기 학문의 핵심으로 삼았다. 양지를 기르는 노력은 유교 경전을 열심히 공부하거나 외면적인 예(禮)를 익히는 데 있지 않다. 자기 내면에 이미 잠재되어 있는 근원적인 앎의 능력을 밖으로 표출시켜야만 한다. 도덕적인 마음도 배우는 것이 아니라, 내 속에 선천적으로 내재되어 있는 선한 마음을 깨우는 방식으로 밖으로 드러내는 것이다. 예컨대 부모에 대한 효도는 배워서 아는 것이 아니라 부모를 사랑하는 자연스러운 마음이 자연스럽게 발현된 것이다.

양명학과 성리학의 구별은 학문을 하는 방법론에서 극명하게 드러난다. 특히 '격물치지'(格物致知)에 대한 해석에서 양자는 분명한 차이를 보이고 있다. 앞에서 거론한바와 같이 주희의 '격물치지'에 대한

133 『傳習錄』 中, 「答聶文蔚」 179조목.

해석은 "각각의 사물들을 낱낱이 뜯어 연구하여 하나의 지극한 앎에 이른다."로서 구체적인 사물을 통해 추상적인 차원으로 나아가는 귀납법적 특성을 지닌 것이었다. 이미 평가했듯이 이는 상당히 과학적인 방법이다. 그러나 왕양명에 의하면, '격물치지'는 "우리 마음의 '양지'(良知)를 모든 사물에 이루는 것"이다. 이것은 일종에 연역법이다.

> 내가 말하는 격물치지(格物致知)는 우리 마음의 양지(良知)를 모든 사물에 이르게 하는 것이다. 우리 마음의 양지는 천리(天理)이다. 우리 마음의 양지, 즉 천리를 모든 사물에 이르게 하면 사물이 모두 그 이치를 얻게 된다. 우리 마음의 양지를 바르게 하는 것이 치지이다. 모든 사물이 모두 그 이치를 갖게 되는 것이 격물이다. 즉, 나의 입장은 마음과 이치를 합하여 하나로 하는 것일 뿐이다.[134]

양명학이 '지행합일'(知行合一)의 학문이라고 일컬어지는 것은 이런 점에서 유래하는 것이다. 왕양명의 관점에 따르면, '지'(知; 아는 것)는 곧 '행'(行; 실천)의 시작이며, '행'은 곧 '지'의 완성이다. 즉, '양지'의 의미는 단지 관념적 실체로서 마음속에 '양지'라는 근원적 앎의 능력이 존재한다는 사실을 강조하는 것만으로 그치는 것이 아니다. '양지'는 하나의 실천의 동기로서도 작용한다. '양지'는 또한 왕양명 사상의 독특한 측면이기도 한 '광기'의 의식과도 관련이 있다.

> …이제는 양지(良知)를 믿게 되고 옳은 것을 옳게, 그른 것을 그르게 마음에 비치는 그대로 실천할 뿐 어떤 것을 꾸미고자 하는

134 『傳習錄』 中, 「答顧東橋書」 135조목.

> 마음이 없다. 나는 이제야말로 '광자'의 마음을 가지게 되었다. 세상 사람들이 모두 언행이 일치될 수 없는 쓸데없는 이상이라고 비난해도 좋다.[135]

이런 왕양명의 입장은 향후 '광'(狂; 미쳐버리는 것)이 성인이 되기 위한 진정한 길이라고까지 주장하는 제자들까지 출현하도록 한다. 다음은 왕양명의 수제자 중 하나인 왕용계(王龍溪)의 언급이다.

> 광자(狂者)는 뜻이 너무 높아서 실행이 사실상 따르지 못할지도 모른다. 그러나 어떠한 허식도 없고 아무것도 숨기는 것이 없으며 마음에 있는 그대로 솔직히 행동한다. 만약 잘못을 범하면 고치기만 하면 된다. 이것이야말로 성인의 경지로 들어가기 위한 진정한 출발점이다.[136]

양명학의 성과는 다음과 같이 정리할 수 있다.

첫째, 양명학의 극단적인 내면주의는 기존의 성인(聖人)의 의미를 변화시켰다. 만약 양명학에서 주장하는 바와 같이 양지(良知)가 모든 인간에게 구비되어 있는 것이라면 평범한 인간들도 성인이 될 수 있다는 결론으로 이어진다. 누구나가 다 성인이 될 수 있다는 주장은 인간에 대한 이해의 폭이 확대되고 발전된 것이라고 평가할 수 있겠다. 그리고 모든 사람들이 평등하다고 바라보게 해 줌으로써, 계층 사이의 대립을 해소해 줄 가능성도 내포하게 되었다. 모든 사람이 양지를 가지고 있다는 점에서 지배자이든 피지배자이든, 사대부이든 천민이든 인간적인 차별은 존재할 수 없게 된다. 어느 날 제자인 왕

---

135 『傳習錄』 下, 「黃省曾錄」 312조목.

136 『龍溪王先生全集』 권1.

심재가 외출하고 돌아오자 왕양명이 무엇을 보고 왔느냐고 물었다. 왕심재는 "거리의 사람들이 모두 성인인 것을 보고 왔습니다(만가성인滿街聖人)."라고 대답한다. 이에 대해서 왕양명은 "상대방도 그대가 성인인 것을 보았을 것이다."라고 말했다고 한다. 이 '만가성인설'은 이후 양명 좌파의 사람들에 의해서 그대로 실천되게 된다.

둘째, 양명학은 인간의 욕망에 대해 긍정하는 논리적 근거를 마련해 주었다. 만약 "마음이 곧 리(理)"라고 한다면 인간의 '마음'에 자연스럽게 내재되어 있는 욕망 또한 긍정할 수밖에 없기 때문이다.

셋째, 양명학의 '개인'에 대한 강조는 근대적인 '개체의식'과도 연결될 수 있는 여지가 있다.

넷째, 왕양명이 강조하는 '지행합일'(知行合一)은 향후 중국철학사의 흐름에서 실천을 강조하는 철학 분야에 커다란 영향을 주었다.

2) 양명학(陽明學)의 두 부류; '양명 우파'와 '양명 좌파'

왕양명의 사후 양명학은 이른바 '양명 우파'와 '양명 좌파'로 나뉜다. 물론 여기서 말하는 '우파'나 '좌파'는 왕양명이 죽은 이후 양명학이 분화되어 간 양상에 대해 오늘날의 학자들이 붙인 용어이다. 우선 온건한 입장이었던 양명 우파는 인간의 마음은 본래 지극히 선하다고 간주하면서, 불교적인 개인의 정신적 수양을 매우 중시했다. 마음은 본래 선한 것인데, 이 선한 마음이 세속에 찌들면서 혼탁해졌으므로, 다시금 본래의 마음으로 돌아가기 위해 노력해야한다는 것이 양명 우파 입장의 핵심이다. 반면에 급진적인 입장이었던 양명 좌파는 인간의 마음은 본래 선하지도 악하지도 않다고 바라보면서, 일체의 도덕적 속박을 벗어난 절대자유를 강조했다. 양명 좌파의 시조는 왕용계(王龍溪; 혹은 王畿; 1498~1583)와 왕심재(王心齋; 혹은 왕간

王艮; 1483~1540)다.

왕용계는 왕양명의 수제자에 해당하는 인물로, 관직에서 물러난 뒤에 강남 지방에서 40여년 동안 강학을 펼쳤다. 그의 제자 그룹은 사대부·농민·상인·공인 등 다양한 부류로 구성되어 있었다. 그는 '양지' 개념을 특별하게 강조하면서 별다른 수양이나 공부 없이 내 속에 '양지'가 존재한다는 사실을 믿는 것이 무엇보다도 중요하다고 설파했다. 왕용계의 '양지'에 대한 이해는 불교에서 말하는 모든 존재에게는 '불성'이 있다는 주장과도 통할 수 있는 여지가 있다.

실질적인 양명 좌파의 기점은 왕심재로부터 잡는 것이 타당하다. 왕심재는 오늘날의 강소성(江蘇省) 태주현(泰州縣) 출생으로 소금을 생산하고 판매하는 염업노무자(鹽業勞務者) 출신이다. 그가 태주현 출신이었기 때문에 그를 시조로 한 학파를 태주학파(泰州學派)라고 부르기도 한다. 왕심재는 서민이든 도공(陶工)이든, 혹은 나무꾼이든, 직업의 귀천을 가리지 않고 제자를 받아들였다. 왕심재가 강론을 하게 되면 수천명의 농공상인들이 몰려들었고, 특히 농한기에는 장소를 이동하면서 강론하였는데 수많은 사람들이 따랐다고 한다. 이는 유학의 강론에서는 드문 현상으로, 그의 강론이 일정부분 종교집회로서의 성격마저 가지고 있었을지도 모른다는 추측을 하게 한다. 흔히 왕심재를 왕용계와 더불어 '2왕(王)'이라고 부르기도 한다.

왕심재의 주된 학설은 '회남격물'(淮南格物)설이다. 그에 따르면 나 자신과 천지만물은 하나다. 그리고 그는 내 몸이 근본이고 천지만물은 말단이라고 주장하면서, 천지만물이 자신에게 의지하는 것이지 자신이 천지만물에 의지하는 것이 아니라고 생각했다. 이것은 매우 강력한 개체의식이다. 이 논리는 "만물은 나의 반려이기 때문에 세상을 구제해야만 한다."는 '추선'(鰍鱔)설로 연결된다. 이 우화는 우리가 타자를 위해 이타적인 행동을 할 때 어떤 마음가짐을 가져야만 하는지 훌륭한 지침을 선사해 준다.

도인이 어느 날 한가하게 시장을 거닐다가 우연히 어느 가게의 한 통 속에 들어 있는 뱀장어를 보았다. 포개지고 뒤얽히어 짓눌려서 마치 숨이 끊어져 죽은 것 같았다. 이때 홀연히 그중에서 한 마리의 미꾸라지가 나타나서 상하좌우전후로 끊임없이 멈추지 않고 움직이니 마치 신룡과 같아 보였다. 뱀장어들은 미꾸라지에 의해서 몸을 움직이고 기가 통하게 되었으며 생명의 기운을 되찾을 수 있었다. 이제 뱀장어의 몸이 움직일 수 있게 하고 기를 통하게 하여 뱀장어의 목숨을 건진 것은 모두 미꾸라지의 공인 것이 틀림없으나 그 역시 미꾸라지의 즐거움이기도 했던 것이다. 결코 뱀장어들을 불쌍히 여겨서 그렇게 한 것이 아니고 또 뱀장어의 보은을 바라고 그렇게 한 것도 아니다. 스스로 그 본성에 따른 것에 불과하다(성에 따르는 것이 도이다/『중용中庸』). 여기에서 도인은 크게 느껴 탄식하여 말하기를 '나와 사람들이 세상에 함께 있는 것은 뱀장어와 미꾸라지가 한 통속에 있는 것과 같은 것이 아닐까? 내가 듣기에 대장부는 천지만물과 일체가 되고 세상을 위해서 마음을 세우고 사람들을 위해서 할 일을 결정한다고 했다.…그래서 마침내 수레를 준비하여 분연히 사방을 주류할 뜻을 품었다.[137]

한 가지 상상을 해 보자. 지금도 재래시장을 가 보면 자그마한 통에 뱀장어를 잔뜩 넣어 놓고 팔고 있는 상인을 가끔 볼 수 있다. 뱀장어는 피부가 미끄럽고 탄력이 좋아 통이 작더라도 많은 양을 넣어 놓을 수 있다. 뱀장어는 전체 호흡을 5로 보았을 때, 5분의3 정도는 아가미로 호흡을 하고 나머지 5분의2는 피부호흡을 하는 것으로

137 『重鐫心齋王先生全集』 권4, '鰍鱔賦'

알려져 있다. 하지만 뱀장어들은 서로가 서로에게 너무 가깝게 밀착되어 있는 탓에 숨이 막혀 제대로 피부호흡을 하기가 어려운 상황이다. 잘못하면 죽을 수도 있다. 이때 뱀장어를 파는 상인은 어떻게 하면 좋을까? 위 인용문과 같이 미꾸라지 한 마리를 뱀장어가 가득 들어있는 통에 넣어보는 것이다. 미꾸라지도 뱀장어 못지않게 미끄럽고 탄력이 좋은 탓에, 빽빽한 뱀장어들 틈 속을 이리저리 잘 쑤시고 다닐 수 있다. 자! 이제 어떤 일이 벌어질까? 그 동안 숨이 막혀 답답했던 뱀장어들은 예기치 않은 미꾸라지의 등장 덕분에 숨통이 트이게 된다. 미꾸라지가 이리저리 몸을 비틀면서 좁은 뱀장어들 틈 속을 헤집고 다닌 덕택에 다시 원활하게 피부호흡을 할 수 있게 된 것이다.

그런데 여기서 주목해야만 할 지점이 있다. 이 한 마리의 미꾸라지는 과연 많은 뱀장어가 서로 다닥다닥 붙어 있는 것이 불쌍했을까? 그래서 뱀장어들의 숨통을 트여주기 위해 뱀장어들 틈 속을 헤집고 다닌 것일까? 아닐 것이다. 미꾸라지는 단지 자신이 좁은 뱀장어들 틈 속에 들어가게 되자 답답해서 몸부림을 친 것에 불과하다. 하지만 미꾸라지의 자신을 위한 행동은 뱀장어에게 도움이 되었다. 우리는 이타적인 행동을 어떤 방식으로 해야만 할까? 남을 위해 하기 싫은데도 자신을 희생하면서 남에 대해 혹은 사회를 위해 봉사를 해야만 할까? 물론 이런 태도도 바람직한 것이기는 하지만, 일부러 하는 이타적인 행위는 오래가지 못하고 지치기 마련이다. 왜냐하면 자신의 마음 깊숙이 그것을 원해서 한 행위가 아니기 때문이다. 우리는 스스로 즐기면서도, 그 즐기는 행위가 자연스럽게 남 혹은 사회를 위한 것으로 연결되는 방안은 무엇일지 고민해 보아야만 한다. 누구나가 원하는 것은 다르니만큼, 이 방안 또한 제각각일 것이다. 위 인용문의 '추선설'은 우리가 이타적인 행위를 할 때 갖추어야만 할 마음가짐은 무엇일지 생각해 보게 해주는 훌륭한 우화다.

3) 하심은(何心隱); 개혁은 '말'이 아닌 '행동'으로

하심은(何心隱; 1517~1579)의 원래의 이름은 양여원(梁汝元)이었다. 그는 조직을 만들어 당시의 권력자인 엄숭(嚴嵩)과 대적하다가 도피하는 신세가 된 적이 있는데 이 때 이름을 바꾼다. 그는 자신의 위험한 사상으로 인하여 거의 평생을 도피생활을 하며, 주로 하층민들과 관계를 맺으면서 강학 활동을 이어갔다. 말년에도 그는 장거정(張居正)에게 체포당하며, 비록 다시 풀려나기는 하지만 결국 무창(武昌)에서 호광(湖廣)의 순무(巡撫)였던 왕지원(王之垣)에게 잡혀 맞아 죽는다.

하심은은 북송때의 유학자 장재의 민포물여(民胞物與; 모든 사람들은 나의 동포라는 입장)에 공감하면서, 다른 사람의 어려움을 보면 반드시 구해야 한다고 하면서 인간의 평등성을 주장했다. 또 주렴계가 무욕(無慾)을 말한 것에 대해서도 무욕 역시 욕심이라고 하면서 어떠한 경우에서도 인간의 욕망은 부정되어질 수 없다고 했다. 하심은은 지적한다.

> 본성에 따라 맛보고, 본성에 따라서 여색(女色)을 즐기고, 본성에 따라서 말하고, 본성에 따라서 편안히 하는 것, 이것이 바로 본성이다.[138]

하심은에 의하면 형제들 간의 관계나, 부자(父子)·군신(君臣)·부부(夫婦) 등의 사회관계는 모두 협소한 범주에 머물러 있는 관계이지만, 붕우(朋友)관계만은 사귐의 극진함과 사회관계의 극치를 이룰

138 『何心隱集』, 中華書局, 1960, 40쪽.

수 있다. 종적이 아니라 횡적 사회관계이기 때문이다. 그는 붕우관계와 더불어 사제(師弟)관계도 중요시했다.

하심은은 자신이 생각하는 이상을 펼치기 위해 '취화당'(聚和堂)이라는 자치 공동체를 만든다. 그는 이 조직에서 모든 사람들이 동포라는 '사해동포주의'를 실현하려 했다. 그는 취화당에서 상족(上族)·중족(中族)·하족(下族)의 차별이나 친밀함과 소원함의 차별 없이 일률적으로 평등한 교육을 받게 하였으며, 관혼·상제·부역 등도 빈부의 차별 없이 시행했다. 이 조직에서 가장 중요한 사회관계 방식은 바로 붕우(朋友)관계였다. 취화당에서는 세금을 내기가 어려운 사람에 대한 구제책도 존재했다. 세금 문제를 자치단체를 통해 해결하고자 한 것이다. 그는 횡적 사회 관계인 교우로써 종적 사회 관계를 통섭해야 한다고 보았으며, 교우간의 윤리인 신(信)을 오륜(伍倫)의 근본으로 보았다. 종적 사회관계가 아니라 횡적 사회관계를 강조한다는 것은 곧 계층 간의 위계질서보다는 평등을 강조한다는 의미다. 바로 이 부분에 대해 당시의 당국에서는 사회질서를 어지럽힌다고 보면서 심각한 우려의 눈초리를 보낸다.

취화당이 설립된 것은 하심은이 과거시험을 포기한 1546년이었고, 해체된 것은 1559년이니 10년 이상 유지된 셈이다. 취화당은 궁정을 짓기 위한 목적으로 부과된 특별세와 부역에 대한 반대 운동을 하게 된다. 그런데 조세 저항의 과정에서 몇몇 취화당 멤버들이 무기를 들고 싸우다가 죽는 일이 발생함으로써 지방관들은 이를 빌미로 가뜩이나 눈의 가시였던 하심은을 체포해 교수형을 언도한다. 비록 다른 사람들의 구제활동으로 풀려나기는 하지만, 이때부터 그의 삶은 황야를 떠도는 외로운 늑대와 같이 되어 근 20여년을 쫓겨 다닌다. 그러다가 앞에서 말한 바와 같이 잡혀서 비참하게 생을 마감한다.

4) 이지(李贄); 중국사상사 최대의 이단아

이지(李贄; 이탁오李卓吳; 1527~1602)는 중국 역사상 가장 급진적인 사상가 가운데 한 사람이다. 이지가 20세에서 30세까지 살았던 천주(泉州)는 광동(廣東)과 함께 당(唐)왕조 이래 중국 최대의 대외무역항이었다. 원나라 때에는 세계 2대 무역항 중 하나로 군림하기도 한다. 당시의 무역은 주로 남해무역이었기 때문에 이슬람교도의 왕래도 많았고 천주는 중국에서 이슬람교의 중심지로 기능했다. 지금도 천추에는 이슬람 사원인 청정사(淸淨寺)가 남아 있다. 명대에 이르게 되면 명 당국의 쇄국정책으로 인해 대외무역이 쇠퇴하기는 하지만, 천주 및 그 부근의 하문(廈門)은 여전히 밀무역의 중심지로 남아 대외무역항으로서의 명성을 이어간다. 이지 가문도 이 천주의 상인집안이었다. 그 선조 중에는 명초에 페르시아만 입구의 호르무츠까지 가서 장기간 체류하면서 현지인을 처로 맞이하기도 했다. 이지의 족보에 의하면 이지의 가문은 대대로 이슬람교였다는 사실을 발견할 수 있다. 그의 처 황씨도 이슬람교도로 추측된다.

이지의 학문적 경향은 한 가지 분야에만 머무는 것이 아니라 다양한 학문 영역들의 횡단이었다. 그는 양명학을 학문적 기반으로 했으나, 노장(老莊)과 선종(禪宗), 심지어는 기독교까지 두루 섭렵한다. 이지에 의하면, 유가와 불교, 그리고 도가 사상의 핵심 요지는 서로 통한다. 또한 그는 법가와 묵가의 입장을 강조하기도 했다.

이지는 스스로 이단을 자처하면서 평생 동안 송명이학, 즉 성리학의 말기적 폐단을 지적하면서 각종의 위선적 태도를 폭로하고 비판했다. 이지는 그의 급진적인 사상적 입장으로 인하여 많은 박해를 받게 되며, 1602년 2월에 체포되어 3월16일 북경(北京)의 옥중에서 결국 76세로 자살하고 만다. 이후 그의 모든 저작, 판본들은 소각되었고 청조(淸朝)에 들어서도 금서로 지정된다.

이지의 급진적인 문제의식은 다음의 언급에서 잘 표현되어 있다.

> 사람들은 모두 공자(孔子)를 성인이라고 한다. 나도 또한 그를 성인이라고 한다. 사람들은 모두 도교와 불교를 이단이라고 한다. 나도 또한 그것을 이단이라고 한다. 사람들이 진실로 성인과 이단을 아는 것은 아니다. 부모와 스승의 가르침을 듣고 그렇게 생각하게 되었기 때문이다. 부모나 스승도 진실로 성인과 이단을 아는 것은 아니다. 그들보다 앞서 산 선비들의 가르침을 듣고 그렇게 여겼을 따름이다. 그 선비들도 진실로 성인과 이단을 아는 것은 아니다. 공자가 그렇게 말을 했기 때문일 뿐이다. … 선비들은 억측해서 그렇게 말하고, 어린아이들은 철없이 그렇게 듣고는 모두 입을 모아 그렇게 말하니 그런 관념을 깨뜨릴 수가 없다. 그러나 천년 이상을 그렇게 생각해 왔지만 스스로는 알지 못하고 있다. 그러면서도 '단지 내가 들은 말을 전하는 것일 따름이다'라고 말하지 않고 '이미 그 사람을 내가 안다'라고 말하며 '알지 못하는 것을 굳이 내가 아는 척하는 것이다'라고 말하지 않고 '아는 것을 안다고 하는 것이다'라고 말한다. 지금에 이르러서는 눈이 있으되 쓸모가 없어져버렸다. 나는 누구인가? … 단지 뭇사람을 따를 뿐이며 또한 뭇사람을 따라 그를 성인이라고 하고, 뭇사람을 따라 그를 섬길 뿐이다. 그런 까닭으로 나도 사람들을 따라 공자를 지불원(芝佛院)에서 삼가 받는다.[139]

이 인용문을 보면 이지의 학문관은 이미 유가로부터 벗어난 듯 보인다. 하지만 이지의 의도는 이런 것이었다. 이지가 표적으로 삼은 것

139 『續焚書』「권4; 지불원에 공자상을 안치하며(題孔子像於芝佛院)」.

은 공자 사상 자체가 아니라 공자를 그저 추종만 하는 반성이 결여된 학문적 태도였다. 즉, 공자의 권위에 기대어 사복을 채우고 그저 공자를 추종만할 뿐 공자의 정신을 본받는 것에는 관심이 없는 가짜 도학자들에 대한 일갈이다. 이지는 평생 동안 잘못된 권위에 아부하는 이데올로기적 학문에 대해 비판을 가했으며, 윤리 도덕적 가치를 빙자해 사람들을 억압하는 태도를 문제 삼았다. 그는 또 인간의 자연스러운 욕망과 창의성을 억압하는 인습화된 학문관에 대해서도 예리한 회의의식을 보였다. 이지는 비록 파격적인 언행을 보였으나 평생 양명학자로 남는다.

이지는 성리학자들의 천리(天理)에 머물러 욕심을 버려야 한다는 주장에 반대하면서, 인간이 일상생활에서 자연스럽게 표출하는 욕망을 윤리도덕으로 억압하려하는 태도를 비판했다. 이지는 윤리도덕의 중점을 완전히 다른 영역으로 옮겨다 놓는다.

> 옷을 입고 밥을 먹는 것이 바로 윤리이고 만물의 이치다. 옷 입고 밥을 먹는 일을 빼면 윤리도 사물의 이치도 존재하지 않는다.[140]

이지는 또 능력에 있어 남녀의 선천적인 차별은 존재하지 않는다고 생각했다.

> 사람에 남녀가 있다고 말하는 것은 옳지만, 견식[의 차이]에 남녀가 있다는 말이 어찌 가당하겠는가? 견식이 길고 짧음이 있다고 말하는 것은 괜찮아도, 남자의 견식은 하나같이 길고 여자의 견

140 『焚書』「권1 ; 등석양에게 답함(答鄧石陽)」.

식은 하나같이 짧다고 말하는 것이 어떻게 가당하겠는가?[141]

이지는 여자들의 재혼을 적극적으로 장려하기도 한다. 이지는 모든 개인이 자기 나름의 독립적 가치가 있으며, 그 개인 이외의 어떤 권위에도 의뢰할 필요가 없다고 생각했다. 이지와 관련된 이야기 가운데에는 이런 에피소드도 전해진다. 이지는 어느 날 갑자기 삭발을 해 버린다. 유자(儒者)도 아닌 것 같고, 그렇다고 승려 같지도 않은 그의 기괴한 모습은 사람들로부터 더욱 박해받도록 만들었다. 그러나 이지가 머리를 깍은 이유가 사실은 여름에 머리가 가려워 견딜 수 없어 삭발한 것에 불과한 것이라는 해석도 있다. 그 어디에도 거칠 것 없이 살아가고자 한 그의 성격이 잘 드러나는 대목이다.

이지 사상의 핵심은 '동심설'(童心說)이다. 이지에 의하면 '동심'(童心)이란 곧 '진심'(眞心)이다. 이지가 볼 때, 사람들이 육경(六經), 『논어(論語)』, 『맹자(孟子)』 등의 유가 경전을 그저 추종만 하게 되면 '동심'은 상실되고 만다.

> … 동심은 진심이다. … 진심이란 거짓의 반대개념이다. … 동심이란 거짓과는 무관한 순수한 진실이며 최초의 한 가지 생각의 본심이다. … 그런데 동심은 어떤 것이어서 갑자기 잃어버리게 되는가? 무릇 처음에는 듣고 보는 것이 귀와 눈으로 들어와 마음의 주인이 되므로 동심을 잃어버린다. 또 커서는 도리가 듣고 본 것을 타고 들어와 마음의 주인이 되므로 동심을 잃어버린다. 장년이 되면 도리와 견문이 나날이 점점 많아지고 따라서 아는 바와 깨닫는 바도 점점 많아질 뿐 아니라, 여기에 이르게 되

141 『焚書』「권2; 여인은 도를 공부해도 별 수 없다는 견해에 대한 답변(答以女人學道爲見短書)」.

면 명성을 좋아해야 한다는 것을 알게 되어 이를 높이려고 하여 동심을 잃어버린다. 또 아름답지 못한 이름을 추하게 여겨야 한다는 것을 알게 되어 이를 감추려고 하기 때문에 동심을 잃어버린다.[142]

이지는 이 같은 '동심설'에 근거하여 소설과 희곡을 중시했다. "문장이 왜 꼭 선진(先秦)시대의 것이어야 하는가? 후세로 내려와 육조(六朝)시대가 되면 변하여 근체(近體)가 되었고, … 전기(傳奇)가 되었으며, 원본(院本)이 되고, 잡극(雜劇)이 되었으며, 『서상기』가 되고, 『수호지』가 되었으며, 오늘날 사람들이 과거시험에 응시할 때 사용하는 문체가 되었다. 모든 고금의 뛰어난 글이란 시세에 따라 논하지 않을 수 없다."[143] 그는 특히 소설 『수호지』를 '발분지서'(發憤之書; 잘못된 사회에 대한 분노를 토로한 책)라고 내세우면서 높이 평가하면서, 오경(伍經) 가운데 하나인 『시경(詩經)』에 견주기도 했다. 이지도 왕양명이나 왕용계와 같이 '광자'(狂者; 미친 사람)의 의미를 새롭게 조명하면서, 속박으로부터의 탈주를 모색하고, 또한 있는 그대로의 솔직한 감정 표현을 강조하였다.

광자(狂者; 미친 사람)는 옛 인습을 따르지 않고 지난 자취를 밟지 않으며 식견이 높아, 이른바 천길 위를 나는 봉황이다. 누가 당할 수 있겠는가?[144]

또한 세상에서 진실로 문(文)에 능한 사람은, 비교적 처음에는 모

142 『焚書』「권3; 동심설(童心說)」.

143 『焚書』「권3; 동심설(童心說)」.

144 『焚書』「권1; 경사구에게 보내는 고별사(與耿司寇告別)」.

> 두 글을 짓는 것에 뜻이 없던 사람이다. 그 흉중에 괴이한 일이 없었다면, 그 목에는 토해 내려 해도 토할 물건이 없었을 것이다. 입 안에는 말하고 싶어도 감히 하소연할 곳 없는 말이 많다. 이런 것들이 오래 쌓이고 그 기세를 막을 수가 없을 때, 경치만 봐도 감정이 생겨나고 그 눈에 닿는 것이 탄식을 자아내니, 남의 술잔을 뺏어서 단단히 맺힌 자신의 울분 위에 들이붓고, 마음속의 불평을 호소하며 천년 세월 중에도 불운한 팔자를 느낀다. … 발광하며 소리를 지르고 눈물을 흘리며 통곡하니 스스로 억제하지 못하는 것이다.[145]

이 인용문에서 이지는 작가가 세속의 전통 관념의 속박을 벗어나기 위해서는 조금도 머뭇거릴 필요가 없이 과감하게 사회를 묘사할 것을 권고하고 있다. 이것이 바로 동심설의 핵심이다. 이지의 동심설은 명대 중엽 이후 출현한 사상해방 운동과 인문주의 조류를 반영한 것으로, 명나라와 청나라 시절의 미학, 특히 소설미학의 발전에 지대한 영향을 준다.

또한 그는 결코 양명학을 버리지 않았음에도, 유교와 도가, 그리고 불교는 근본적인 주장이 같다고 선언한다. 유불도(儒佛道)는 하나로 '혼종'되어야만 한다는 극한 선언을 한 것이다.

> …유교 · 불교 · 도가는 같은 이름일 뿐이다. 공자는 사람들이 명성을 좋아하는 줄 알았기에 명교(名敎; 명분을 강조하는 봉건적인 예교)로 그들을 유인했고, 석가모니는 사람들이 죽음을 무서워한다는 것을 알았기에 죽음으로 그들에게 공포를 주었으며, 노

---

145 『焚書』「권3; 雜說」.

자는 사람들이 생(生)을 탐하는 줄 알았기에 불로장생(不老長生)으로 그들을 유혹하였다. 모두 부득이하여 우선은 권도로 명색(名色; 불교용어로 오온五蘊의 총칭; 여기서는 사람이 감지하는 갖가지 형상)을 세우고 그것으로 후인들을 교화하고 유인했지만, 그것이 진실은 아니었다.[146]

이지의 주저는 『분서(焚書)』와 『속분서(續焚書)』다. 여기서 '분'(焚)자는 '불사르다'는 의미다. 이지는 자신의 저서가 불태워질 것이라는 것을 이미 예견하고 있었기에 자신의 저서명에 '분'(焚)자를 넣어버린다. 이지의 이단아적인 면모가 짙게 드러나는 대목이다. 서양의 현대 철학은 니체(F. Nietzsche; 1844~1900)로부터 시작된다. 고대 그리스철학으로부터 면면하게 계승되어 온 '로고스' 중심주의적 전통 혹은 '이데아' 중심적 사유가 니체로 인해 해체되고 전복된다. 서양의 철학사는 니체의 이전과 이후로 나뉜다고 말해도 과언이 아니다. 이지는 바로 동양에서 이러한 니체와 같은 역할을 했던 학자였다. 하나의 도그마로 변질된 기존의 사상에 대해 철퇴를 가했다는 점에서 이 두 사람은 통하는 점이 있다. 니체가 말년에 정신병자가 되어 10년 동안 '조금씩' 그리고 쓸쓸하게 죽어 간 반면에, 이지는 늙은 나이에 감옥에서 '순식간에' 자살한다. 니체가 20세기를 통틀어 거의 모든 현대사상가에게 지대한 영향을 주었듯이, 이탁오는 향후 중국·한국·일본의 혁신적인 근·현대 사상가들에게 막대한 영향을 주었다.

만약 이지와 동시대를 살았던 당시 주류 유학자들이나 지배층이 그를 박해하고 투옥시켜 죽음으로 몰고 가는 대신에 이지의 도전을 받아들여 당당하게 논전을 펼쳤다면 어떤 결과를 빚어냈을까? 모르

146 『焚書』「권1; 答耿司寇」.

긴 해도 이지의 비판의식이 주류에 편입되어 건강한 학문적 갈등을 촉발시켰다면, 중국사상은 지금까지 진행된 흐름의 양상보다도 훨씬 높은 수준의 지적 도약을 이루어냈을 것이다. 마테오 리치(Matteo Ricci)는 당시 중국에서 활동하면서 이지를 만나 토론을 한 이후 그에 대한 찬사를 아끼지 않는다. 그는 『천주실의(天主實義)』를 이탁오가 옥사한 다음해에 간행한다.

동양철학과
문화의
혼종성

07

중국근현대사상과 문화의 혼종성;

중국 전통과 서양 근대의 혼종

07

중국근현대사상과 문화의 혼종성; 중국 전통과 서양 근대의 혼종

이 파트는 명말청초(明末淸初) 사상으로부터 출발한다. 이어 중국의 철학/종교와 서양의 기독교의 랑데부였던 태평천국운동과 홍수전의 사상을 살펴보고, 총체적인 측면에서 중국의 철학과 서양의 근대철학이 '혼종'되어 탄생하게 된 전형적인 사례인 강유위의 사상과 '중체서용' 개념을 살펴본다. 이 과정에서 양무운동과 변법운동 등도 다룬다. 마지막으로 지금 현재 중국의 지적상황과도 직결되어 있는 현대중국사상의 4가지 논점, 즉 유학부흥론·비판계승론·서체중용론·철저재건론을 소개한다.

1. 동림(東林)학파; 다시 '성리학'적 방법으로

명(明)대 사회는 만력(萬曆, 1573~1620) 시기부터 몰락의 길을 걷기 시작했다. 각종 고질적인 문제들이 명나라의 숨통을 조이고 있었다. 토지의 집중·중소지주층의 몰락·농민의 빈곤화는 이제는 더 이상 어찌해 볼 수 없는 구조적인 문제가 되어 버렸고, 대외군사비의 증대 등을 명목으로 증세가 계속되자 농민들은 점점 더 나락의 길로 빠져 들어가고 있었다. 조정에서는 환관들까지 가세한 관료들의 세력 다툼이 끊이지 않았고, 혼란스런 중앙정부는 더욱 사회를 불안하게 하였다. 이러한 총체적 난국을 맞이하여 쓰러져 가는 국가를 어떻게든 일으켜 세우기 위한 운동이 일군의 학자 그룹에 의해 일어나게 된다. 그 대표가 바로 동림학파(東林學派)였다.

동림학파의 대표적 인물은 고헌성(顧憲成)이다. 동림학파의 유학자들은 양명좌파의 급진성을 문제 삼으면서 사대부의 입장에서 정치적 변혁을 주장했다. 동림학파는 사대부들이 모여 붕당을 이룬 야당 조직이라고 보면 된다. 당시 명나라는 대외적으로 만주족의 흥기로 인해 심각한 군사적 압박을 받고 있었는데, 이러한 상황에서 환관들이 전횡을 일삼고 있었다. 동림학파는 위충현(魏忠賢)을 필두로 하는 환관파와 대립한다. 동림학파는 군주에게 충성하고, 환관과 권문세족의 횡포를 꺾어 조정과 민생의 혼란을 바로잡고자 노력하였다. 이들은 기본적으로 강력한 사대부 의식을 가지고 있었기에 당연히 유교 특유의 절의(節義)를 중시했으며 경서를 강조하였다. 이전 시기의 양명 좌파는 인간 스스로의 자율적인 의지를 강조하면서 지나치게 경서에만 몰두하는 태도를 문제 삼은 바 있다. 동림학파는 이러한 태도에 반대하면서 다시금 성리학의 방법을 강조한 것이다.

이들의 이론은 성리학적이므로 양명 좌파에 비하여 온건하였으나 정치적 운동은 매우 활발하게 진행되었다. 결국 1625년 위충현 일파에 의하여 대대적인 탄압을 받으며 많은 동림학파 인사들이 죽거나 체포당했다. 양명 좌파가 '인욕'을 긍정하는 반유교적 이론 때문에 탄압받은 반면, 동림파는 '천리'(天理)라는 정통 유교적인 이상으로 인해 탄압을 받았던 것이다. 인간 개인의 욕망을 긍정하거나 강력한 개인의 자율의지를 강조하는 사상이 탄압받는 사례는 동서양의 지성사에서 흔하게 발견되는 일이다. 어떤 시대든 진보적인 입장은 기존의 지배계층으로부터 견제를 받기 마련이었다. 그런데 흥미로운 사실은 동림학파의 입장과도 같이 천리(天理)라는 지극히 도덕적이며 이상적인, 생각하기에 따라서는 기존체제를 안전하게 유지하고자 하는 수구적인 느낌이 드는 이념을 주장하는 경우도 대대적인 탄압을 받을 수가 있다는 점이다.

2. 명말청초(明末淸初)의 철학 사조; 근대를 예비하다

1) 황종희; 백성을 주인으로, 군주를 손님으로

황종희(黃宗羲; 1610~1695)의 대표저작은 『명이대방록(明夷待訪錄)』이다. 이 저서는 3대[하夏·은殷·주周]를 이상사회로 간주하고, 후세의 정치적 타락을 이 3대에 비추어 비판하는 논법을 사용했다.

> 옛날의 군주는 천하를 주인으로 하고 군주를 손님으로 삼아, 천하를 위하여 봉사하였다. 그런데 후세의 군주는 군주를 주인으로 하고 천하를 손님으로 하여, 천하의 이익을 모두 군주 개인의 손에 넣고 인민을 돌보지 않는다.[147]

147 『明夷待訪錄』「原君」.

> 태어날 때부터 사람은 각자 자신의 사사로움을 쫓고, 각자 자신의 이익을 도모하는데 … 훗날 군주가 된 사람이 … 세상 사람들에게는 감히 자신의 사사로운 이익을 도모하지 못하게 한다. 그리고 군주 자신의 사사로움을 천하의 대공(大公)으로 삼아 … 천하를 막대한 재산으로 간주해, 자손에게 대대로 세습하면서 끝없이 누린다. … 그러므로 천하에 가장 해로운 자가 군주다.[148]

황종희는 백성이 자신을 위해 사사로움을 도모하고 이익을 꾀하는 것을 긍정했다. 나아가 군주만 없다면 백성은 수월하게 자신의 이익을 관철할 수 있을 것이라고 말하기도 했다. 또 황종희에 의하면 신하란 군주 한 사람에게 봉사하기 위해 존재하는 것이 아니라 만백성을 위해 존재하며, 만백성의 이익에 반대되는 것이면 절대로 군주의 명령에 따라서는 안 된다고 역설하고 있다.[149] 이런 입장 때문에, 황종희는 중국의 장 자크 루소(J. J. Rousseau; 1712~1778)로 불리기도 했다.

황종희는 역성(易姓) 혁명을 인정했다. 또 황종희는 뛰어난 인간 개인의 역량에만 기대는 통치가 아니라, 통치자 개인의 성향에 휘둘리지 않는 합리적 통치체제 마련을 희망했다.

> 보통 논자(論者)들은 국가를 다스리는 사람은 있으나 국가를 다스리는 '법'은 없다고 말한다. 하지만 나는 국가를 다스리는 법이 있고 난 후에 국가를 잘 다스리는 사람이 있어야 한다고 본다.[150]

---

148 『明夷待訪錄』「原君」.

149 『明夷待訪錄』「原臣」 참조.

150 『明夷待訪錄』「原法」.

즉, 도덕적으로 바르고 정치적으로 능력이 있는 인물이 있느냐 없느냐에 따라 천하의 치란(治亂; 잘 다스려짐과 혼란스러움)이 결정되는 것이 아니라, 올바른 법제의 마련이 존재하는지의 여부에 따라 치란이 결정된다. 올바른 법제 시스템에 의하지 않고서는 제대로 된 사회개혁을 이룰 수 없다는 입장이다. 이런 맥락에서 황종희는 학교를 의정기관으로 봐야한다는 독특한 주장을 내놓는다. 그는 학교의 직능을 확대하여 세상을 다스리는 시책이 학교에서 나와야한다고 주장했다.

> 천자(天子; 황제)가 옳다고 하는 것이 반드시 옳은 것이 아니고, 천자가 틀리다고 하는 것도 반드시 틀린 것이 아니다. 천자 역시 감히 스스로 옳고 그름을 결정할 수는 없으니, 학교에서 옳고 그름을 공정하게 가리도록 해야만 한다.[151]

학교는 '청의'(淸議; 맑고 깨끗한 언론)가 생생하게 살아 있는 곳이다. 황종희에 의하면 군주가 천하를 잘 다스리려면 자신의 사사로운 생각이 아니라 학교의 공정한 의견에 따라야만 한다. 그리고 각급 학교의 교장과 교사는 임금이 임명하지 말고 유학자들 사이에서 천거해야만 한다. 황종희가 말하는 학교는 정치를 논하는 권한도 가지면서 또한 정치에 대한 감독의 기능을 가지기도 하는 것이었다.

황종희의 이러한 민권을 중시하는 사상은 청나라 말기의 근대론자들에게 지대한 영향을 끼치게 된다. 이 밖에도 그는 관리등용법, 변경방위책, 전제(田制), 병제(兵制), 재정 등 여러 제도의 광범위한 개혁을 주장했다. 경제 정책에 대해서도 구체적인 언급을 하는데, 황종희

151 『明夷待訪錄』「學校」.

는 '상업이나 공업 모두가 근본'이라고 말하면서 농업만이 근본이라는 전통적인 경제관에 반대했다.

황종희는 양명 우파의 흐름을 이었다고 볼 수도 있는데, 양명학의 입장과도 같이 주희의 '이기이원론'(理氣二元論)을 비판하며 '심(心; 마음) 일원론'을 주장했다. 또한 이 마음을 기(氣)와 동일시하기도 했다. 그에게 리(理)란 단지 논리적인 법칙의 의미를 지닐 뿐이었다.

> 천지 사이에는 오로지 하나의 기(氣)가 충만하고 있어, 이에 의해 사람과 사물이 생긴다. 사람은 그 기(氣)가 부여되게 되면 마음이 생겨난다. … 마음은 기(氣)다.[152]

> 기(氣)는 영묘하기 그지없으며 기가 운행하는 곳은 모두 마음이므로, 가슴 속에 있는 것만이 마음인 것이 아니다. 가슴 속에 있는 것 역시 기 아닌 것이 없다.[153]

> 천지 사이에는 기(氣)가 존재할 뿐, 리(理)는 존재하지 않는다. 세상에서 말하는 리(理)란 기(氣)의 움직임 가운데 있는 논리적인 법칙성으로, 이 논리적인 법칙성을 리라고 부르는 것에 지나지 않는다.[154]

황종희는 '심(心; 마음)=기(氣)'를 구체적인 실재성으로 간주하면서 하나로 일원화하여 파악하고, 리(理)의 경우는 실재하는 것이 아니라 단지 논리적으로만 존재하는 것으로 바라보았다.

---

152 『孟子師說』 권2.

153 『明儒學案』 권7.

154 『明儒學案』 권50.

2) 고염무; 근대적 실증주의

고염무(顧炎武; 1613~1682)는 경전과 객관적·역사적 사실을 중시하며 '실사구시'(實事求是; 사실에 입각하여 진리를 탐구하려는 태도)를 강조했다. 그는 철저한 경험주의자이고 실증주의자였다.

> 오늘날의 군자는 … 오로지 심(心) · 성(性)과 같은 것만을 논하여 '많이 배워 아는'것을 소홀히 하고 '일관(一貫)의 방도'만을 구하며, 사회를 구제하는 일을 회피하고 밤낮 … 공론만을 일삼고 있다.[155]

고염무는 심(心)이나 성(性)에 대해 언급하는 것은 바람직한 학문의 태도가 아니며, 모든 위대한 가치는 오직 경전에 담겨있다고 생각했다. 따라서 경전에 대한 실증적이고 고증학적인 탐구는 그에게 가장 중요한 방법론이 된다. 실제로 그는 전국을 여행하면서 경전에 나와 있는 지리, 역사, 제도, 문물 등을 실제로 그러한지 일일이 고증하려 했다.

고염무는 만주족에 의해 명나라가 멸망하는 상황을 바라보면서 그 원인을 정치적·경제적 현실에 적절히 대응하지 못했기 때문이라고 진단했다. 이런 문제의식 아래에서 공리공담만을 일삼는다는 이유로 성리학과 양명학 모두를 배척했으며, 실제적으로 사회에 쓸모가 있는 지식이 무엇인지 탐구했다. 이것이 그로 하여금 학문에 대한 실증적인 태도를 강조하게 하면서 고증학(考證學)적 연구로 이끌게 된다. 그 결과로 나온 대표작이 바로 『일지록(日知錄)』이다. 고염무

155 『亭林文集』 권3.

는 일지(日知)의 의미에 대해 『일지록』의 목차 앞에 "내(고염무)가 어릴 적부터 책을 읽다가 깨달은 바가 있으면 그때마다 기록해 두었는데 합치되지 않는 부분이 있어서 때때로 다시 고쳤다 …. [『논어』「자장」에 나오는] 자하(子夏)의 말을 취해 이름 짓기를 '일지록'이라 했으니 이를 통해 후대의 군자를 바로 잡겠다"라고 소개하고 있다. 이 책은 경서·정치·풍속·예악 제도·역사·외교·군사·천문·지리 등 실로 엄청나게 많은 주제들을 포괄하고 있다. 고염무의 학문 방법은 향후 청대 고증학에 지대한 영향을 끼치게 된다.

3) 왕부지; 기(氣) 이념의 집대성

왕부지(王夫之; 1619~1692)는 사서오경(四書伍經)에 독자적인 해석을 가한 것으로 유명하다. 다음은 『주역(周易)』「계사전(繫辭傳)」에 나오는 "형이상학적인 것은 도(道)라 일컫고, 형이하학적인 것은 기(器)라고 한다."에 대한 왕부지의 설명이다.

> 천하는 바로 기(器)다. 도(道)는 기(器)의 도다. … 도가 없으면 기가 없다고 많은 사람들이 말하지만 실은 기만 있다면 도가 없는 것을 고민할 필요가 없다.[156]

여기서 '기'(器)자는 개고기를 네 개의 접시에 담은 모습으로 먹을 것을 제각기 덜어 먹는 접시를 뜻한다. '기'(器)는 물질적인 차원이나 현상적인 세계 등을 비유하는 개념으로 많이 쓰인다. 추상적인 원칙

156 『周易外傳』 권5.

이나 법칙보다는 구체적인 사물을 강조하는 그의 유물론적 입장이 잘 드러나 있다. 도(道)와 같은 일반적인 법칙성이 구체적인 사물에 의지한다는 사실을 왕부지는 다음과 같이 비유하기도 한다.

> 활과 화살이 없다면 활쏘기에 대한 도는 없을 것이고, 수레와 말이 없다면 수레를 모는 도가 없을 것이다. … 아들이 없을 때는 아버지의 도는 없고, 아우가 없을 때는 형의 도가 없다.[157]

도(道)와 기(器)는 리(理)와 기(氣)의 관계에도 대응된다.

> 리(理)는 음양 이의(二儀; 하늘과 땅 혹은 음과 양; 양의兩儀라고도 함)의 묘함을 상징하는 것에 지나지 않는다. 기(氣)야말로 이의(二儀)의 실질이다. 우주현상의 가장 깊은 곳에 있는 것은 결국 기다. 기의 선한 움직임에 따르는 것이 리다. 기 밖에 독립한 이가 따로 있는 것이 아니다.[158]

이렇듯 왕부지는 장재의 사상을 떠받든 철저한 기(氣) 일원론자였다. 그는 이전의 기(氣)와 관련한 논담들을 충분히 소화하면서 기에 대한 전면적이고도 깊이 있는 설명을 하게 된다. 기(氣)와 같은 물질적 차원의 개념을 중시한 탓에, 왕부지는 중화인민공화국 정부가 수립된(1949년) 이후 중국에서 가장 존경받는 전통 철학자가 되었다.

또 한 가지 왕부지를 말할 때 빼놓을 수 없는 사항은 그가 중국 민족과 오랑캐를 구분하는 화이론(華夷論)을 주창한 대표적인 학자라는 점이다. 그에 의하면 오랑캐는 모양만 사람일뿐 짐승과 다를

---

157 『周易外傳』 권5.

158 『讀四書大全說』 권10.

바가 없다. 심지어는 오랑캐에게는 그 어떤 도덕적인 고려도 할 필요가 없다고까지 말한다. 왕부지의 이러한 오랑캐에 대한 강한 혐오는 그가 만주족의 중국 지배에 대해 군사적으로 맹렬하게 저항했던 사실과 관련이 있는 것이었다.

3. 아편전쟁(1840–1842); 부도덕한 전쟁으로 근대에 편입되다

아편전쟁은 서구 제국주의의 본격적인 중국 침탈을 알리는 역사적 사건이었다. 아편전쟁이 발생하게 된 근본적인 원인은 긴 기간 동안 서구 유럽이 중국과의 무역에서 무역수지 적자를 보아온 것과 관련이 있다. 유럽이 비싼 가격을 주고 중국으로부터 사들인 품목 가운데 핵심품목은 '차'였다. 영국이 중국과의 무역에서 증가하는 무역수지 적자를 흑자로 전환시키게 된 결정적인 계기가 된 품목은 바로 아편이었다. 영국은 18세기 후반 동인도회사를 앞세워 인도의 식민화를 착착 진행하고 있었는데, 이때부터 인도의 벵골 및 중부 인도 지역에 대규모로 아편을 경작해서 중국에 수출하기 시작했다. 본래 영국이 중국에 아편을 밀수출하기 시작한 것은 18세기 초부터였으나, 18세기후반을 지나 19세기에 접어들게 되자 중국에서 아편의 수요는 폭발적으로 증가하게 된다. 청나라는 강희·옹정·건륭제의 통치기, 이른바 3대의 황금기가 끝난 후, 본격적으로 나락의 길로 접어들게 된다. 건륭제 말기부터 관리들의 부정축재와 부정부패로 쇠퇴하기 시작한 청나라는 1780년대부터 영국 동인도 회사와 무역을 하게 된다. 당시 영국에서는 차·도자기·비단을 대량으로 청나라로부터 수입한다. 한편, 영국에서 청나라로 수출되는 것은 시계·망원경과 같은 부유층을 대상으로 한 물품은 있었으나, 대량으로 수출 가능한 제품이 존재하지 않았으므로, 영국의 대폭적인 수입초과였다. 영국이 이때 생각해낸 무역 적자 해소 방법이 바로 아편 무역이었다. 당시의 기축통화는 '은'이었다. 그 동안 무역불균형으로 대규모의 은이 중국으로 유입되던 것에서, 아편이 중국으로 수출되기 시작하면서 점차로 역전되기 시작한다. 1800년에서 1820년 사이에 1,000만량의 은이 중국에 유입되었으나, 1831년에서 1833년 사이에는 1,000만량이 중국으로부터 유출되었다.

영국 상인들은 육체노동으로 지친 중국의 하층민들을 대상으로 아편장사를 했고, 아편은 19세기 중국의 히트상품이 되었다. 청나라에서는 이미 1796년부터 아편의 수입을 금지하고 있었지만, 전혀 효과를 발휘하지 못하고 있었다. 아편 수요는 점점 증가해, 1780년 무렵 약 1,000상자에 불과했던 아편의 수입량이 1830년에는 1만 상자, 아편전쟁 직전에는 4만 상자 정도로 늘어났다. 고위관료·지주·상인·군인 등 지위가 높은 사람들에서부터 떠도는 유민층에 이르기까지 많은 사람들이 아편을 피웠다. 이에 청나라 황제는 임칙서(林則徐)를 보내 아편을 근절할 전권을 준다. 1839년 6월 3일 임칙서는 23일에 걸쳐 아편 20,000 상자를 모두 소각해 버리는 등 철저히 아편 단속을 했다. 그러자 당시 피해를 본 영국의 아편밀수출 상인들은 "청나라가 무역의 자유를 침해하고 사유재산을 몰수했다."고 비난하며 영국정부와 의회에 압력을 가했다. 이에 영국정부는 1839년 10월 원정군 파견을 결정하였는데, 이로부터 '제1차 아편전쟁'이 시작되었다. 아편전쟁은 마약을 매개로 한 최초의 전쟁이었고, 이런 면에서 가장 부도덕한 전쟁 가운데 하나로 볼 수 있겠다.

전쟁의 결과는 청나라의 패배였다. 청나라는 영국과 난징조약(南京條約)을 체결하여 5개의 항구가 개항되고 홍콩을 영국에 양도하는 등 불평등 조약을 맺게 된다. 서구 제국주의에 의한 중국 침탈의 서막을 알린 것이었다. 이때부터 영국을 비롯한 서구의 열강이 중국 내부에 침투하면서 중국은 반(半)식민지화의 길을 걷게 된다. 서구의 각계각층의 사람들은 중국에 대한 낭만주의적 환상을 품은 채 물밀듯이 쏟아져 들어오기 시작한다. 기독교 선교사들도 이전보다 훨씬 좋은 조건에서 전도활동을 할 수 있게 되어 기독교사상은 이전과는 달리 강력한 영향력을 미치게 된다. 당시의 기독교가 중국인의 생활에 어느 정도 영향을 끼쳤는가 하는 사실은 태평천국(太平天國) 운동에서 분명히 드러난다.

4. 태평천국(太平天國) 운동; 도교와 기독교의 혼종

아편전쟁이후 청나라 정부는 과도한 전쟁보상비 지급을 위해 농민들을 착취하기 시작한다. 중국 국민들의 대다수를 점하고 있는 농민들의 정부에 대한 불만이 극에 달한 상황에서 태평천국(太平天國; 1850~1864) 운동은 힘찬 닻을 올린다. 태평천국운동은 기독교 신자였던 홍수전(洪秀全; 1814~1864)이 일으킨 민중혁명운동이다. 홍수전은 1843년에 '배상제회'(拜上帝會)를 조직해 몇 년의 포교활동을 거친 후 1851년이 되자 광서성 계평현 금전촌(金田村)에서 청조(清朝) 타도를 외치면서 태평천국(太平天國) 운동을 본격적으로 펼치기 시작한다. 태평천국운동은 엄격한 군기를 유지하며 민폐를 끼치지 않았으며, 관리나 부자들로부터 재물을 빼앗아 인민들에게 분배했다. 조세나 지대도 면제해 주어 인민들로부터 광범위한 지지를 획득할 수 있었다. 급기야 태평군은 1853년 남경(南京)을 함락하여 천경(天京)으로 이름을 바꾸고 태평천국의 수도로 정한다. 이후 태평천국운동은 10여 년간 존속하면서 중국 국토의 절반가량을 점령한다.

당시는 중국 대륙 전체가 아노미 상태 그 자체였다. 비록 청 조정이 아직 건재해 있기는 했으나 시대를 이끌고 갈 주도권을 상실한 상황이었고 단지 명목상으로만 존재했다. 중국대륙은 남쪽의 태평천국과 북쪽의 염군(捻軍)으로 양분되어 있었다. 염군은 반청(反淸)을 목적으로 파산한 농민과 수공업자·실업자·소금밀매업자 등이 주축을 이룬 반란집단이다. 가끔은 태평천국과 합동작전을 펼치기도 했으나 태평천국이 멸망한 이후 얼마 지나지 않아 진압되었다.

태평천국은 삼합회 등의 비적 집단으로부터도 많은 도움을 받는다. 삼합회는 주로 소금장수, 보부상 등으로 위장하여 각지의 정보를 태평천국 수뇌부에게 전달하곤 했다. 삼합회는 향후 손문에게도 큰 도움을 준다.

홍수전은 기독교의 '하느님'과 중국 전통 종교에서 말하는 상제(上帝)를 결합해 자기만의 독특한 종교 사상을 펼쳐나갔다. 서구의 기독교가 중국에 전파되어 가장 큰 규모로 결실을 맺은 사례가 바로 태평천국운동이라고 평가할 수 있다. 아시아 전체를 통틀어 중국 대륙의 거의 절반에 해당하는 광활한 국토를 기독교적 국가가 차지한 경우는 태평천국운동이 처음이자 마지막이었다. 대체로 기독교가 서민들의 핍박이 자심한 나라에 전파가 되면 혁명적으로 바뀌는 경우가 많다. 우리나라의 동학도 기독교가 전래되어 영향을 준 사례라고 볼 수가 있다. 남미에서도 기독교는 독특하게 바뀌어 해방신학이 되었다. 기독교가 몇몇 나라에서 혁명운동을 위한 자양분으로서의 역할을 하게 된 이유는 아마도 기독교가 원래 가난한 자들이나 노예와 같이 핍박받는 계층을 위한 종교관으로부터 출발했기 때문인 점과 관련이 있을 듯싶다.

홍수전은 기독교와도 같이 천국(天國)을 상정하기는 했지만, 그가 말하는 천국은 죽은 다음에 가는 피안의 세계가 아니라 바로 지금 이 세상에서의 유토피아, 즉 '지상천국'을 의미한 것이었다. 여기서 우리는 대단히 실용적이고 현실적인 중국인들의 성향을 또 다시 발견할 수 있다. 홍수전은 지상에서 천국을 실현하기 위해 모든 사회적 차별을 타파하고자 했다. 그는 일반농민을 인간으로, 지주계급을 요괴(妖怪)로 규정했다. 그의 슬로건은 "모든 계급적 질서를 없애 태평(太平)의 세계를 이룩하자."는 것이었다. '태평'(太平)은 원래 도가/도교적 개념이다. 5장에서 언급한 바 있는 중국 최초의 도교집단 '태평도'를 상기해 보길 바란다. 이렇듯 홍수전은 서양의 기독교 이론을 지도 이념으로 상정하기는 하였지만 중국 전통을 자기 사상을 키우기 위한 밑거름으로 삼았다. 홍수전은 중국 전통의 기(氣) 담론을 이용하여 자기 교리를 설명하기도 했다. 그는 영혼불사(靈魂不死)를 논하면서, 사람의 영혼은 모두 "상제(上帝)로부터 받은 일원(一元)의 기(氣)로서 생기기도 하고 자라기도 한다. 근본은 같으면서도 만 가지로 다르게 흩어지며, 만 가지로 다르나 모두 하나의 근본에 귀결한다."고 하였다. 이러한 홍수전의 기론은 이미 우리가 다루어본 장재의 기 철학으로부터 영향 받은 것이다.

홍수전은 공자·맹자를 비롯한 일체의 제자백가 서적을 불태우고자 했다. 특히 그의 유가에 대한 비판은 중국 역사에서 전례가 없던 일이었다. 실제로 태평천국군은 공자묘를 비롯한 주요 유교 시설을 불태운다.

태평천국이 시행한 정책 가운데 가장 대표적인 것은 바로 천조전묘제도(天朝田畝制度)이다. 이 제도의 핵심 내용은 다음과 같다.

– 천하가 모두 한 가족이며, 모두 형제다

– 인구에 따라 토지를 균등하게 분배해야 한다.

– 수확물을 공평하게 나누고, 일정량을 국고로 귀속시킨다. 이

국고로 귀속된 수확물은 각 가정의 경조사로 사용한다.

- 부녀자에게도 남성과 동등한 경제권을 부여한다.
- 여성들의 정치 참여를 보장한다.
- 여성에게도 군역(軍役)의 의무가 있다. 이에 따라 여군을 창설한다.

한편 홍수전의 사촌인 홍인간(洪仁玕)은 홍수전의 정책을 합리적·근대적으로 승화시키려 노력했다. 홍인간은 태평천국 정권이 합리적으로 운용되도록 노력하면서, 태평천국을 자본주의적으로 개혁하려 했다. 홍인간은 홍콩에서 배운 천문·역법·수리(數理)·지리·의학 등의 지식을 바탕으로 서양의 사상과 자본주의, 그리고 정치·경제제도가 태평천국에도 정착되기를 희망했다. 개인의 사유재산을 인정하고, 법제를 근대적으로 개편하며, 인재 등용 방식을 합리화 하는 등 여러 노력을 기울였으나 결과적으로 성과를 보지는 못한다.

태평천국은 지나치게 미신화로 치달으면서 일반 민중들의 많은 지지를 얻고 있었음에도 점차 멸망의 늪으로 빠져 들어가게 된다. 홍수전은 자신을 예수의 동생이라고 주장한 바 있었는데, 나중에는 자신을 상제라고 높여 지칭하게 된다. 이런 상황에서 내부 분열이 일어나 극심한 권력투쟁이 발생한다.

태평천국은 증국번(曾國藩; 1811~1872)·이홍장(李鴻章; 1823~1901)을 중심으로 한 한인(漢人) 관료 세력과 외국 군대에 의해서 1864년에 결국 멸망하게 된다. 태평천국운동은 청조(淸朝) 타도를 외쳤는데도 한인(漢人) 관료들에 의해 진압된 것이다. 이들 한인관료들은 청나라 정부보다 태평천국운동 진압에 더 적극적으로 참여했다. 이미 청나라 정부가 힘을 잃은 상황이었기 때문에 태평천국운동을 도와 청나라를 멸망시키는 것은 아주 쉬운 노릇이었다. 오히려 당시 진압에 나섰던 한인 관료들은 태평천국을 멸망시키는 과정에서 수백만을 학살한다. 반란을 진압하는 과정에서 이렇게 많은 숫자가 학살당한 사례는 세계사적으로 유례를 찾기가 힘들다. 한인 출신 관료들은 왜 이렇게 철저하게 태평천국운동을 뿌리 뽑으려 했을까?

태평천국 세력은 과거에서 사례를 찾을 수 없을 정도로 급진적으로 유교 및 전통 질서를 해체하려 했다. 한인 출신 지배층들에게 이런 수준의 철저한 중국 전통의 거부는 도저히 용납할 수 없는 것이었다. 한인관료들에게 서양의 침공은 전통질서의 와해에 비하면 가벼운 걱정거리에 불과했다. 당시 태평천국진압에 앞장섰던 한인관료들은 유가를 대표로 하는 전통이념이 와해되느니 차라리 이민족인 청나라 정부의 지배를 계속 받는 것이 더 낫다고 생각했을지도 모른다. 태평천국운동은 정통성을 강조하는 보수적인 경향을 유발시켰으며, 지배계층의 내부에서 전통적인 도덕에 대한 보다 생생한 애착을 불러일으켰다.

양무운동의 지도자 증국번, 좌종당(左宗棠·1812~85)과 이홍장은 모두 태평천국 진압 과정에서 두각을 나타낸 인물이다. 태평천국이 와해되자 나머지 잔여 세력들은 운남성 등지를 넘어 베트남으로 들어가 베트남의 독립운동에 밑거름이 되거나[159] 심지어는 남미 멕시코까지 건너가 혁명 운동에 영향을 주기도 한다.

그러면 태평천국이 끼친 영향에 대해 간단하게 정리해 보자.

첫째로 태평천국운동으로 인해 거의 모든 전통적인 질서가 해체된다. 둘째로 내란과 그로 인한 외국세력의 위협은 근대화를 추진하는 중국 경제의 발전을 저지함으로써, 기간산업을 건설하기 전에 비생

---

159 이홍장은 베트남과 조선을 관리하는 일을 맡았다. 베트남에서는 프랑스와의 경쟁에서 손을 떼게 되는데, 이후 조선에 집착한다. 그는 1894–95년의 청일전쟁 패배 이후 조선에 대한 우월권도 잃어버린다. 대만과 댜오위다오(釣魚島)는 청일전쟁 패배 이후 일본에 넘어간다.

산적인 군수산업에 중점을 두게 했다. 셋째로 태평천국운동을 진압한 증국번 등의 세력들은 양무파의 기수가 되었다. 넷째로 군벌들이 난립하게 되었다. 태평천국운동 때 청나라 군대의 취약성은 명명백백하게 폭로되어버리고 말았다. 지방관리나 신사층의 개인적인 노력과 상인 및 부유한 지주의 재정적인 도움이 태평천국 진압에 큰 역할을 하며, 이것이 바로 군벌들이 형성된 배경이 되는 것이다. 다섯째 중국 근대화의 시발점은 태평천국으로부터 잡아야 한다.

태평천국운동의 이념은 한나라 말기에 일어난 중국 최초의 도교집단인 태평도의 반란, 즉 우리가 흔히 '황건적의 난'이라고 알고 있는 농민반란과 비슷한 성격을 가지고 있었다. 중국 역사의 진행 과정을 살펴보면 기존의 통일왕조가 멸망하고 새로운 통일왕조가 들어서기 직전의 시대적 간극에는 대규모의 비밀결사 운동이 유행하곤 하는 경향이 있다. 진나라가 멸망한 이후 항우를 중심으로 한 세력과 유방을 중심으로 한 세력이 결전을 벌여 결국 유방이 이겨 한나라를 세우게 되는데, 애초에 유방을 중심으로 한 세력은 항우와 같이 주류 계층 출신이 아니라 비밀결사의 성격에 가까웠다. 한나라 말기에 발생한 태평도[황건적]는 두말할 것도 없이 비밀결사였다. 한나라가 유명무실해지고 난 이후 결국 위·촉·오 삼국이 정립하게 되는데, 이 중 촉나라를 세운 유비 집단도 처음에는 거의 비밀결사나 다름없는 조직이었다. 명나라를 세운 주원장이 비밀결사체인 홍건적 조직에서 활동했다는 것은 잘 알려진 사실이다. 태평천국운동도 이러한 중국 역사의 독특한 역사적 흐름의 연장선상에서 바라볼 필요가 있다.

5. 양무(洋務)운동과 변법(變法)운동

태평천국운동 이후 청나라는 지배체제 자체가 심각한 위기에 봉착하게 된다. 양무운동(洋務運動)은 태평천국운동을 진압한 한인관료 출신인 증국번·이홍장 등이 중심을 이루어 일으킨 서학(西學) 수용 운동이다. 양무운동은 유럽 근대기술의 도입으로 청조의 봉건체제를 유지하려했던 반쪽짜리 개혁운동이었다. 양무파는 중국의 전통학문과 서양의 학문을 어떻게 안배할 것인가에 대해서 고민한다. 풍계분(馮桂芬)은 가장 먼저 이 문제를 제기하여 윤상명교(倫常名教; 인륜과 명분을 밝히는 유교의 가르침)를 바탕으로 삼고 서구 여러 나라의 기술로써 이를 보충해야한다고 주장하였다. 이후 1870년대부터 1880년대에 걸쳐 왕도(王韜)·마건충(馬建忠)·설복성(薛福成)·정관응(鄭觀應)·진치(陳熾) 등의 여러 개혁사상가들은 공업·과학기술 이외에, 경제적으로는 민간자본을 후원하여 상업을 진흥하고 근대 공업을 창립할 것을 주장했다. 또 정치적으로는 법률에 의해 민간자본을 보호하고 서구와 같은 양원제 의회제도를 실행할 것을 요구했으며, 문화적으로는 과거제를 폐지할 것을 역설했다. 하지만 이 개혁사상가들은 서구의 사회·정치 이론과 사상만큼은 단호하게 배격하면서 고집스럽게 전통 중국의 유교 이념을 강조했다. 그들은 서구의 공업·과학기술 및 정치제도는 들여와서 이용할 수 있는 기술이지만, 중국 자체의 도(道)는 절대로 수정할 수 없는 근본이라고 생각했던 것이다.

> 도(道; 중국의 전통 윤리)는 근본이고 기(器; 기술)는 말단이다. 기는 변할 수 있으나 도는 변하지 않는다. 변화시킨다고 하는 것은 부강하게 하는 방법이지, 공자와 맹자의 상경(常經; 사람으로

서 마땅히 지켜야할 올바른 도리)은 아니다.[160]

당시 개혁 사상가들은 의회 설립과 입헌 정치에 대한 요구와 같이 근대적인 정치제도의 도입을 주장하기도 했으나, 그 제도의 근간이 되는 이론적인 측면, 즉 서구의 대의제 이론의 기초가 되는 부르주아지의 자유·평등의 사상은 배척했다. 이들은 서구의 근대적인 군사공업에만 관심을 두었을 뿐, 서양의 근대적 정치이념이나 민주주의 정치 이념에는 관심이 없었다. 그 결과, 때마침 일어난 청불전쟁과 청일전쟁[161]에서 뼈아픈 패배를 당하게 된다. 특히 지금까지의 역사에서 중국이 아시아에서만큼은 맹주라고 자부해 왔던 바, 일본과의 전쟁에서 패배한 것은 당시 청나라 전체에 큰 충격을 안겨다 준다. 이후 양무운동은 변법운동으로 전환되게 된다.

변법운동은 서양의 과학·기술뿐만 아니라 정치제도 및 사상까지 도입하자는 개혁 운동이다. 양무운동으로 서양의 무기 생산 방법을 받아들였으나 일본에 무너짐으로써 단순히 기술적 측면만을 수용하는 것은 문제가 있다는 점을 자각한 것이다. 이제부터는 서양의 정신적인 측면들, 즉 철학·정치학·사회학·역사학·문학 등 분야들에 대해서도 적극적으로 수용 의지를 보이기 시작한다. 서양의 학문들은 이미 성공적인 근대화의 길을 걷고 있던 일본을 통해 주로 유입되었다. 이 때 유입된 사상 중 특히 중국 지식인들을 사로잡은 학문분야는 사회진화론과 아나키즘이었다. '약육강식'·'적자생존'을 주요 원리로 삼는 사회진화론은 당시 중국지식인들에게 열강의 침략 앞에 무기력하게 대응하는 청조의 현실을 설명하는 적합한 이론으로 비추

160 鄭觀應, 『危言新編』「範例」.

161 1894년 6월~1895년 4월 사이에 청나라와 일본이 조선의 지배권을 놓고 다툰 전쟁.

어졌다. 중국의 비참한 상황을 타파하기 위해서는 중국이 스스로 강자가 되어야 한다는 것을 일깨워주었던 것이다. 다른 한편 청조의 무기력함은 좌절감을 심어주면서 국가에 의한 매개 없이 새로운 중국을 건설할 수 있으며 경쟁을 부추기고 강자로 군림하는 서구를 비판할 수 있는 사상으로 아나키즘이 호소력 있게 여겨지기도 했다. 특히 소농민 공동체 사회가 광범위하게 존재하는 중국의 현실에서 전통 중국 사회는 아나키즘의 이상과 매우 가까운 것으로 비쳐졌다.

6. 양무 · 변법 운동의 의미; 동양 사상과 서양 사상의 총체적 혼종

중국에서 중국 고유의 학문과 서양의 학문을 어떻게 안배할 것인가에 대한 심각한 고민은 양무(洋務)운동 때부터 시작한다. 이후 변법운동이 고조되어 갈 무렵 장지동(張之洞)은 '중체서용'(中體西用)을 제시한다. '중체서용'은 바로 이 시기를 이끌어가던 핵심적 슬로건이 된다.

> 중학(中學)을 내학(內學)으로 삼고, 서학(西學)을 외학(外學)으로 삼는다. 중학을 가지고 마음과 몸을 다스리고, 서학을 가지고 세상사에 응한다.[162]

162 『勸學篇』.

> 무릇 변할 수 없는 것은 윤기(倫紀)이지 법제(法制)가 아니며, 성도(聖道)이지 기계(器械)가 아니며, 심술(心術)이지 공예(工藝)가 아니다. … 법(法)이라는 것은 변화에 적합한 것으로서 항상 같을 필요는 없지만, 도(道)라는 것은 근본을 세우는 것으로서 불가불 하나일 수밖에 없다.[163]

청일전쟁에서 패한 충격으로부터 등장한 변법운동은 이전의 개혁운동에 비해 보다 적극적으로 서구의 사상을 제창하도록 하였다. 하지만 변법운동을 이끈 개혁사상가들 또한 전통 속에서 서양 학문의 장점은 무수히 발견될 수 있다고 보았다. 요컨대 '중체서용'이란 전통적인 중국의 도덕적 가치를 본체로 삼고 서양의 과학 기술을 실용적인 수단으로 삼아 부국강병을 이룩하자는 슬로건이다. 서양의 학문과 중국의 전통 학문을 하나의 카테고리로 엮어내고자 한 이질적인 학문 영역 사이의 '총체적인 혼종'이다. 이 '총체적 혼종'의 결과는 성공적으로 나타났을까?

중체서용은 중국의 정신과 서양의 기술을 접목시킨 이종 영역 사이의 교배다. 그런데 이 교배의 결과물을 하나의 생명체로 비유해보도록 하자. 이 생명체의 몸은 서구의 근대적인 군사기술에 해당하고, 머리는 중국의 전통적 사유에 해당할 것이다. 이는 곧 중국의 전통 사유로 서구의 근대적 무기를 만들 수 있다는 것을 의미한다. 과연 이것이 논리적으로나 상식적으로 가능한 일일까? 전통적인 사유는 그에 걸 맞는 전통적인 기술적 결과물을 낳을 것임에 틀림없을 것인 바, 만약 서구 근대의 기술적 결과물을 원한다면 정신도 일단은 서구 근대의 정신문화를 받아들여야만 하는 것은 아니었을까? 대포

163 『勸學篇』.

하나를 생산하더라도, 그 밑바탕에는 수많은 정신적인 가치가 함유되어 있다. 근대 기술이 집적되어 생산된 대포는 근대적인 합리적 정신이 내포되어 있지, 지나간 전통사유가 내포되어 있지는 않을 것이다.

현대 중국철학자 이택후(리쩌호우; 李澤厚)는 중체서용(中體西用)이 아니라 '체'(體; 근본/본체)와 '용'(用; 수단)을 전도시켜 서체중용(西體中用)이 되어야 했다고 진단한다. 이택후의 '서체중용'(西體中用) 담론은 본래 1980년대에 중국이 개혁개방을 할 때에 제기되었던 혁신적인 이론이다. 이택후에 의하면, 19세기 후반부터 1980년대까지의 중국 역사의 사상적 흐름은 '중체서용'적 발상이 아니라 '서체중용'이 되었어야 했다.

> 내가 쓰려는 '체'(體)라는 용어의 의미는 … 물질생산과 정신생산을 포괄하는 것이며, 나는 사회 존재는 사회 본체임을 강조한다. … 사회존재라는 것은 사회의 생산양식과 일상생활이다. 현대화는 우선 이러한 '체'의 변화이다. 이러한 변화에서 과학기술은 대단히 중요한 역할을 수행 … 한다. … 따라서 과학기술은 '용'(用)이 아니라 오히려 정반대로 '체'(體)의 범주에 속하는 것이다.[164]

이택후에 의하면 사회구조의 변혁은 단순하게 서구의 과학기술이나 공업을 받아들인다고 해서 성공할 수 있는 것이 아니다. 반드시 정체체계(상부구조)와 관념문화(이데올로기)에서의 개혁이 동시에 수반되어 서로를 돕게 되어야만 현대화가 가능한 것이다.[165] 만일 현대적 공업과 과학기술이 현대 사회의 본체라면, 이를 추진하는 학문이

164 李澤厚, 김형종 옮김, 『중국현대사상사의 굴절』, 지식산업사, 1998, 285-286쪽.
165 같은 책, 289쪽.

응당 '체'가 되어야만 한다. 이것은 근현대의 서학(西學)이며, 따라서 '서체중용'(西體中用)이라고 말할 수 있다.[166]

이택후는 홍수전이 일으킨 태평천국운동을 '서체중용'에 가까운 대표적인 실례로 평가하였다. 태평천국운동에는 서구 기독교 교리의 중국화라는 문제가 깊게 가로놓여 있었다. 이택후에 따르면 태평천국의 실패는 단순히 군사상의 패배가 아니라 '중국화된 기독교 교리'의 패배였다. 서구로부터의 진리를 탐구하면서 들여온 사상이 중국화되는 과정에서 중국 본래의 체계에 의해 개조되고 동화되어 버린다면 본래의 의미를 상실한다는 것이다. 그가 볼 때 태평천국에서는 중학이 여전히 근본적인 것이었으며 전통사회의 소생산 경제 기초 위에서 자라난 각종 봉건주의적 관념이 연장되어 있었다. 홍수전이 들여온 서구 기독교는 이러한 중국화 속에서 합법칙적으로 봉건화되었으며, 또한 이는 장지동으로부터 현대 신유가에 이르기까지 일관되게 진행되어 온 흐름이라는 것이 이택후의 최종적인 평가이다.[167]

많은 중국의 근대철학자들은 서양자연과학의 지식을 사용하여 중국전통의 철학범주를 해석하려하였지만, 유가의 고유한 범주를 변화시키는 새로운 철학범주를 제기하지는 못하였다. 강유위·양계초·담사동은 시대적인 절박함에 쫓기면서 '변법유신'을 이끈다. 하지만 변법유신의 담당자 가운데 하나였던 양계초 스스로도 다음과 같은 탄식어린 평가를 내놓는다. 변법파들이 "… 골머리를 썩이면서 사색한 것은 일종의 중국의 것도 서양의 것도 아니면서 중국의 것 및 서양의 것이기도 한 새로운 학파를 구성하는 것"이었지만 결국 "고유의 사상은 깊고 강고한 뿌리로 작용했으며, 또한 외래의 새로운 사상도

166 같은 책, 290쪽.

167 같은 책, 277-285쪽.

천박한 수준이었다."[168]

7. 중국의 중체서용(中體西用) 및 한국의 동도서기(東道西器) VS 일본의 화혼양재(和魂洋才)

중국 근대의 슬로건인 중체서용(中體西用)과 한국 근대의 슬로건인 동도서기(東道西器)는 중국과 한국의 근대 공간에서 비슷한 역할을 담당했다. 슬로건 자체의 의미는 비슷했지만, 근대의 공간에서 다른 역할을 담당한 것은 바로 일본이었다.

기본적으로 일본의 화혼양재(和魂洋才)도 중체서용이나 동도서기와 같은 절충주의이지만, 실질적인 기능의 측면에서는 보다 복잡한 함의를 지녔다. 먼저 동도서기의 경우를 보자. 서구의 충격에 대응하는 19세기 조선지식인들의 방법론은 개화(開花)와 척사(斥邪)로 구분된다. 척사는 17세기에 형성된 북벌론 및 존주론(尊周論)의 흐름을 잇되, 적개심의 대상을 청(淸)에서 서양과 일본으로 바꾼 것이다. 반면 개화는 18세기 말에 대두된 북학론을 계승하면서 선진문물의 수용 창구가 청에서 서양과 일본으로 선회한 것이다. 이중 개화사상을 관통하는 논리가 바로 '동도서기'론이다. 동도서기 논리는 유학의 도기론(道器論)에 입각하여 사물을 '도'(道; 근본 원칙)와 '기'(器; 단순한 기술)로 나누고 전통유학은 '도'에 배당하여 중시하면서 단지 '기'일 뿐인 서양의 과학기술을 받아들이자는 주장이다. 이러한 동도

168 梁啓超, 『淸代學術槪論』, 中華書局, 1954, 71쪽.

서기 논리는 1882년 고종의 교서를 통해 정부의 근대화정책으로 공식화된다. 동도서기는 화혼양재의 도식과 기본적으로는 다르지 않다. 그러나 조선의 경우 동도서기라는 표어는 일본과 같이 다채로운 방향으로 분화되거나 당시의 시대적 흐름을 견인하는 주도적 역할은 하지 못한다. 특히 동도서기 논리에는 일본과 같이 화혼이 어떻게 양재와 모순되지 않는가와 같은 논의가 결여되어 있었다. 즉, 도와 기는 본래 다른 것이며 다만 기술적인 것만 가져다 쓰면 된다고 생각하는 경향이 강했다.

일본 근대의 슬로건인 '화혼양재'(和魂洋才)는 "동양의 도덕, 서양의 예술(藝術)"이라는 사쿠마 쇼잔(佐久間象山; 1811~1864)의 언급부터 본격적으로 자리 잡기 시작한다. 여기서 '예술'(藝術)이란 과학 혹은 기술을 의미한다. 일본에서 또 한사람의 근대주의자인 요코이 쇼난(横井小楠; 1809~1869) 또한 "요순(堯舜)과 공자(孔子)의 도를 밝히고 서양기계의 기술을 다한다."라고 말한다. 이렇듯 화혼양재는 중체서용이나 동도서기와 같은 의미를 내포하고 있다. 하지만 화혼양재의 외연에는 서양의 정신적 가치에 대한 적극적 의미부여가 포함되어 있다. 예컨대 사쿠마 쇼잔에게 가장 중요한 것은 서구의 군사기술의 우수성이 아닌 그 근저에 놓여 있는 정신이었다. 사쿠마 쇼잔은 단순히 대포·군함 등을 만드는 군사적 기술 뿐 만이 아니라, 그와 같은 기술을 낳게 한 자연과학적인 학문과 그것을 지탱하는 과학적 정신을 추구하였다. 그에게 '화혼양재'적 접근이 단순히 서양의 기술을 섭취하는 데에만 머문 것이 아니라는 사실은 그가 수학을 '만학의 기본'이라고 말한 사실로부터도 잘 알 수가 있다.[169]

---

169 그런데 조선에서 서양에 대한 배외적 입장이 강했던 이유에는 일본과는 다른 역사적 우연성이 개재되어 있기도 하다. 1868년에 발생한 오페르트 사건은 조선으로 하여금 서구는 금수와도 같은 존재로 비추어지게 하였다. 만약 일본에서 이 같은 사건이 일어났다면 일본 또한 철저하게 쇄국주의 정책을 실시했을지 모른다.

중체서용-동도서기-화혼양재, 이 3자는 과거의 모범적인 사례에 비추어 현실세계의 존재방식을 모색한다는 점에서는 비슷하지만, 과거의 이상을 현재에 구현하는 의지에 있어 일본은 중국 및 조선과는 방향이 달랐다. 일본은 과거의 가치를 현실에 맞추어 재구축하고자 함으로써 텍스트(과거)에 구애받지 않고 현실의 문제를 우선시했다. 반면 조선 및 중국은 요순삼대라는 과거의 이상세계를 도덕적 준거로 보면서 현재는 과거의 도(道)를 그대로 서술함으로써 정당성을 회복할 수 있다고 믿었다. 이렇게 된 원인은 조선에서 성리학이 독점적 지위에 있었고 유학자들의 학문적 관심과 정치적 의지가 깊이 결부되어 있었던 반면, 도쿠가와 막부(德川 幕府)의 일본은 학문과 정치가 분리되어 있었다는 점에서 찾을 수 있다. 학문과 정치의 분리는 인재등용방식의 차이와도 맞물려 있다. 조선이나 중국의 과거제는 성리학 지식의 재생산과 학정일치의 일상화를 가능하게 하면서 이질적인 지식의 형성을 근본적으로 봉쇄했다. 한편 도쿠가와 막부는 유학자들로 하여금 학문 활동에만 전념하게 하여 정치로부터 배제시켰고 관료가 될 수 있는 과거제도 없었다. 일본 유학자들은 정치와 무관했기에 학문을 영위하는데 있어 유연성을 가질 수 있었다. 따라서 근세일본의 성리학자들은 거리낌 없이 일본 전통종교인 신도(神道)와도 융합될 수 있었고 성리학을 마음대로 포기할 수도 있었다.

8. 강유위(康有爲); '동서양 혼종'철학의 결정판

중국에서 옛 사상의 마지막 보루이면서, 한 편으로는 새로운 사상으로 나아가는 첫걸음을 상징하는 인물이 바로 강유위(康有爲;

1858~1927)이다. 강유위는 기존의 전통 유학 뿐 아니라 서초산(西樵山)에 은거하면서 도가(道家) 및 불교(佛教) 사상을 심도 있게 공부했다. 이런 이유로 그는 서초산인(西樵山人)으로 불리기도 한다. 바로 이 즈음 그는 서양사상도 접하게 된다.

강유의의 대표 저작은 『대동서(大同書)』다. 이 책이 완성된 것은 1901년경이라고 전해지고 있으나 정식으로 출판된 것은 그의 사후인 1935년이다. 강유위가 『대동서』를 제때에 출판하지 않은 이유는 이 책의 내용으로 충분히 짐작할 수 있다. 이 책은 묵가(墨家)사상, 신선사상, 불교사상, 천부인권설, 세계국가사상, 사회주의, 아나키즘, 등 강유위가 살았던 당시에 존재했던 거의 모든 동서양의 사상이 망라되어 있다. 그러면서 이 책은 국경철폐, 계급·종족·남녀의 차별철폐, 가족제도의 폐지, 산업공영 등을 주장하고 있다. 이 책이야말로 중국의 근대 시기에 나왔던 '동서양 혼종'철학의 결정판이라고 평가할 수 있겠다.

그러면 이 책의 요지를 좀 더 구체적으로 살펴보도록 하자. 강유위에 의하면 이 세상의 모든 생물은 즐거움을 구하고 괴로움에서 벗어나려 한다. 그가 볼 때 괴로움의 근원은 국계(國界), 급계(級界), 종계(種界), 형계(形界), 가계(家界), 업계(業界), 난계(亂界), 유계(類界), 고계(苦界) 등 9계에 있다.

첫째, '국계'를 없애고 모든 대지(大地)를 하나로 합한다. 지구상의 모든 국가의 경계를 없애고 전 세계를 유일한 '공정부'로 통합한다는 의미다.

둘째, '급계'를 없애고 민족을 평등하게 한다.

셋째, '종계'를 없애고 인류를 똑같이 한다. 인종을 개량하여 전 인류를 동일한 우량인종으로 만든다.

넷째, '형계'를 없애고 남녀의 완전한 동권을 실시한다.

다섯째, '가계'를 없애 가족제도를 폐기한다.

여섯째, 농 · 공 · 상의 생산을 사적 소유로 하는 '업계'를 없애고 생활에 필요한 시설은 모두 공영으로 한다.

일곱째, '난계'를 없애고 '태평(太平)'으로 다스린다. 난계란 앞의 여섯 개의 계를 통틀어서 표현한 개념이다.

여덟째, '유계'를 없애고 중생을 사랑한다. 인류평등의 이상이 달성된 후 인류 뿐 아니라 전 생물계에 자비가 베풀어지도록 한다.

아홉째, '고계'를 없애고 극락에 이르게 한다.[170]

강유위가 그려낸 유토피아의 세계는 『예기(禮記)』「예운편(禮運篇)」에 나오는 대동(大同)설을 『춘추공양전(春秋公羊傳)』의 삼세설(三世說)에 부합시켜서 나온 것이다. 여기에 불교의 자비와 평등사상, 루소의 천부인권설, 기독교 사상, 유럽의 사회주의 학설, 아나키즘, 진화론 등이 복합적으로 섞여 있다.

『예기(禮記)』「예운편(禮運篇)」에 그려져 있는 '대동'(大同)세계는 천하를 공적인 소유로 하면서 홀아비·자식 없는 노인·고아 등도 외롭지 않게 살아갈 수 있는 공공의 세계를 말한다. 세상은 소강(小康)을 지나 대동(大同)에서 완성된다. 소강은 우왕·탕왕·문왕·무왕·성왕·주공이 다스렸던 시대로서 예(禮)가 통용되었고 백성들의 정치에 대한 신망이 두터웠으며, 인애와 겸양의 가치가 잘 지켜지는 사회다. 오늘날로 치면 한 마디로 국민들이 먹고 살만한 시대가 바로 소강이다. 세상은 소강을 거쳐 대동에 이르러야 한다는 것이 '대동설'의 핵심이다.

170 『大同書』「甲部」 참조.

한편 '공양 삼세설'이란 세상은 혼탁한 시대인 '거난세'(據亂世; 즉 난세)에서 안정이 시작되는 '승평세'(升平世; 즉 소강小康)를 거쳐, 마지막에는 안정이 성숙되는 '태평세'(太平世; 즉 대동大同)로 발전해 나아간다는 문명발전단계설이다. 『대동서』는 대동사상과 공양 삼세설의 뼈대 위에 서양의 유토피아 사상을 덧씌운 것이다. 또한 『대동서』는 사유재산제 등 근대 자본주의사회의 핵심적인 원리도 비판하고 있기 때문에, 생시몽(Saint Simon; 1760~1825)·오웬(R. Owen; 1771~1858)·푸리에(Ch. Fourier; 1772~1837)와 같은 서양의 공상적 사회주의 사상가들의 입장과 비교되기도 한다.

강유위가 내다보는 미래사회는 마치 한편의 공상과학 영화를 보는 듯한 착각에 빠지게 한다. 그는 소강 시대가 되면 각 나라 사람들이 국가 단위의 집단 이기주의가 고통의 뿌리임을 깨닫고 이를 뛰어넘으려는 세계적 움직임을 보일 것이라고 예상했다. 이어 전체 지구 시민이 연대해 군대·국경·사유재산제도 등이 철폐되고 세계정부와 각 지역의 자치단체들은 위에서 언급한 대동세계에서와 같이 세계인의 민생을 책임지게 된다. 국가를 인정하지 않고 전 세계에 하나의 '총정부'를 두고 약간의 구역으로 나눈다. '총정부' 및 '구정부'는 모두 인민의 손으로 뽑는다. 그리고 강유위는 과학기술의 발달이 인류의 생활을 윤택하게 해 줄 것이고, 인간은 자기가 하고 싶은 것을 하면서 살 수 있게 될 것이라고 과학의 발전이 가져올 혜택에 대해 낙관적인 견해를 밝혔다. 세계 정부가 관리하는 대동의 세계는 최첨단의 기술이 지배한 사회로서 사람들은 더 이상 물질적으로 소외당하지 않게 된다. 정신적으로도 서로에 대한 자비심이 많아지고, 이 자비심은 동물에게까지 확대된다. 채식주의도 보편화된다. 이러한 시대가 되면, 각 민족들이 혼합되어 하나의 혼종 종족이 탄생하게 될 것이다. 가족제도도 철폐해서 남녀의 동거는 1년을 넘길 수 없으며 기한마다 교체해야 한다. 만약 교체하기 싫으면 1년 기한을 연장하면 된다. 강유위가 볼 때 이렇게 해야만 양성 평등이 이루어진다. 심지어 그는 동성연애를 인정하는 발언도 하고 있다.

대체로 서구 문명의 충격에 근대 중국지식인들이 반응한 방식은 다음과 같이 세 가지 형태로 나타났다. 첫째, 전통에 완전히 집착하려 하는 보수파와 그와는 정반대로 전반적인 서구화를 주장하는 급진파가 있었다. 둘째, 부분적인 서구화를 주장하는 파가 있었다. 셋째, 세계주의화를 주장하는 파가 있다. 강유위는 세계주의화를 주장하는 소수입장을 대변했다.

9. 민국시대(民國時代)와 신문화 운동

1911년에 중국 최초의 민주주의 혁명인 신해혁명(辛亥革命)이 일어나면서 청조(淸朝)는 멸망한다. 1912년 1월에 난징에서 손문(孫文; 1866~1925)을 임시 대총통으로 하는 중화민국 임시정부가 수립되었다. 하지만 여러 혁명 주체들이 갈등을 일으키게 되면서 이 공화주의 혁명은 실패할 위험에 처하게 된다. 이런 어려운 과정 속에서 청조로부터 대권을 부여받은 원세개(袁世凱)와 타협이 이루어지는데, 선통제 푸이의 퇴위로 청을 멸망시키는 대신 손문이 사임하고 그 자리에 원세개가 대총통에 취임하게 된 것이다. 원세개는 황제가 될 야심을 품고 기존의 혁명세력들을 탄압하게 되고, 혁명세력들은 여러 차례 봉기를 일으키게 된다. 1916년에 원세개는 죽게 되지만, 이후에도 내전과 군벌의 할거로 혼란은 더욱 확대되었다.

이렇게 정치 제도 차원에서의 구체제는 종말을 고했다. 이런 상황에서 기존의 구체제를 떠받치고 있던 이데올로기인 유교에도 타격을 가하려는 본격적인 움직임이 일어나게 된다. 그 대표적인 인물이 바로 진독수(陳獨秀; 1879~1942)와 잡지 「신청년(新青年)」이다. 「신청년」은 전통적인 가치를 비판하고, 새로운 사상을 소개함으로써 중국 사상계에 막대한 영향을 끼쳤다. 진독수는 「신청년」 창간사인 '청년에게 고함'에서 중국이 제국주의의 압제로부터 벗어나고 봉건주의의 예속으로부터 해방되기 위해서는 근대사회에 알맞은 '새로운 문화'[신문화新文化]를 일구어내지 않으면 안 된다고 역설한다. 그는 이를 위해 여섯 가지를 내세운다.

> 첫째, 노예적이지 말고 자주적일 것.
> 둘째, 보수적이지 말고 진보적일 것.
> 셋째, 퇴행적이지 말고 진취적일 것.
> 넷째, 쇄국적이지 말고 세계적일 것.
> 다섯째, 허식적이지 말고 실리적일 것.
> 여섯째, 공상적이지 말고 과학적일 것.

특히 신문화운동에서 서양사상의 영향력은 1919년 5월4일 북경(北京)대학교 학생들을 중심으로 발생한 5.4운동 이후 크게 확산되게 된다. 이 시기 중국사상계에 가장 큰 영향력을 발휘했던 서양사상은 단연 존 듀이(J. Dewey; 1859~1952)의 실용주의 사상이었다. 듀이의 실용주의가 당시 큰 영향력을 발휘했던 이유는 호적(胡適; 1891~1962), 장몽린(蔣夢麟, 1886~1964) 등의 미국 유학파들에 의해 힘입은 바 크지만, 다른 한편에서는 듀이 자신이 1919년부터 2년 이상 중국에 체류하면서 10개 성(省)을 돌며 강연을 했기 때문이다. 이 때 미국의 실용주의 철학은 크게 유행하게 된다.

5·4운동 이후 가장 중요한 중국 사상가는 강유위의 제자였던 양계초(梁啓超; 1866~1925)와 신해혁명의 주인공이었던 손문(孫文)

이다. 양계초 사상의 핵심은 '신민설'(新民說)이다. 그는 신민설에서 중국의 봉건적 사회체제를 유지해 온 모든 제도와 사상을 타파하고 서구로부터 받아들인 새로운 도덕과 사상을 건설해야 한다고 역설한다. 그리고 손문의 경우는 혁명가로서 더 알려져 있기는 하지만, 그가 주창한 삼민주의(三民主義)는 20세기 이후 중국 현대 지성사에서 가장 중요한 개념이라고 평가할 수 있다. 삼민주의란 곧, 민족(民族)·민권(民權)·민생(民生)을 말한다. 민족은 민족주의[정신적인 차원]를 의미하고, 민권은 민주주의(공화제; 제도와 정치)를 가리키며, 민생은 사회주의(경제적 평등; 복지)를 함의한다. 이렇듯 손문의 삼민주의에는 자본주의적 특성과 사회주의적 특성이 '혼종'되어 있다. 오늘날 대륙 중국과 대만 모두 손문을 국부(國父)로 숭상하고 있다.

이후 중국은 점점 더 정치적인 격동기에 접어들게 된다. 군벌들 사이의 각축전, 장개석(蔣介石; 1887~1975)을 중심으로 하는 국민당과 모택동(毛澤東; 1893~1976)을 중심으로 한 공산당 사이에 벌어진 피비린내 나는 내전, 일본의 중국 대륙 침략과 그에 대한 국민당 및 공산당의 대응[국공합작], 모택동의 대장정, 공산당의 최종 승리 등 굵직굵직한 역사적인 장면들이 숨 가쁘게 펼쳐지게 된다. 1949년 10월10일에 모택동이 천안문에서 중화인민공화국을 선포한 이후에도 중국은 한반도에서 일어난 6.25전쟁 참전, 대약진운동의 실패, 문화대혁명 등 엄혹하기 이를 데 없는 역사가 계속 이어진다. 중국에서 다시금 사상과 표현의 자유가 보장되기 시작한 것은 모택동이 죽고 문화대혁명이 종식된 이후 등소평(鄧小平; 1904~1997)이 집권하고 서부터였다.

10. 현대 중국 사상의 4가지 논쟁 지점; 새로운 계몽주의의 시작

등소평의 지도 체제아래에서, 1978년 12월에 개최된 중국공산당 제11기 중앙위원회 제3회 전체회의에서는 매우 중요한 결정이 내려진다. 즉, 국내 체제의 개혁 및 대외 개방정책, 줄여서 '개혁개방' 정책이 채택된 것이다. 이후 중국 학계는 '문화열' 논쟁을 통해 새로운 중국 사회의 건설을 위해서 전통적 사유체계와 사회주의, 그리고 개혁개방의 문제를 어떻게 결합시킬 것인가에 대해 진지하게 논의하기 시작한다. 이 논의들은 크게 4가지로 나뉜다.

1) 유학부흥론; 복고를 통한 혁신

유학부흥론은 홍콩·대만·미국 등의 화교학자들인 두유명(杜維明)·성중영(成中英)·여영시(余英時)·유술선(劉述先)·김요기(金耀基)·부위훈(傅偉勳) 등이 주창했다. 이 운동을 이끈 세력은 크게 신유가와 유교자본주의로 구분된다. 우선 신유가의 입장은 송명 이학(宋明 理學), 즉 성리학을 중국의 정통 사유로 간주했다. 이들에 의하면 지금까지의 중국 역사는 유교의 정신이 계승되어 온 역사다. 이런 맥락에서 성리학 특유의 도통론을 다시 강조했으며, 중국문화의 독창성과 우수성을 널리 알리고자 했다. 한편 유교자본주의론은 동아시아 여러 국가들이 이룬 산업 발전을 설명하는 이론이다. 이들은 한국을 비롯하여 대만·싱가포르·홍콩·일본이 모두 유교 문화였기 때문에 경제가 비약적으로 발달될 수 있었다고 주장했다. 유교자본주의론자들은 유교문화 가운데 특히 가족주의·성실성·근면성 등을 산업자본주의 발전을 이끈 우수한 덕목으로 지적했다.

2) 비판계승론; 사회주의 신문화 건설

이 이념은 장대년(張岱年)·임계유(任繼愈)·방극립(方克立) 등이 주축이 되어 주창되었다. 비판계승론은 문화열 논쟁이 일어난 초창기부터 지금까지 가장 많은 지지계층을 확보해 왔던 이념이다. 비판계승론자들은 중국 전통 문화의 우수한 점을 잘 발굴해 계승하고, 서양의 문화도 우수한 점만을 잘 선별해 받아들여야 한다고 주장했다. 중국 근대 시기에 있었던 '중체서용'의 현대적 버전이라고 볼 수도 있겠다. 비판계승론자들에 의하면, 사회주의는 인류가 만든 체제 중 가장 선진적인 것이며, 중국은 예로부터 다른 민족의 문화를 흡수하는 데 탁월한 능력을 가지고 있다. 하지만 비판계승론자들이 볼 때 한 가지 중요한 모순점이 있다. 즉, 중국은 가장 발전된 사회형태라는 사회주의를 표방하고 있는데도 여전히 개발도상국가로 남아 있다는 점이다. 이들의 고민 지점은 다음과 같은 질문을 던지게 만들었다. "어떻게 사회주의와 민족을 모두 지켜내면서 더 나은 사회를 건설할 수 있을까?" 비판계승론자들은 경제개혁이 필요한 중국 현실을 객관적이고도 냉혹하게 인정하면서, 중화민족의 우량전통을 살리기 위해 전통문화를 분석해 내고, 서구문화 가운데 잘못된 부분을 떼어내 중국의 현실에 유용한 과학과 제도(경제·행정의 관리경험과 법제적 전통 등)만을 들여오려 했다. 이들의 근본적 목표는 중국 민족의 주체의식에 뿌리를 둔, '사회주의 신문화' 건설에 두어져 있었다.

3) 서체중용론(西體中用論)

서체중용론(西體中用論)의 대표주자는 이택후(리쩌호우; 李澤厚)다. 그에 의하면 중국 전통 사상 속에는 중국 특유의 문화심리구조가 있다. 그는 이 문화심리구조로 공자 사상에 들어 있는 혈연기초·심리원칙·인도주의·개체인격의 네 가지를 지적했다. 또 외래 사상을 받아들여 자기화하는 데 능한 중국문화의 특성[평형유지 기능]도 중국 특유의 문화심리구조라고 보았다. 이택후에 의하면, 이 문화심리구조의 우량 전통 때문에 새로운 사회 건설에 활력이 되는 경우도 있었지만, 열등한 요소 때문에 장애로 작용한 경우도 많았다.

그는 5·4 이후의 흐름을 계몽(과학과 민주)과 구국(제국주의 반대와 애국)이라는, 두 주체의 변주로 바라보았다. 그러나 항일전쟁기와 혁명과정을 거치면서 문화심리구조의 보수성과 시대적 요구 때문에 구국이 계몽을 압도하게 된다. 그 결과 모택동 사상 속에는 맑스주의가 자본주의를 지양하면서 자본주의의 좋은 전통인 자유·평등·민주·박애가 빠져버린다. 그리고 또한 본래의 맑스주의의 좋은 점도 함께 빠져버린다. 즉, 물질적 차원을 중시하는 공산주의의 인간상보다는 중국전통에서 연유하는 도덕적으로 고상하고 정치적 자각이 뛰어난 성현을 요구하게 되어 결국 문화대혁명이라는 광란에 빠져버리고 말았다. 또한 계급투쟁을 지나치게 강조함으로써 경제보다 정치를 중시하게 되었고, 그 결과 도구를 혁신하거나 생산력발전을 기초로 하는 역사유물론은 중시되지 못했다.

이택후에 의하면 근대시기에 중국인들은 전통에서 벗어나 '개성'에 대해 자각할 수 있는 계기를 맞이했다. 그러나 국가적 위기라는 특수한 상황과 '전통적 사유의 작용'에 의해 '나라를 구하는 것'(구망救亡, 전체주의)이 우선적으로 해결해야할 문제가 되어버리고 말았다. 다시 말해 전체주의[구망救亡]가 개인주의[계몽(啓蒙)]를 압도해

버리고 말았다.

앞에서 이미 언급한 바 있지만 이택후는 '중체서용'(中體西用) 논리를 '체'(體)와 '용'(用)을 전도시키는 방법으로 재구성하고자 한다. 이택후를 비롯한 서체중용론자들은 서양의 과학기술·정치 및 경제 이론·문화 이론·심리 이론 등을 포괄적으로 수용해[체體로 간주해], 중국의 사상·문화·관념의 틀로 삼아야 한다고 주장한다.

4) 철저재건론

철저재건론은 김관도(金觀濤)·감양(甘陽)·온원개(溫元凱) 등이 핵심 이론가들이다. 김관도에 의하면 중국인의 사회심리구조에는 변화되기 어려운 요소가 자리 잡고 있기 때문에, 철저한 부정과 파괴만이 현실의 어려움을 구할 수 있다. 철저재건론자들은 중국현실이 아직도 소농경제 중심의 자연경제에 지나지 않으며 문화도 전근대적이라고 규정한다. 그리고 문화를 하나의 유기적 시스템으로 파악하면서 문화의 개혁이란 시스템을 통째로 바꾸는 것이라고 보았다. 이들은 윤리만을 강조하는 전근대적 문화에서 벗어나 도구적 이성과 과학적 이성을 중시하는 지식 본위의 사회로 나아가야 한다고 주장했다. 철저재건론자들이 보기에 중국공산당의 승리도 단지 역사상 있어왔던 농민반란에 지나지 않는다. 심지어 공산당 정권은 새로운 봉건관료 정부에 지나지 않으며, 신중국도 봉건사회의 연장선상에 있다고 비판했다. 이들은 '전반서화론자'로 비판받으면서 천안문 사태 이후 철저하게 탄압받게 된다.

동양철학과
문화의
혼종성

08

일본의 근대사상과 문화의 혼종성;

전통적 '심정'과 근대적 '형식'의 기묘한 혼종

08

일본의 근대사상과 문화의 혼종성; 전통적 '심정'과 근대적 '형식'의 기묘한 혼종

이 장에서는 동양철학의 공간지형을 바꾸어 일본으로 시선을 옮겨본다. 일본 철학의 근대화 방법론에 나타난 다면성을 일본과 서양 사이의 문화의 접촉과 혼종이라는 측면에서 살펴본다. 이어서 이 일본식 근대성이 우리에게 끼친 영향을 다룬다. 우선 일본 사상의 근대적 에토스인 오규 소라이의 고학(古學)과 모토오리 노리나가의 국학(國學) 사상을 알아본다. 이어 메이지 이후 일본사상의 궤적을 문화의 혼종성[일본의 전통철학/전통중국철학/서양철학/서양의 근대적 과학관 등의 혼종]이라는 측면에서 접근한다. 서양철학+중국철학+일본철학 등의 혼종을 기반으로 형성된 '일본'식 혼종 문화는 근대 시기 한국이나 중국에 커다란 영향을 끼친바 있다. 특히 일본 전통의 비의(秘儀; Anagogic; 비밀스러운 종교의식 같은 신비주의)적·주술적(신화적) 세계관과 서양철학의 만남이 빚어낸 병리적이고 기이한 혼종 양상은 한국사회의 정신문화에 심각한 해독을 끼치게 된다. 필자는 이러한 종교적인 '비의'의 감정과 근대적인 '형식' 간의 간섭현상을 더욱 분명하게 드러내기 위해 알튀세의 '호명'이론과 푸코의 근대적 권력에 관련한 담론, 그리고 카를 융의 '페르소나' 개념 등을 끌어왔다.

1. 일본 근대의 맹아

일본의 근대는 도쿠가와(德川)막부가 붕괴하여 완전한 중앙집권을 이루어낸 메이지(明治) 유신을 출발점으로 하는 것이 통례이다.[171] 한편 일본의 근대는 메이지 유신이 아닌 에도(江戶)시대로부터 시작되었다고 보는 입장도 있다. 우에야마 슌페이(上山春平; 1921~)에 의하면, 에도(江戶)시대는 분명한 근대적 지평을 가지고 있었다. 유럽 중심의 시대 구분법에 의하면 고대·중세·근대의 3분법으로 나누어지는 반면, 일본에서는 고대·중세·근세·근대라는 4분법이 통용된다. 흔히 일본에서는 에도시대를 근세에 배정하면서 메이지 유신 이후를 근대로 본다. 슌페이에 의하면 일본의 역사학계는 유럽의 시대 구분법을 따른다면 근대에 배정해야만 할 에도시대를 전근대인 근세에 배정하면서 메이지 유신을 유럽의 삼분법에 입각하여 르네상스에 대응시키는 안이한 사고를 보이고 있다. 에도시대의 가장 큰 구조적 변화는 일본 전역에 미쳤던 도시화의 진행이다. 슌페이는 성곽이 산성(山城)으로부터 평성(平城; 평지에 축조한 성)으로 변화한 것이 새로운 지배질서를 확립시켜 사회전반에 있어서도 커다란 변화가 일어났다고 평가한다. 그 가운데 하나는 병농(兵農)분리의 진행으로 평

171 大橋健二, 『反近代精神 熊澤蕃山』, 勉誠出版, 平成 十四年, 2-3쪽.

시에는 농경에 종사했던 무사(武士)들이 농업을 그만두고 성 밑 마을에 집단적으로 거주하여 생계와 무력을 자력으로 조달하는 조건을 잃어버린 일종의 '샐러리맨'이 되어 버렸다는 사실이다. 이와 같은 샐러리맨 집단과 생활에 필요한 것을 이미 갖춘 상인이나 직인(職人)들이 함께 도시의 구성원을 이루는 방식을 슌페이는 근대화로 규정하고 있다. 그의 논리에 의하면 만약 유럽 역사가들이 말하듯이 르네상스가 근대화의 시작이라면 일본에 있어서도 에도시대를 근대로 볼 수 있다는 것이다.[172] 메이지 이후의 일본 근대철학은 표층에서는 에도 막부 시대의 철학 기조와 비연속성을 지니는 듯 보이지만, 심층적으로는 강한 연속성을 지니고 있다고 평가하는 것이 가능하다.

일본 또한 한국 및 중국과 마찬가지로 사상적 측면에서 봉건적 질서를 정초한 것은 성리학(性理學=주자학朱子學)이었다. 그러나 상품경제의 발달, 그에 따른 초닌(町人)[173]층의 부(富)의 증대, 농촌 자급경제의 파괴 등과 같은 변화의 흐름으로 인해, 기존의 사회질서는 그대로 보존되기가 점점 더 어려워진다. 일본에서 근대적 사상의 선구적 모습인 고학(古學)은 이러한 사회적 조건으로부터 잉태된 것이다. 고학은 주자학 논리를 후세 학자의 해석에 지나지 않는다고 비판하면서, 공맹(孔孟)으로 다시 돌아가자고 주장하는 사상이다. 비록 고학이 전통회귀적이기는 하지만 봉건적 세계상에 대한 날카로운 문제의식을 불러일으켰다. 야마가 소코(山鹿素行; 1622~1685)와 이토 진사이(伊藤仁齋; 1627~1705)에 의해 거의 동시에 주자학으로부터 고학으로의 일대 전환이 일어난다. 이후 오규 소라이(荻生徂徠; 1666~1728)에 의해 고학은 정점을 이룬다.

172 大橋健二,『反近代精神 熊澤蕃山』, 勉誠出版, 平成 十四年, 2-4쪽.

173 도시에 살았던 상인 계급을 가리킨다.

로닌(浪人)[174] 출신인 야마가 소코(山鹿素行)는 공맹으로의 복귀를 주장하면서 기존의 주자학 논리를 강도 높게 비판하였다. 특히 소코는 인간의 자연스러운 '욕망'을 적극적으로 해석하고자 하였다.

> 인간이 인간으로서의 생래적인 성질과 형태가 있는 신체를 갖춘 이상은 정욕이 존재하기 마련이다. … 이는 사람이나 사물이나 마찬가지이다. 만물 가운데 인간은 음양오행(陰陽五行)의 정수를 받은 존재이기 때문에 그 지식은 매우 넓다. 따라서 그 욕망 또한 다른 사물에 비해 클 수밖에 없다. … 선배 유학자들은 본래 인간과 사물에는 욕망이라는 것이 깃들어 있지 않았다고 하지만, 이는 매우 잘못된 생각이다.[175]

또한 소코에게 리(理)는 주자학의 논리에서와 같이 형이상학적인 의미를 지닌 것이 아닌, 생활세계의 합리적인 활동일 뿐이다. 다음의 인용문에는 개인에 대한 가치 부여와 사회적 현실과 자연적 세계의 변별구도가 잘 서술되어 있다.

> 어떤 작은 사물이라 할지라도 리(理)는 내재되어 있지만, 그것은 하나의 사물에 하나의 리(理)가 내재되어 있는 것이다. … 천하의 만물에는 각각의 사물마다 저마다의 움직임이 있다. … 송명(宋明)의 유학자들은 사람은 누구라도 천리(天理)를 갖추고 있다고 말하고, 각각 자기 자신의 마음에 감지하는 것이 곧 천리라고 단정한다. 그렇지만 그것이 리(理)를 궁구한 결과 얻어낸 최고의 선

174 녹봉을 잃고 매인 데 없이 떠돌던 무사를 가리킨다.

175 山鹿素行, 『山鹿素行』(田原嗣郎 責任編集), 「山鹿語類」, 中央公論社, 1971, 422-423쪽.

(善)함이라고 말하는 것은 잘못이다. 왜냐하면 인간의 마음이란 반드시 생활의 얼룩에 찌들어 오염되어 있기 마련이기 때문이다. 그 감지하는 것은 모두 이해관계나 욕망에 영향을 받고 있다. 이러한 마음으로 천리라는 것을 궁구한들 그로부터 얻는 것은 단순히 [그 사람의] 자의적인 것에 지나지 않는다. 어째서 이런 행위를 궁리(窮理)라고 말하거나, 그로부터 얻은 것을 지선(至善)이라고 일컬을 수 있단 말인가? 아주 큰 잘못이다.[176]

또한 소코는 일상적인 직업 활동의 차원을 소중하게 생각하였다. 그런데 이와 같은 근대적 지평과 연결될 수 있는 소코의 유교 논리에 대한 전향적인 해석도 이른바 일본적인 것(혹은 신도神道적인 것)과의 연관관계에서 이루어지는 특징적 모습을 보여준다.

아마테라스오오카미(天照大神; 일본 전통 종교인 신도神道의 최고신인 태양신)는 천황가(天皇家)의 조상이다. 그리고 그 신명(神明)의 덕은 천하를 비추고, 모든 나무나 초목에 이르기까지 그 은혜가 미치지 않음이 없다. … 대대로 천황은 인민의 위에서 임금으로서 또한 스승으로서 추앙받아왔다. 그 전통은 진무(神武)천황[최초의 천황이라는 전설상의 인물]으로부터 오늘날에 이르기까지 적통(嫡統)으로서 이어오고 있다.[177]

소코의 이러한 입장은 앞으로 나타날 국학(國學)의 논리와도 맥을 같이한다.

---

176 山鹿素行, 『山鹿素行』(田原嗣郎 責任編集), 「山鹿語類」, 中央公論社, 1971, 438–440쪽.

177 같은책. 128–129쪽.

…일본은 중국과는 풍속이 다르며 지금은 또한 주자(朱子)가 살던 시대로부터 멀리 떨어져 있다. 그럼에도 불구하고 일본의 사(士)들 대부분은 자기 나라에 살고 있으면서 외국[중국]의 습관을 좋다고 하거나 혹은 외국풍의 예의를 배우고 제례(祭禮) 또한 외국의 양식을 따른다. 이는 모두 '리'(理)를 철저하게 궁구하지 못했기 때문에 발생한 잘못이다. 학문이라는 것은 구체적인 사물에 천착하여 그것을 밝히고 지식을 심화시켜가는 것으로, 외국의 풍속이나 습관을 흉내 내기 위해 있는 것은 아니다.[178]

그는 계속 말한다. "우리나라는 동방의 군자국(君子國)으로 신대(神代)이래 풍속은 극히 순박하고 기강도 극히 올바르다. 따라서 상대(上代)이래 지금에 이르기까지 승계되어 온 천황(天皇)은 100명을 넘지만 신하로서 천황을 죽인 자는 없었다. 그것은 우리나라가 신국(神國)이기 … 때문이다."[179] 여기에는 일본적인 전통가치를 선양하는 가운데서 이루어지는 주자학 비판과 천황권력을 정당화하는 논리가 들어 있으며, 에도시기 중반 이후부터 메이지시기에 걸친 새로운 사조의 전조가 발견된다.

야마가 소코 이후 주자학적 세계관은 오규 소라이(荻生徂徠; 1666~1728)에 의해 본격적으로 해체되기 시작한다. 오규 소라이에 의하면 도(道)란 나라를 잘 다스리고 백성들을 편안하게 하기 위해 만든 정치기술의 총칭으로서, 주자학에서 주장하는 초월적인 자연규범이 아니다. 그는 유교의 본질을 예(禮)·악(樂)·형(刑)·정(政)에 있다고 보면서 천도(天道)에 대해서는 무관심했으며 오직 인도(人

178 山鹿素行, 「武教小學」, 『山鹿素行』(田原嗣郎 責任編集), 中央公論社, 1971, 105쪽.

179 山鹿素行, 「山鹿語類; 巻七 君道 七」, 『山鹿素行』(田原嗣郎 責任編集), 中央公論社, 1971, 146쪽.

道)에만 관심을 지녔다. 그의 초월적인 도덕관념에 대한 무관심은 다음과 같은 언급에서도 잘 드러난다.

> 『시경(詩經)』을 해석함에 있어 송(宋)나라 유학자들이 저지른 커다란 잘못에 대해 지적하고자 한다. 주자(朱子)는 『시경집전(詩經集傳)』 서문에서 시(詩)는 '권선징악'을 위한 것이라고 하고 있는 데, 이것은 크게 그릇된 해석이다. 진정으로 '권선징악'때문이었다면, 그와는 다른 좀 더 좋은 방법을 썼을 것이다. 시로써 권선징악이라는 가르침을 표현했다는 것은 아무래도 납득하기 어렵다. … 『시경』에는 정(鄭)나라 시와 같이 음난한 시가 많이 실려 있다. 주자의 주(註)에서는 악(惡)을 징계하기 위해서 [이런 시가 실린 것이]라고 하고 있지만, 이것이 오히려 음난함으로 이끌어 가지는 않을까? … 『시경』의 시나 후세의 시나 전혀 차이가 없다. 『시경』은 도덕서(書)가 아닌 단지 시를 적어놓은 책으로 보는 것이 가장 좋다.[180]

주자학의 핵심은 자연과 인문현상을 연속성으로 파악하는 데 있다. 이러한 연속성을 붕괴시키는 소라이학의 특징을 현대 일본의 대표적인 정치철학자인 마루야마 마사오(丸山眞男; 1914~1996)는 '근대성'이라는 키워드로 풀어낸다. 마루야마는 '전근대'와 '근대'사회를 '자연적 질서'관과 '작위적 질서'관에 각각 배치한다. 그에 의하면 소라이학은 규범과 자연의 연속적 구성을 분해함으로써 사적=내면적인 모든 엄격주의로부터 해방되었다.[181] 소라이에 따르면 "도(道)는 송

180 荻生徂徠, 『荻生徂徠』(尾藤正英 責任編集), 「答問書 下」, 中央公論社, 1974, 356–357쪽.

181 마루야마 마사오, 김석근 옮김, 『일본정치사상사』, 통나무, 1998, 226쪽.

(宋)나라의 유학자들이 말하는 '사물이 당연(當然) 그 자체로 수행되어야 할 법칙' 등과 같은 것이 아니고 노장(老莊)이 말하는 '천지(天地)와 함께 자연 그 자체로 존재하는 것' 등도 아닌, 성인(聖人)이 인위적으로 만든 도(道)일 뿐이며, 도라는 것은 나라와 천하를 다스리는 방법을 가리키는 말이다."[182]

소라이는 철저하게 자연적 질서를 인간의 주체적인 작위(作爲)로 전환시킨 것이다. 소라이는 하늘의 길이나 땅의 길이라는 것은 단순히 인간적 질서를 자연계에 적용시킨 것에 지나지 않는다고 보았다.[183]

> 현실사회의 구성을 사농공상(士農工商)이라는 네 부류로 정한 것은 고대의 성인(聖人)이 정한 것으로, 하늘과 땅 사이에 자연스럽게 네 부류의 백성이 있었던 것은 아니었다. 농민은 밭을 경작하여 식량을 생산하고, 직인(職人)은 가정에서 사용할 기구를 만들어 사람들이 사용하게 하며, 상인은 금전을 유통시켜 도움을 주고, 무사(武士)는 이들을 잘 통치하여 혼란이 발생하지 않도록 하는 것이다. 네 부류의 백성 각각이 역할이 다르기는 하지만 실은 서로 도움을 주고받아야 하며, 네 부류 가운데 하나가 부족해도 나라는 성립할 수 없다.[184]

이 소라이의 언급에서 주목할 만한 점은 네 부류의 백성이 역할의 차이에 의해 구분되는 것이지 어떤 생래적인 차이에 의해 구분되는

182 荻生徂徠, 『荻生徂徠』(尾藤正英 責任編集), 「答問書 下」, 中央公論社, 1974, 340–341쪽.

183 마루야마 마사오, 김석근 옮김, 『일본정치사상사』, 통나무, 1998, 337쪽.

184 荻生徂徠, 「答問書 上」, 『荻生徂徠』(尾藤正英 責任編集), 中央公論社, 1974, 301쪽.

것이 아니라는 시각이다. 그리고 마루야마 마사오가 볼 때 소라이 사상에서 가장 중요한 근대적 특징은 유교 안에서 '도덕'이 아니라 '정치'를 언급했다는 사실이다. 오규 소라이의 유학, 즉 고학은 사적 세계와 공적 세계, 개인 도덕과 정치·법률과의 연속성을 끊고 공적 세계 및 정치·법률의 우위성을 사상적으로 확립하려 했다. 주자학은 개인에 있어서 도덕의 완성을 정치적 질서의 완성과 연속시켜서 파악한다. 하지만 오규 소라이에 의해 도덕과 정치는 단절된다. 마키아벨리(N. Machiavelli)·홉스(Th. Hobbes)·루소(J. J. Rousseau)·칸트(I. Kant)·헤겔(F. Hegel)·맑스(K. Marx)로 이어지는 서구의 근대적인 정치사상은 도덕과 정치를 분리하고, 인덕에 의한 통치가 아닌 조직과 제도에 의한 통치를 전제한다. 오규 소라이는 인간의 내면성의 개혁이 아닌 정치적 지배의 효율성이라는 작위적이고 외재적인 개혁을 중시했다. 당시 막부는 이러한 소라이의 입장을 적극적으로 수용한다.

소라이가 살았던 17~18세기에는 조선이나 중국 또한 제도 및 정치의 개혁을 중시하여 근대성이라는 맥락에서 해석 가능한 실학(實學)적 흐름이 움튼다. 하지만 당시 조선이나 중국에서 실학적 흐름이 대체로 비주류에 머무르면서 정치 역학적으로 큰 영향을 끼치지 못한 반면에, 오규 소라이의 개혁 담론은 주류 질서에서 작동한다. 에도(江戶) 시대 다이묘(大名)로 제5대 쇼군 도쿠가와 스나요시(德川綱吉)의 총애를 받아 겐로쿠(元祿) 시대 막부의 정치를 주도한 야나기사와 요시야스(柳澤吉保)는 오규 소라이를 후원한다. 나아가 오규 소라이는 57세 때에는 8대 쇼군 도쿠가와 요시무네(德川吉宗)의 신임을 얻어 그의 자문이 되기도 한다. 도쿠가와 요시무네는 오규 소라이를 파트너로 삼아 위로부터 대규모의 제도 개혁을 단행한다.

하지만 소라이에게도 일본 유학자 특유의 관점이 나오는데, "… 일본에서 태어났으면 일본의 신(神)을 숭배하는 것이 성인(聖人)의 도를 의미한다."[185]와 같이 일본적 가치에 대한 강조가 나타난다.

2. 일본 국학사상의 특징; '복고'와 '혁신'의 혼종

일본 국학은 가라고코로(漢意; 중국의 문화·사상에 심취하는 태도)에서 벗어나 일본 고유의 정신세계를 강조하는 학문 분야다. 이를 위해 국학은 일본 고전에 대한 문헌학적 연구를 중시한다. 국학은 쵸닝(町人) 출신인 모토오리 노리나가(本居宣長; 1730~1801)에 의해서 완성된다. 노리나가는 인간의 '실정'(實情=마코토노나사케マコトノナサケ)를 주장하면서 주자학 규범으로부터의 철저한 일탈을 도모한다. 이 '실정'은 좀 무리한 표현을 쓰자면 호색(好色)에 대한 긍정으로도 이어질 수 있는 개념이다. 그리고 이러한 노리나가의 규범으로부터의 일탈과 유교비판의 방향을 결정해 준 것은 바로 오규소라이였다.[186]

노리나가는 주자학적 사유를 비판하면서 천황통치의 당위성을 강조하였다. 또한 그는 『고사기(古事記)』에 기록된 신대(神代)에 관한 서술을 신화가 아닌 절대적 사실로 믿고, 이것을 인간의 일상적 삶이 의거해야 할 궁극적 가치로서 간주하였다. 노리나가는 『우이야마부

185 荻生徂徠, 「太平策」, 『荻生徂徠 – 日本思想大系 36』(吉川幸次郎 外 校注), 岩波書店, 1973, 452쪽.

186 飛鳥井雅道, 『日本近代精神史の研究』, 京都大學學術出版會, 2002, 6쪽.

미(宇比山踏)』에서 야마토 다마시이[187]를 특별히 강조하면서 중국적 사유를 강도 높게 비판한다. 그에 의하면 일본인들은 "… 가라고코로(한의漢意; 중국의 정신)와 유학을 깨끗하게 씻어 없애버리고, 야마토 다마시이를 진지하게 습득해야만 한다."[188]

> 세상에서 학문이라 하면 중국 책을 배우는 것만을 가리키고, 황국(皇國; 일본) 고대에 관한 연구는 이와 구분하여 신학(神學) · 왜학(倭學) · 국학(國學) 등으로 말하는데, 이는 중국을 종지로 삼고 우리 일본을 옆구리로 삼는 말투로서 어불성설이다. … 중국 책을 배우는 것은 분별하여 한학(漢學)이라든가 유학이라 하고 우리 황국(皇國)의 것을 당당하게 학문이라 불러야만 한다.[189]

노리나가에 의하면 달이나 꽃은 칭찬하면서 "예쁜 여자를 보고서도 눈에 들어오지 않는 척하는 것은"[190] 위선이며 일본 고유의 고전(신도神道를 잘 표현한)이야말로 이런 위선이 없이 자연에 잘 부합한다.

> 한토(漢土; 중국)에서 도(道)라고 하는 것은, 그 내용을 파고 들어가 보면 요컨대 남의 나라를 빼앗기 위한 것과 남으로부터 빼앗기지 않으려는 마음가짐 두 가지에 지나지 않는다.[191]

---

187 일본 민족 고유의 맑고 깨끗한 정신이라는 의미다.

188 本居宣長, 「宇比山踏」, 『本居宣長 – 日本思想大系 40』, 岩波書店, 1978, 514쪽.

189 本居宣長, 「玉勝間」, 『本居宣長 – 日本思想大系 40』, 岩波書店, 1978, 25쪽.

190 本居宣長, 「玉勝間」, 『本居宣長 – 日本思想大系 40』, 岩波書店, 1978, 137쪽.

191 本居宣長, 「直毘靈」, 『本居宣長』(石川淳 責任編集), 中央公論社, 1970, 171쪽.

> 중국에는 원래 정해진 군주(君主)가 없었기 때문에, 인신(人臣)이 왕이 되기도 하고, 왕도 일거에 보통 백성이 되기도 하였다. … 그래서 나라를 빼앗으려 하였으나 실패하고 쫓겨난 자를 도적으로 간주하여 증오하고, 감쪽같이 나라를 탈취한 것에 성공한 자를 성인(聖人)이라 일컬으면서 존숭하였던 것이다. 따라서 이른바 성인이란 도둑질을 성공적으로 잘 완수한 자를 가리킨 말이다. [하지만 일본은] … 천지(天地)가 시작된 이래 천황이 통치하는 나라로 정해져 있어 … 빈틈을 노려 찬탈하는 따위의 일은 불가능하며 천지와 함께 … 몇 만 년이 지나도 변함이 없다.[192]

'카라고코로'(漢意; 중국의 정신)에 대한 노리나가의 비판은 그의 가장 중요한 개념 가운데 하나인 '모노노아와레'(*物のあはれ*)와 서로 연결되어 있다.193[193] '모노노아와레'란 보고 듣고 만지는 사물에 의해 촉발되는 정서와 애수, 일상과 유리된 사물 및 사상과 접했을 때, 마음의 깊은 곳에서 흘러나오는 적막하고 쓸쓸하면서 어딘지 모르게 몰려오는 슬픈 감정 등을 뜻한다. 노리나가에 의하면 '모노노아와레를 안다'라는 것은 곧 "사물과 접촉하여 그 기쁘거나 슬픈 마음을 분간하여 아는 것"[194]이다. 이 '모노노아와레'는 노리나가의 국학 가운데 핵심 지형을 점하고 있는 '가론'(歌論)[195]에서 주제어의 역할을 하는 개념이다. 노리나가의 목적은 역사(시간과 공간), 정치(역할), 문학(놀이) 등에 이르는 생의 영역을 '신의'(神意; 신의 뜻)에 통합하는

---

192 本居宣長, 「直毘靈」, 『本居宣長』(石川淳 責任編集), 中央公論社, 1970, 176쪽.

193 田原嗣郎, 「本居宣長における規範 · 法則の問題と學問展開の方向」, 『思想』, 岩波書店, 1968.9, 80쪽.

194 本居宣長, 『日本哲學思想全書 第十一卷 – 歌論篇』(三枝博音 編集), 「石上私淑言」, 平凡社, 1956, 146쪽.

195 일본 고유 형식의 시인 와카(和歌)에 관한 평론 또는 이론을 가리킨다.

것이다. 그에게 '모노노아와레'는 모든 사회의 구성원들이 하나로 엮이는 전통적인 '공통감각'이었다. 노리나가의 국학은 장차 메이지 유신이라는 왕정복고에 의한 신분사회 해체에 커다란 영향을 준다.

그런데 우리는 다음과 같은 역사적인 동시적 현상에 주목할 부분이 있다. 노리나가가 생각한 것은 같은 시기(18세기 후반)의 서양에서 미학(Aesthetics)이 정착하게 된 맥락과도 통하는 면이 있다. 그리고 이 양자는 낭만주의적 입장이 결국은 근대 내셔널리즘과 연결된다는 점에서도 비슷하다. 아놀드 하우저에 의하면, 낭만주의의 새로운 점은 '예술의 정치화'라고 할 수 있다.[196] 노리나가의 '가론'이나 서구의 낭만주의는 모두 근대의 형식성의 '과잉'에 대한 비판적 인식으로부터 나온 것이라고 볼 수 있다.

노리나가의 일본'적' 감성에 대한 강조는 일본 고유의 신들을 유기적으로 엮어냄으로써 '화혼'(和魂; 일본의 정신적 가치)의 '형식적 합리화'에 일조한다. 노리나가가 그리는 일본적 세계의 자연상은 정점에 아마테라스오오카미(天照大神)를 둔 나름대로의 합리적 체계를 갖춘 세계이다. 그리고 이 세계는 아마테라스 계보의 존속에 의해서 현재에 이르기까지 계속 이어진다. 노리나가를 비롯한 국학자들이 설정한 '아마테라스-천황'의 계보는 메이지 이후 천황을 중심으로 한 일본식 근대화 논리에 밑바탕이 된다.

한편 국학은 강렬한 신비주의적 측면을 지닌 신도(神道)의 성격을 보이면서도 뛰어난 실증과학으로서의 업적을 이뤄내기도 했다. 국학사상의 종교적 버전인 신도는 각 시대마다 융성한 학문을 받아들여 나름대로의 체계를 끊임없이 만들어왔다. 어떤 시대에는 음양오행(陰陽伍行)설을 받아들여 신도 이론으로 삼았고, 혹은 진언종(眞言宗)·천

---

196 아놀드 하우저(A. hauser), 염무웅 外 옮김, 『문학과 예술의 사회사 3』, 창작과 비평사, 1999, 243쪽.

태종(天台宗)의 이론체계를 수용했다. 또 어느 시대에는 주자(朱子)의 이기론(理氣論)으로 이론 무장을 하기도 했다. 심지어 코페르니쿠스(N. Copernicus; 1473~1543)의 지동설마저 신도로부터 나왔다고 주장하기도 했다. 이와 같이 신도는 각각의 시대적 상황 속에서 필요한 사상들을 흡수하며 사상적 지평을 확대해왔다. 일본 국학사상은 이러한 신도를 뼈대로 삼아 일본 근대사상의 중요한 근간을 이루게 된다.

막번(幕藩)체제[197]를 종식시킨 메이지 유신의 지도자들은 고대국가의 정치적 권위였던 천황의 지위를 다시 강화시키려 했다. 이러한 반(反)근대적이고 복고적인 목표가 실제로는 봉건질서[막번체제]를 파괴하기 위한 가장 효과적인 정치적 상징이 되었다는 사실이 일본 근대의 특징이다. 도쿠토미 소호(德富蘇峰; 1863~1957)의 말을 빌리자면, 그것은 "명백히 적대하는 두 가지 커다란 주의(主義)"가 이끄는 '쌍두사(雙頭蛇; 머리가 둘 달린 뱀)'였다.

간과해서는 안 될 부분은 서구의 계몽주의를 직접적으로 받아들인 자유민권론자나 심지어는 사회주의 계열의 인사들 가운데서도 국학적인 논리가 많이 발견된다는 사실이다. 메이지 시기 서구로부터 유입된 계몽사상은 문명개화와 자유주의적인 사고방식을 확산시키는 데 획기적인 역할을 한다. 그러나 그것은 주류 정치권력과의 대항의식을 갖고 있지는 않았다. 계몽사상가 대부분이 메이지 정부에 등용된 관원이었으며, 이들의 사상은 정부의 문명개화 정책을 촉진시킴과 동시에 정부정책의 사회적 영향력을 확대했다. 한 가지 흥미로운 사실이 있다. 『대일본제국헌법』에서 천황제의 정당성은 아마테라스오미카미(天照大神; 신도의 최고신인 태양신) 혹은 신화에서 최초의 천황

---

197 메이지 유신 이전인 도쿠가와 시대(즉, 에도시대)의 정치체제를 가리키는 용어다. 절대지배자인 쇼군이 막부를 장악하고, 그 아래에서 지방영주인 여러 다이묘들이 각각 자기 영지에서 자치권을 행사했다.

으로 상정하고 있는 진무(神武)천황을 기점으로 하는 '만세일계'(萬世一系)[198]의 관념에 기초한다. 그런데 이는 천부인권설을 주장했던 자유민권파의 여러 헌법초안에서도 보인다.

메이지 국가는 마루야마 마사오가 사용한 개념들을 끌어와 표현해보면, '자연성'과 '작위성'을 절묘하게 배합한 하나의 정치적 작품이었다. 여기서 '자연성'이라는 의미는 전통적인 신앙적 측면에서 말한 것이고, '작위성'이라는 측면은 근대국가 법에 따른 작위성을 뜻한다.

3. 국가종교로서의 신도(神道)와 천황(天皇)의 역할

헤이안 신궁(필자 촬영)

198 일본 천황가의 혈통이 단 한 번도 단절된 적이 없다고 주장하는 견해다.

일본의 가미(神)는 형태를 지닌 존재로 인식되지 않는다. 이는 불교에서 휘황찬란하게 불상을 만드는 것과 비교하면 매우 독특한 성격을 지닌 것이다. 신사(神社)의 신은 모두 '미타마시로[御靈代; 신의 존재를 나타내는 표식]'인 거울이라든가 폐백에 의해 상징되어 있을 뿐이다.

기독교에서 신은 수많은 화가들에 의해 그려지는 소재였다. 하지만 일본의 가미는 미술의 소재가 된 적이 거의 없다. 그리고 이러한 가미의 '비(非)가시적' 측면은 오히려 일상생활 속에서 가미의 편재성을 뜻하는 것이기도 하다. 일반적으로 신의 형용으로서 사용되는 '초월적'이라든가 '절대적'이라는 표현은 감각적인 일상생활 경험의 장을 뛰어넘어 있는 것을 의미한다. 이러한 절대적인 존재가 그림 등을 통해 구체적으로 형상화되는 것은 종교를 믿는 사람이라면 누구라도 바랄 것이다. 하지만 일본의 신도에서는 그러한 신에 대한 구체적 형상화가 존재하지 않았다. 일본 민중에게 '가미'란 구체적으로 드러나지 않으면서도 자신과 극히 가까이 존재하는 대상이었다.

천황은 '무적'(無的) 존재에 가까운 가미를 구체적으로 드러내게 해주는 통로다. 가미와 천황을 둘러싼 이러한 '비가시적 가시성'은 근대 일본이라는 공간에서 종교적 문화가 더욱 확산되어나가도록 만들었다. 제도적으로 형식화된 종교이면서도 신비적 컨텍스트로서 '보이지 않는 종교'로 기능하는 것이다. '천황령'(天皇靈)이라는 개념이 있다. '천황령'은 천황의 신체를 가득 채우는 '혼'(魂; 다마시이)이며, 그것이 그때그때마다 신체에 머무는 것에 의해 처음으로 아마테라스오미카미의 직계자손이라는 자격이 완성된다. 그 자격완성을 위한 '가시적인' 종교의식이 바로 대상제(大嘗祭; 천황이 즉위할 때 거행하는 의례)라는 의례다. 이렇게 천황의 이미지는 일본에서 머나먼 옛날부터 전해 내려오는 전통적 풍토와 융합된다. 그 때문에 일반 민중에게 그것은 지극히 '자연스러운' 현상으로 인식되면서 하나의 지배 시스템으로는 인지되지 않았다. 다케우치 요시미(竹內好)가 말한 바와 같이 그것은 "나에게 대상적인 존재로 나타나는 것이 아니라, 나에게 포함되어 있다."

국학은 메이지 이후에 국가신도를 통해 서구적 근대화의 길을 본격적으로 모색한다. 이는 유신 시기에 벌어졌던 계층 간의 신분적인 투쟁을 최대한 억제하도록 만들었다. 또한 막번체제에서 단지 신화적 기호로만 머물러 있던 천황은 메이지 정부 수립 이후에는 신화적 기호와 더불어 근대적 계몽의 기호로도 인식된다.

> 일본의 종교개혁은 [인민의 손에 의해 이뤄진 것이 아니라] 메이지 유신 정부의 손에 의해 신도(神道)국가화 정책을 배경으로 실시된다.[199]

국가신도화는 국가 주도로 서구의 근대적 '형식'을 차용해 이뤄진 일본식 종교개혁이었다. 이에 대해 후지타니 도시오(藤谷俊雄)는 다음과 같이 말한다.

> 나는 근대의 국가신도는 결코 단순한 전근대의 유산이 아니라 절대주의 체제에 더욱 어울리며, 극히 교묘하게 창조된 신종교라고 생각한다. 그리고 이와 같은 신종교에 국민의 대다수가 … 조직되어간 비밀은 인민의 반봉건적인 투쟁과 결부된 종교개혁이 전개되지 않고, 오히려 절대주의 지배자가 이것을 선취하여 … 절대주의적 종교개혁을 진행했다는 데 있다고 생각한다.[200]

---

199 藤谷俊雄, 『神道信仰と民衆 · 天皇制』, 法律文化社, 1980, 1-2쪽.
200 같은 책, 183-184쪽.

신도는 오늘날에도 일본인들이 가장 많이 믿는 종교로 자리 잡고 있다.

4. '국가신도'를 통한 사회구조의 '도덕적' 합리화

이토 히로부미(伊藤博文; 1841~1909)는 남부 독일의 헌법을 모델로 하여 「대일본제국헌법」을 '흠정헌법'(欽定憲法)의 형태로 국민에게 선포하게 했다. 흠정(欽定)에서 '흠'(欽)이란 본래 중국에서 황제에 대한 경칭으로 쓰였던 용어다. 따라서 흠정헌법이란 군주가 자신의 의지에 따라 단독으로 제정한 헌법을 의미한다. 유럽이나 미국에서 헌법은 시민의 권리를 쟁취하기 위한 투쟁의 역사를 반영한다. 영국의 경우 헌법의 정신은 국왕의 권력을 축소시킨 시민혁명과 관련된다. 하지만 일본에서 신권(神權)으로서 천황의 권위는 「대일본제국헌법」에 의해 법률상으로 확정된다. 「대일본제국헌법」 제1조는 "대일본제국은 만세일계(萬世一系)의 천황이 통치한다."고 말한다.

신도는 제사이며 종교가 아니라고 주장하는 '신사비종교론'(神社非宗教論)은 신도를 제외하고 불교·기독교 등만이 종교의 범주로 재편되어 종교법으로써 국가의 통제·감독 아래에 들어가도록 했다. 국가신도는 '신사비종교론'에 의해 표면적으로는 그 종교성을 탈피하면서 국민도덕으로 재생산되었다. 신도를 도덕의 범주 안에 배치하면서 종교가 아니라고 주장하는 논리는 다음과 같이 나타났다.

① 신도는 '국체'(國體; National Essence) 또는 도덕의 표징이다. 또한 일반종교처럼 창시자라든가 경전이 없으며 내세도

말하지 않으므로 종교가 아니다.

② 신도는 민족생활의 연장이며 종교와는 그 기점이 다르다. 또 한 신의 성질에 있어서도 외국의 종교개념과는 전혀 다르다.

③ 신사에서의 기원이나 기도는 제사정신의 반향이지 서양의 종교와는 다르다.

④ 출발점에 있어 신도는 국가적이며, 기성종교는 개인적이다. 또한 조상숭배는 국민일체의 도덕적 규범이지 종교행위가 아니다.[201]

국가에 대한 충성의 퍼포먼스인 신사참배는 국민이 가져야 할 공공적 의무였다. 그 때문에 설사 자신이 믿는 종교가 기독교라 하더라도 서로 부딪치지 않고 공존할 수 있었다. 기독교도는 자신의 종교적 신념을 버리지 않고도 신도 이념을 자연스럽게 수용할 수 있었다. 신사참배는 종교적 행위가 아니라 단지 국가제사라는 차원과 도덕이라는 성격을 지니고 있기에 자신의 종교적 신념과 배치되지 않았다.

그리고 이토 히로부미가 신도의 논리에 입각하여 천황절대주권설을 강조한 또 다른 이유가 있었다. 이토 히로부미가 보기에 당시까지 지역적 특성을 강하게 담지하고 있던 일반 민중은 새롭게 일본국민으로 재편될 필요가 있었다. 근대국가의 국민이 되기 전에 일본의 민중은 민족적 동질성이나 국가적 정체성이 결여된 상태로 단지 자신이 속해 있는 지역에만 얽매여 살아가고 있었다. 이 때문에 후쿠자와 유키치(福澤諭吉; 1835~1901)[202]는 메이지 7년(1874) 『학문의 권

---

201 戸村政博 編, 『日本近代キリスト教史資料 1; 神社問題とキリスト教』, 新教出版社, 1976, 3쪽.

202 그는 '일본 근대학문의 아버지'라고 불린다. 현재 엔화의 최고 고액권인 1만 엔짜리 지폐에는 그의 초상이 그려져 있다.

유』 4편에서 "일본에는 오직 정부만 있고 아직 국민이 있다고는 말할 수 없다."고 말하기도 했다.[203] 메이지 정부 핵심세력들에게 이런 상황은 각 사회단위를 하나의 권력 작용 아래에 두려는 목적을 달성하는 데 불리한 조건이었다. 메이지 정부에게 있어 새로운 '국민'의 창출은 시급하게 요청되는 사안이었다.

근대 일본의 지형도에서 새롭게 국민을 창출하는 방식은 '국민화=문명화'라는 도식 아래에서 다음과 같은 형태로 진행된다.

(1) 공간의 국민화: 균질화 · 평준화되고 깨끗한 공간/국경
(2) 시간의 국민화: 역법(曆法; 시간의 재편), 노동 · 생활의 리듬/신화와 역사
(3) 습속의 국민화: 복장, 언어, 예절, 의식(儀式; 권위-복종)/새로운 전통
(4) 신체의 국민화: 오감, 행동거지, 보행, 학교, 공장, 군대 등의 생활에 적응 가능한 신체와 감각/가정[204]

이 가운데 '시간의 국민화'의 경우만 살펴보자. 새로운 축제일의 설정은 생활이나 노동 리듬과 깊게 관계되어 있다. 그것은 또한 국민 통합의 중심에 놓인 천황제가 국민의 습속의 중심으로서 확립되는 것과도 깊은 관련이 있다. 이러한 시간의 국민화는 새로운 신화나 역사의 창출이라는 방향성을 포함하고 있다. 신화를 현재화하려는 일련의 시도는 종교를 통한 사회의 일체화로 나타났다.

이토 히로부미에 의하면, 유럽은 종교가 국가의 기축이 되어 사람

203 飛鳥井雅道,『日本近代精神史研究』, 京都大學學術出版會, 2002 141쪽.

204 西川長夫 · 松宮秀治 編,『幕末 · 明治期の國民國家形成と文化變容』, 新曜社, 2002, 31쪽.

들의 마음속에 깊이 각인되어 있다. 그러나 일본은 종교의 힘이 빈약하여 국가의 기축으로서 역할을 하지 못하고 있다. 이토 히로부미는 특히 프러시아에서 기독교도의 신에 대한 절대적 복종이 황제에 대한 충절을 키우고 있음에 주목했다. 이런 맥락에서 그는 국가의 정치적 통합에 종교가 불가결함을 통감하고 있었다. 따라서 그는 정치적 통합을 위해 천황을 중심으로 한 일신교적 색채가 짙은 종교논리를 새롭게 창출한다.

「대일본제국헌법」이 선포된 다음 해인 1890년에 나온 「교육칙어」는 국가신도를 위한 실질적인 안내서 역할을 한다. 「교육칙어」는 반포된 해인 1890년부터 패전한 1845년까지 일본 국민을 천황제 국가체제에 예속시키는 데 절대적인 힘을 발휘한다. 「교육칙어」를 내용적으로 구분해본다.

(1) 일본에서 인륜도덕은 나라가 건국되었을 때부터 마련되었으며, 신민(臣民)은 충과 효를 대대로 잘 체현해왔다고 예찬하고 있다. 그리고 이는 교육의 연원이기도 하다.
(2) 효도, 형제 · 부부 · 친구에 대한 화합과 신뢰, 박애, 학문의 계발과 인격 도야를 언급하면서 만일 국가에 위급한 일이 생길 경우 신민은 천황을 위해 목숨을 바쳐야 한다고 말한다.
(3) 마지막으로 이러한 가치기준들은 동서고금을 막론하고 보편적인 진리라고 주장한다.

「교육칙어」의 성립으로 인해 파편화되어 있던 일본이라는 공간의 사회구성원들은 하나의 국민으로 통합될 수 있는 이념적 계기를 마련하게 된다. 국가신도의 이념은 「교육칙어」의 엄숙한 봉독을 통해 끊임없이 상기되었다. 그리고 봉독하는 국민 당사자들 간의 심적 교류를 갈마들게 해주었다. 「교육칙어」는 표준화된 대중적 공교육, 공통의 가치나 신화적 상징을 통해 국가공동체의 구성원을 하나의 단위로 사회화해가도록 했다.

홉스봄(E. Hobsbawm)에 의하면 근대의 특징은 '새로운 전통의 창출'(Invention of tradition)에서 찾아볼 수 있다. 국가신도 또한 '만들어진 전통'이라고 볼 수 있다. 메이지 이후 새롭게 강조된 신들의 체계는 본래 메이지 이전의 일반 백성에게는 낯선 것이었다. 국가신도가 만들어진 전통인 것과 마찬가지로 천황의 절대적 이미지도 전통적으로 계속 존재해온 것이 아닌 메이지 이후에 만들어진 이미지다. 메이지 초기까지만 하더라도 천황은 일본인에게 자신의 아버지와 경쟁하는 입장은 아니었다. 부모에 대한 효와 번주(藩主; 지방영주)에 대한 충성은 중요한 도덕적 규범으로 일본인 사이에 본래부터 있었다. 하지만 천황에 대한 충성의 경우는 민초에게 그때까지는 크게 의식되지 않은 관념이었다. 천황은 당시 일반 민초에게 마치 하늘에 걸쳐 있는 신기루와 같이 그저 막연한 느낌이 드는 존재였다.

신도 같은 신앙적 차원이 정치 및 가족이데올로기와 합치되어 나타난 총체적 개념이 바로 '국체'(國體)다. 국체에 의해 천황과 신은 동일화되었고, 일반 민중도 이 양자와 동일화되었다. 국민과 천황 그리고 신과의 이러한 동일화에 대해 「교육칙어」를 작성한 인물 가운데 하나인 이노우에 고와시(井上毅)는 다음과 같이 설명한다. 그는 '시라스(しらす)론'이라는 천황론을 전개했다. 이노우에 고와시에 의하면 『고사기(古事記)』에 있는 것처럼 천황의 지배는 '시라스'로 표현된다. 시라스는 '시루'(知る)에서 온 말로, '시루'는 사물을 안다는 의미다. 마음과 외부의 물건을 마치 거울이 물건을 비추는 것처럼 분명히 밝히는 것이 바로 '시루'다. 그에 의하면 역대 천황 모두가 거울 같은 마음으로 천하의 인민을 다스린 것이 일본의 국가원리였다. 이 관점을 깊이 있게 이해하기 위해 알튀세L. Althusser(1918~1990)의 '호명이론'을 '호명'해보자.

> 이데올로기는 … '호명'이라는 작용을 통해 개인들 가운데서 주체들을 모집하거나 개인들을 주체들로 변형시킨다. 그리고 바로 그 작용은 … 경찰의(혹은 다른) 호명인 '이봐 자네!' 같은 부름 속에서 능히 상상할 수 있는 것이다. … 부름을 당한 사람은 부름을 받고 있는 사람이 바로 자기라는 것을 언제나 인식한다.[205]

알튀세에 의하면 기독교의 종교 이데올로기는 신의 목소리를 통해 각 주체를 구성한다. 신은 각 존재를 호명함으로써 주체 각각의 자리를 규정한다.[206] 유일·절대 주체의 이름으로 주체로서의 개인에게 질문하는 모든 이데올로기의 구조는 이중 거울의 구조를 지닌다. 절대주체는 유일한 중심점을 차지한다. 그리고 이 절대주체는 이중 거울관계 속에서 주변에 있는 무한한 개인에게 질문을 던져 이들이 주체를 형성하도록 한다. 알튀세에 따르면, 인간은 국가 장치가 불러낸 대상들임에도 불구하고 자기가 자발적으로 존재한다는 환영에 빠져 있는 존재다.[207] 이런 활동 속에서 주체들은 의례(儀禮)에 지배되는 실천 속에 삽입된다.[208]

천황이라는 절대 표상과 그것의 수용자인 소주체 사이에 벌어지는 이데올로기적 효과는 「교육칙어」 등과 같은 구체적인 이데올로기적 장치를 거점으로 하여 이뤄진다. 각 소주체는 「교육칙어」 등과 같은 구체적인 이데올로기 장치로부터 자신의 주체를 형성한다. 신에 대한 제사, 천황의 초상 앞에서 무릎 꿇기, 「교육칙어」 낭독 등은 모두 이

---

205 루이 알튀세, 이진수 옮김, 『레닌과 철학』, 백의, 1992, 178–179쪽.

206 같은 책, 1992, 181–181쪽.

207 같은 책, 1992, 147쪽.

208 같은 책, 1992, 185–186쪽.

러한 성격의 주체를 형성하게 하는 재료들이다.[209]

특히 천황의 '어진영'(御真影; 천황의 초상화를 높여 부르는 말)은 이런 방식의 현전성을 드러내는 효과적인 미장센의 도구였다. 대량으로 복제되고 두루 존재하는 이 '어진영'은 원본성(Original)이 결여된 이른바 '시뮬라크르'(Simulacre)로 유통되면서 천황의 이미지를 만들어 냈다.

이 초상사진을 바라보면, 보는 사람의 시선이 어느새 초상사진의 시선 속에 흡수되어 그에 의해 다시 포착될 수 있다. 응시하고 있음에도 불구하고 오히려 사진 속의 초상에게 응시당하고 있다는 이상한 감각에 사로잡힌다. '어진영'은 '초월적 주체'의 지위를 확보한다. 그리고 그것에 삼가 절하는 사람들은 초월적인 주체에 의해 평등하게 '보임'으로써 그 초월적 주체의 시선에 예속되는 방식으로 자신의 '주체'를 형성한다. 천황이라는 대주체에 예속되고 있는 소주체는 '거울'을 통해 비치는 대주체의 모습을 자신의 반영이라고 오인한다. 이렇듯 각각의 소주체는 자신의 정체성을 대주체로부터 부여받는다. 그리고 이는 모든 일본인 개개인의 기원을 '천손강림'(天孫降臨) 신화[210]에서 찾는 국학자들의 주장과도 같이, 천황을 정점으로 한 일종의 '성'(聖)스러운 가족['성가聖家'] 이데올로기를 창출한다. 따라서

---

209 호명받는 자가 그것을 통해 주체의 변용을 이루기 위해서는 '호명'이라는 사라져가는 소리가 구체적인 등록된 표지 혹은 기록으로 각인될 필요가 있다. 그 하나의 예로 메이지 8년 6월 '일본 경찰의 아버지'라고 불리는 가와지 도시요시(川路利良)가 치안을 더욱 철저하게 하기 위해 국내용 여권 발행을 정부에 건의한 것을 들 수 있다[(渡辺公三, 「戸籍 · 鑑札 · 旅券―明治初期の同一性の制度化と川路利良の '内國旅券規則'安」, 『幕末 · 明治期の國民國家形成と文化變容』(西川長夫 · 松宮秀治 編), 新曜社, 2002, 316쪽]. 그 주된 내용은 8세 이상의 남녀가 자기가 살고 있는 소재지를 벗어나 타관에 갈 때에는 반드시 본적지에서 발행한 여권을 발행받아 소지해야 한다는 것이다(같은 책, 321쪽).

210 태양신 아마테라스오미카미의 손자인 니니기(瓊瓊杵尊, 邇邇藝命)가 일본을 통치하기 위해 강림했다는 일본 신화.

각 소주체의 이른바 종교적 '구원'마저도 저편의 초월적 지평이 아닌 현재적 공간에서 확보된다.

요컨대 「교육칙어」 등의 이데올로기적 장치는 전통적이고 비의적(Anagogic)인 세계관을 근대적 성격의 형식화된 규율에 탑재하여 국가도덕에 합치된 '국민'을 창조하고자 하는 목적 아래에서 마련된 것이다.

5. '비의적(Anagogic)'/전통적인 '심정'과 서구근대의 합리화된 '형식'의 기형적인 혼종

프랑스의 철학자 푸코(M. Foucault; 1926~1984)는 근대의 규율=훈련적인 사회의 다이어그램을 '페스트 모델'이라고 규정했다. 그리고 그에 대비한 고대 왕권사회의 다이어그램을 '나병 모델'로 부른다. '나병 모델'이란 푸코가 고대 서양에서 나병에 걸린 사람을 외곽 지역으로 추방한 것으로부터 고대사회의 권력 유지 방식을 정식화한 표현이다. '페스트 모델'은 도시 구조에 있어서 가시적으로 제시되는 권력의 양상과 관련되어 있다.[211] 푸코에 의하면 17세기 말의 한 법규에는 페스트가 발생했을 경우 다음과 같은 조치를 취하도록 하고 있다. "… 그 도시와 지방의 봉쇄는 물론이고, 그곳에서 밖으로 나가는 것은 금지된다. … 그리고 그 도시는 명확히 구별되는 구역들로 세분하고, 각 지역에는 감독관의 권능이 확립된다. … 공간은 세분화

211 미셸 푸코, 오생근 옮김, 『감시와 처벌』, 나남출판, 1994, 289-294쪽.

되고, 고정되어 있으며, 동결되어 있다."[212]

푸코는 이로부터 규율과 훈련으로 특징지어지는 근대사회의 모습을 추출했다. 푸코는 기숙사, 학교, 병원, 군대, 수용소, 공장, 수도원 등 모든 근대적 수용시설의 원리를 규율과 훈련으로 파악한다. 푸코가 관찰한 바로는 이러한 규율사회의 전형은 군인에서 시작되었다.

> 18세기 후반이 되자, 군인은 만들어지는 그 어떤 것이 되었다. 사람들은 틀이 덜 잡힌 체격, 부적격한 신체를 필요한 기계로 만들면서 조금씩 자세를 교정시켜나갔다. 계획에 의거한 구속이 서서히 신체의 각 부분에 두루 퍼져나가 각 부분을 마음대로 지배하고, 신체 전체를 복종시키며, 신체를 언제든지 마음대로 사용할 수 있게 한 것이다. 이러한 구속은 '습관'이라는 무의식적인 동작을 통해 암암리에 그 작용을 계속하게 된다.[213]

푸코는 이런 시스템을 만들어가는 것을 하나의 정치기술로 보았다. 이 정치기술은 단지 신체가 강건한 인간을 만드는 것만이 아니라, 신체의 지배를 통해 정신을 지배하는 것이 최종목적이었다. 이 기술의 요체는 통제되고 있는 사람이 통제되고 있다는 것을 느끼지 못하고 스스로 자기 의지에 의해 통제된다는 점에서 찾을 수 있다. 푸코는 또 말한다.

> … 정신은 신체의 주위에서, 그 표면에서, 그 내부에서, 권력의 작용에 의해 끊임없이 만들어지는 것이며, 그 권력이야말로 감시받고 훈련받고 교정받는 사람들, 광인 · 유아 · 초등학생 · 피식민

212 미셸 푸코, 오생근 옮김, 『감시와 처벌』, 나남출판, 1994, 289쪽.
213 같은 책, 203-204쪽.

자, 어떤 생산기구에 묶여 살아있는 동안 계속 감시당하는 사람들, 그러한 모든 사람들에게 행사되는 것이다.[214]

규율과 훈련은 지속적으로 '순종하는 신체'를 만들어냈다. 푸코에 의하면 이 장치들을 통해 다양하게 매개된 권력관계, 즉 권력의 '미시물리학'에 의한 권력관계가 근대사회를 형성한다.

근대일본에서도 근대적 군대조직은 사람들이 규율 있는 언어 및 동작과 공간을 질서 있게 관리하는 능력을 배우는 중요한 학습의 장이었다. 그리고 근대적 학교조직은 근대적 규율화의 모델 혹은 집단행동훈련의 장으로서 중요한 기능을 했다. 이러한 체계의 마련에는 메이지 유신 이전인 에도시대의 사상가 오규 소라이(荻生徂徠)가 결정적인 역할을 했다. 그는 사적 세계와 공적 세계의 분리, 개인적 도덕을 배제한 실정법적 성격 등 여러 정책을 막부에 제시한다. 오규 소라이는 말한다.

나라를 잘 다스리기 위해서는 예컨대 '바둑판'의 줄들이 종횡으로 정확하게 그려져 있듯이, 전체를 전망한 계획에 의해 사물을 다뤄야 한다. 줄이 반듯하게 그어져 있지 않은 바둑판에서는 아무리 바둑을 잘 두는 사람이라 해도 바둑을 잘 둘 수 없듯이, 계획을 세우지 않으면 정치를 잘 할 수 없다.[215]

오규 소라이에 따르면 에도(江戶)의 도시구조는 규율화된 정치적 지배를 도출하기 위해 외부로부터 유입된 고용인이나 불법노동자를 '바둑판의 눈금' 안에 가두어두는 가시적인 감시 장치를 마련

214 미셸 푸코, 오생근 옮김, 『감시와 처벌』, 나남출판, 1994, 59쪽.
215 荻生徂徠, 『日本の名著 16—荻生徂徠』, 中央公論社, 1974, 363쪽.

해야 한다. 이 '바둑판의 눈금'이라는 개념은 푸코가 말하는 '패놉티콘'(Panopticon; 원형감옥)[216] 개념과 상응할 수 있다. 그리고 이러한 감시 장치에 의해 도적·걸인·부랑자·매춘부 등은 면밀하게 구획된 공간에서 새롭게 관리되어야 한다.

푸코는 근대 시기에 접어들면 전근대시기에 만연한 신체형 처벌이 신체에 대한 관리로 바뀌었다고 말한다. 오규 소라이 또한 단순한 신체형에 의한 처벌을 반대했다. 오규 소라이가 말하는 감시 장치는 푸코의 표현을 빌리자면 "완력을 쓰지 않고 자발적으로, 그리고 소리 없이 운용되면서 그 효과가 서로 연쇄적으로 나타나는 하나의 메커니즘"[217]이다. 일례로 오규 소라이는 '내부를 향한 감금'을 가능하게 하는 장치로서 '도형'(徒刑; 강제 노동형)'을 구상한다. 이러한 구상은 오규 소라이의 영향을 받은 마쓰다이라 사다노부(松平定信)가 예비구금자들에 대한 교육이나 노동을 위해 이시카와지마(石川島)에 요세바(寄場)[218]를 설치하는 것으로 이어진다.[219] 막부 말기 에도의

---

216 본래 이 개념은 영국의 공리주의 철학자 벤담(J. Bentham; 1748~1832)이 처음 제시했다. 패놉티콘은 가운데가 비어 있는 동심원 모양을 하고 있으며, 바깥쪽의 둥그런 건물에는 죄수를 가두는 방들이 들어서 있고, 중앙에는 죄수를 감시하기 위한 공간이 있었다. 죄수의 방에는 건물 내부를 향한 창문이 있어서 죄수의 일거수일투족이 간수에게 시시각각 포착될 수 있었다. 반면 중앙에 있는 감시 공간의 내부는 항상 어둡게 유지되어 죄수는 간수가 자신을 감시하고 있다는 사실은커녕 간수의 존재 자체도 알 수 없었다. 벤담에 의하면 패놉티콘에 갇힌 죄수는 보이지 않는 곳에서 항상 자신을 감시하고 있을 간수의 시선을 늘 의식하며 스스로를 감시하게 된다. 푸코는 벤담의 패놉티콘 개념을 다시 불러와 감옥의 의미를 훨씬 뛰어넘는 근대적 감시의 상징어로 만들었다. 푸코는 패놉티콘 개념을 통해 근대 권력의 규율과 통제가 육체에 대한 규율과 통제에서 영혼에 대한 규율과 통제로 바뀌었음을 풀어낸다.

217 미셸 푸코, 오생근 옮김, 『감시와 처벌』, 나남출판, 1994, 304쪽.

218 에도막부는 에도의 치안 유지를 위해 노숙자를 수용하여 직업훈련을 시키는 요세바(寄場; 사람을 집결시키는 곳)를 에도 만의 이시카와지마(石川島)에 설치한다.

219 平松義郎, 『江戸時代の罪と罰』, 平凡社, 1988, 224쪽; 西川長夫 · 松宮秀治 編, 『幕末 · 明治期の國民國家形成と文化變容』, 新曜社, 2002, 422-423쪽.

모습은 수형자의 신체에 대한 직접적인 관여가 도시공간의 권력구조의 특질을 형성하고 있었다. 도시공간은 점점 감옥화되는 형태로 바뀌어나갔다. 여기에는 근대 권력사회의 이데올로기 장치인 감옥·공장·병원·학교·군대에서 보이는 신체에 관여하려는 규율과 훈련이 존재한다. 이러한 감옥 시스템은 19세기 이후 전국적으로 확대된다.

1889년부터 1890년까지 일본에서는 헌법·민법·상법이 제정되고 제국의회가 개회되는 등 근대국가의 정치적·법적 제도가 정비되었다. 민중이 현존 국가체제를 입헌적·문명적 국가로서 '자발적으로' 수용하는 조건이 구축되었다. 또한 1889년부터 시행된 도시와 마을에 관련한 새로운 행정구획제도는 공공관념을 육성하는 중요한 계기가 되었다. 이 공공의식은 국가라는 관념이 더욱 수월하게 각 지역의 민중에게 침투되도록 했다. 근대시기 일본의 정부 당국자들은 민중에게 규율 있는 언어 및 동작과 질서 있는 공간 관리 능력을 몸에 익숙하도록 하기 위해 군대조직과 학교조직을 적극적으로 활용했다. 포괄적으로 보아 메이지시기에 출현한 근대적 언어(언문일치체; 표준어)·출판(매스미디어)·근대교육·교통체계는 개개인을 전통적인 사회문화 코드로부터 이탈시켜 새로운 사회 문화 코드를 획득하고 공유하게 했다. 동시에 개개인의 경험과 사회공간을 균질화했다. 그리고 하드웨어로서의 이 근대적 장치들은 내부에 전통적인 가치를 탑재한다.

일본의 근대천황제는 근대성·합리성을 표방하는 학교교육과 고대적인 정감에 입각한 신도제사(神道祭祀)라는 양면으로부터 국민을 이데올로기적으로 제어했다. '비의적(Anagogic)'/전통적인 지배와 서구근대의 합리화된 '형식적' 장치에 의해 지배를 상호 교섭시킴으로써 효과적으로 지배의 정당화를 이뤄낸다. 지배하는 입장에 놓여 있는 사람들은 지배당하는 집단에 대해 '심정적' 권위를 강화한다. 또한 그것은 여러 근대적 장치 속에서 구체적으로 형식화되며, 이른바 근대적 공민의식에 부합하는 새로운 도덕의식과 인격적 인간의 창출로 환원된다. 강력한 '카리스마'(은총이라는 의미에서)에 의한 지배와 합리화된 '형식적' 장치에 의한 지배가 상호 교섭하면서 지배 작용은 더욱 설득력을 갖추게 된다. 이는 메이지 이전에 뿔뿔이 흩어져 있던 사회단위를 일본 고래의 신화적 세계의 순수성과 야마토다마시이(大和魂)의 근대적 구현, 그리고 새로운 구심력으로서의 천황상징 등을 통해 국민의 의식을 통합시키려는 정책으로 구체화된다.

그런데 전통적이고 종교적인 비의의 감정과 근대적인 '형식'이 섞이는 방식이 아닌, 지배의 원리가 일방적으로 시혜적이고 비의적인 방법으로만 이뤄진다고 가정해보자. 이렇게 되면 지배되는 당사자들은 그들 상호 간에 또는 지배하는 자와 폐쇄적인 '심정적' 유착을 갖게 되어 자기 판단에 대한 책임감은 덜 수 있을지 모른다. 하지만 세상에 대한 통일적인 인식은 상실하게 된다. 나와 지배하는 자의 교류는 그들만의 '심정적' 교류로 국한되기 때문이다. 그리고 각각 지배하는 자와 교류하고 있는 파편화된 개인은 비록 자신들은 천손(天孫)이라 자위하면서 그들 상호 간에 강력한 심정적 유착을 가진다 하더라도 관계망의 저변이 넓어지면 넓어질수록 세상을 보는 통일적인 견해를 상실할 수 있다. 이러한 양상은 메이지 이후 새롭게 확대된 공간적 범주에서 지배의 효율성이라는 측면에서 볼 때 불리한 조건이다.

하지만 형식적 논리성을 바탕에 둔 근대 서구의 제도적 장치들을 활용하고 그 밑바탕에 전통적/비의적 지배원리를 탑재한다면, 지배되는 당사자들로 하여금 세상에 대한 통일적 인식을 지니게 해줄 수 있다. 또한 지배원리의 통일적 시스템도 원활하게 마련된다. '심정적'인 유착은 당시 일본에 도입된 서구 근대적 시스템의 일본화를 정당화하는 데 활용된다. 그 결과 사람들은 세상을 총괄적으로 볼 수 있는 것처럼 느끼게 되었다. 비의적 가치는 근대의 제도적 장치들에 의해 더욱 쉽게 복제되고 재생산된다. 그럼으로써 기존의 종교적 신비감에 의해 절대가치의 '유일성' 감각이, 그리고 근대적 제도적 장치들에 의해 '동질성' 감각이 동시에 충족된다.

6. '집단적 페르소나(Persona)'로서 일본의 근대성

'페르소나'(Persona)는 본래 극중에서 특정한 역할을 하기 위해 배우가 쓰는 가면을 뜻한다. 인물(person)이나 인격(personality)도 같은 어원에서 유래한다. 개인은 페르소나에 의해 자기 자신의 성격이 아닌 성격이 될 수 있다. 페르소나란 개인이 공개적으로 보여주는 가면 또는 외관이다. 페르소나의 장점은 우리로 하여금 자기와 성향이 맞지 않는 타자도 포용하고 친교를 맺을 수 있게 한다는 점에 있다. 하지만 페르소나에 압도되면, 즉 특정한 상황에 의해 창출된 자신의 가면이 자신의 자아와 동일화되면 집단적 가치에 쉽게 흡수될 수 있다. 집단적 가치에 함몰되어 있는 개체는 진정한 자아의식을 체현하고 있지 못한다는 차원에서 자신에 대해 위선자가 된다. 이들의 태도는 타인을 '기만'하기보다는 자신을 '기만'한다.

일본 근대시기에 '페르소나'는 사회구성원들로 하여금 끊임없이 '국민 된 도리', '민족의 일원' 등의 가치를 강제했다. 이렇게 사회구성원들이 집단과의 관계를 유지하는 동안 자아는 차츰 자기도 모르게 '집단정신'에 동화되고 그것이 자기의 진정한 개성인 것으로 착각한다. 이런 성격은 일본어 자체에서도 발견된다. 일본어에서 자신을 지칭할 때 쓰는 말인 '지분'(自分; じぶん)은 '집단에서의 내 부분'을 의미한다. '나'라는 존재는 어디까지나 '집단' 속에 소속되어 있을

때에만 의미가 있다. 페르소나는 내가 나로서 있는 것이 아니라 어떤 다른 존재에게 보이는 나를 더 크게 생각하는 특징을 가지고 있다. 근대의 합리적 '형식'과 비의적 '심정'의 메커니즘에서 사회구성원들의 인식하려는 의지와 잘못 알려는 의지는 마치 밀물과 썰물의 관계와도 같이 맞물려 기능한다.

한편 비의적 교리는 윤리적 기능을 담당하기도 한다. 마루야마 마사오는 1946년에 쓴 「초(超)국가주의의 논리와 심리」라는 논문에서 당시 일본의 정신 상황을 다음과 같이 분석하고 있다. 마루야마에 의하면 메이지 유신과 함께 정신적 권위인 천황을 중심으로 다원적 정치세력들이 일원화되었다. 이 때문에 서구의 경우와 달리 개인의 도덕적 주체성은 제대로 확보되지 못한다. 개인의 자율적인 판단은 양심에 근거해야 하는데, 국가가 윤리 규정을 독점하고 시비와 선악의 기준을 제공하게 된다.[220] 유럽근대국가에는 "국가가 진리라든지 도덕 같은 내용적 가치에 관해 중립적인 입장을 취하며, 그러한 가치의 선택과 판단은 교회 같은 다른 사회적 집단 또는 개인의 양심에 맡기고, 국가주권의 기초를 … 순수하게 형식적인 법 기구 위에 두는 중성국가적 특징"[221]이 있었다. 하지만 메이지 유신 이후의 일본은 봉건적 권력의 다원적 지배가 천황을 향해 일원화되고 집중화된다. 여기서 '권위'는 '권력'과 일치된다. 개인의 자유는 순수한 자신의 양심에 매개되지 못했다. 마루야마는 "근대 일본의 이념은 국가가 국체(國體)에서 진선미(眞善美)의 내용적 가치를 점유하려고 하는 사상"이라고 주장한다. 국법이 절대가치인 국체로부터 흘러나오는 한 어떠한 정신영역에도 자유자재로 침투할 수 있다. 사적인 일의 윤리성

220 마루야마 마사오, 김석근 옮김, 「초국가주의의 논리와 심리」, 『현대정치의 사상과 행동』, 한길사, 2003, 50쪽.

221 같은 책, 47쪽.

이 자신의 내부에 있는 것이 아니라 국가적인 것과의 합일화에 있다는 이 같은 논리는 한번 뒤집어보게 되면 국가적인 것의 내부에 사적인 이해가 무제한으로 침입하는 결과가 될 수 있다.[222] 윤리가 권력화됨과 동시에 권력 역시 끊임없이 윤리적인 것에 의해 중화된다.

일본의 근대공간에서 전통적인 비의적 '내용(소프트웨어)'과 근대적 '형식(하드웨어)'은 서로 긴밀하게 얽혔다. '비의'적 지배와 근대의 합리적 장치에 의한 지배의 융합은 지배당하는 자들이 지배하는 자들을 향해 자발적으로 복종하도록 만들었다. 이는 천황 같은 '절대체'와 사회의 개체들을 '심정'적으로 강하게 묶어줌과 아울러, 이 개체들로 하여금 세상에 대한 통일적인 안목을 가지도록 이끌었다. 나아가 사회의 각 개체 상호 간의 관계 또한 하나의 단위로 융합되도록 했다. 또한 전통적인 비의적 가치와 근대적인 윤리에 대한 관점(즉, 공간적 범주를 뛰어넘는 윤리의 보편성)의 만남은 국가가 윤리의 체현체가 되게 했다. 이는 일본이라는 국가의 윤리가 초공시성을 지닌 보편윤리로 인식되게끔 만들었다. 이런 상황에서 개인은 국가를 비판하기 어렵다. 왜냐하면 국가가 곧 보편적인 도덕 그 자체로 기능하고 있기 때문이다. 우리가 자신이 속한 국가를 비판할 수 있는 이유는 인종이나 지역을 초월해 인간 자체를 응시하려는 어떤 '보편적인 도덕'이 있기 때문이다.

예컨대 '인권'에 대한 가치부여는 국가나 인종을 뛰어넘는 이념이다. 만약 내가 속해 있는 국가가 독재국가라면 나는 국가이념이나 인종을 뛰어넘는 '인권'이라는 보편적 도덕의식으로 내가 소속된 국가체제를 비판할 수 있다. 하지만 '국가=보편적인 도덕 그 자체'로 기능한다면, 국가를 비판하는 것은 곧 보편적인 도덕 그 자체를 비

222 같은 책, 50–51쪽.

판하는 것이기에 문제 삼기가 쉽지 않다. 오늘날에도 만연해 있는 일본인의 국가(정부)에 대한 폭넓은 믿음은 이러한 메커니즘으로 설명 가능하다. 또 일본의 주류세력들이 과거 제국주의 시절에 저지른 아시아 여러 국가를 향한 잘못에 대해 진정어린 사과를 하기는커녕 아직도 변명과 자기합리화에 급급한 이유도 여전히 국가가 보편적인 도덕 그 자체로 기능하고 있다는 사실을 간접적으로 증언해준다. 일본의 대다수의 주류세력이나 극우파들의 생각은 이럴 것이다. "일본이 과거에 설사 약간의 잘못을 저질렀다 하더라도 그것은 큰 틀에서 보면 어떤 '보편적인 도덕'을 실천하기 위한 불가피한 과정이었다." 일본에서 '국가=보편적인 도덕'이라는 등식이 깨지지 않는 한, 반성이 자학으로 여겨지는 구도는 사라지지 않을 것이다.

동양철학과
문화의
혼종성

09

한국철학과 문화의 혼종성;
유불도(儒佛道)의 혼종과 ‘동서(東西)혼종철학’

09

한국철학과 문화의 혼종성; 유불도(儒佛道)의 혼종과 '동서(東西)혼종철학'

한국 철학 사유의 '원형'(Archetype)에는 모난 것이 아닌 둥근 상징[태양 등]에 대한 강조·자연세계와 인문세계의 소통·범신론적 요소·자연세계 및 영적세계와의 소통을 강조하는 무교(巫敎)의 특징 등이 짙게 드리워져 있다. 이러한 '원형'적 요소들에는 하나 같이 상반된 영역의 '혼종'이 잘 반영되어 있다. 신라의 풍류도(風流道; 화랑도花郎道)의 경우는 유불도(儒佛道)가 혼종되어 나타난 한국 고대 철학의 엑기스라고 평가할 수 있다. 이 혼종적 흐름은 원효(元曉)의 화쟁(和諍) 사상으로 열매를 맺는다. 필자는 무교사상·풍류도·원효의 화쟁사상을 차례로 다룬 다음, 마지막으로 근대 한국에서 동양의 사유와 서양의 사유를 융합하여 '동서(東西)혼종철학'을 무게감 있게 펼쳐나간 다산 정약용(丁若鏞)의 실학을 살펴본다. 이 과정에서 한국철학의 혼종적 사유가 어떤 특징을 지니는지 분명하게 드러내본다.

1. 한국 철학 사유의 '원형'(Archetype); 무교(巫敎), '둘 모두/함께'(both/and)의 혼종성

청동기 시대 이후 한국의 문화 주체들이 가진 사유는 자연숭배와 귀신숭배가 섞인 것이었다. 자연에서 가장 큰 숭배의 대상은 태양[하늘]이었다. 태양은 밝음·둥그런 것·평화·화합·선행을 상징한다. 그리고 모든 자연사물에 신(神)이 깃들어 있다는 범신론(汎神論)의 종교관을 지니고 있었다. 이런 범신론은 사람·짐승·풀·나무 등 자연사물 일체의 어울림을 의미하는 만물이익(弘益人間)의 지향과 관련된 것이었다. 한국의 원형적 사유는 자연과 인간의 삶이 서로 연동된다는 주술적인 감응의 관계망을 중시했다. 지금까지 언급한 여러 요소들을 포괄하는 집단무의식/집단의식의 총체가 곧 한국의 고유사상이라고 일단 규정할 수 있겠다. 여기에는 후대의 유교에서 볼 수 있는 폐쇄적 일통관(一統觀), 배타적 정통주의, 남녀간 차별, 연령별 우선순위, 혼인을 매개한 (여성의) 명분적 정조 등의 엄격한 윤리규범이 없었다. 이러한 성격의 우리 고유 사상은 맥락에 따라 삼신(三神)사상·무교(巫敎)사상·풍류(風流)사상·신명(神明)사상·선교(仙敎)사상·낭가(朗家)사상 등으로 불린다.

삼신(三神)사상은 환인(桓因)·환웅(桓雄)·단군(檀君)을 숭배하는 대표적인 우리 고유의 종교사상이다. 여기서 환(桓)이라는 글자에는 태양이라는 이미지가 들어 있다. 환(桓)은 나무(木)와 선(亘)이 합쳐진 글자다. 즉, 나무가 햇살이 비추듯 하늘과 땅 사이에서 굳세게 펼쳐져 있는 모양을 형상화한 글자다. 선(亘)은 태양[일(日)]이 이(二; 하늘과 땅) 사이에 놓여 하늘과 땅을 향해 뻗혀 있는 모양이다. 단군신화를 기록하고 있는 가장 오래된 문헌인 『삼국유사(三國遺事)』「기이(紀異) 1편」은 『고기(古記)』를 인용하여 다음과 같이 기록하고 있다.

옛날에 환인(桓因)의 서자 환웅(桓雄)이 천하에 자주 뜻을 두어 인간세상을 구하고자 하였다. 아버지가 아들의 뜻을 알고 삼위태백(三危太伯; 삼위산과 태백산)을 내려다보니 인간을 널리 이롭게[홍익인간(弘益人間)]할 만 했다. 이에 천부인(天符印) 3개를 주며 가서 다스리게 하였다. 환웅이 무리 3천을 이끌고 태백산(太白山) 꼭대기 신단수(神壇樹) 밑에 내려와 여기를 신시(神市)라고 하니 이로부터 환웅천왕이라 불렀다. 풍백(風伯), 우사(雨師), 운사(雲師)를 거느리고 곡(穀), 명(命), 병(病), 형(刑), 선(善), 악(惡) 등 무릇 인간의 3백 60여 가지의 일을 주관하고 인간 세상에 살며 다스리고 교화하였다. 이때 곰 한 마리와 호랑이 한 마리가 같은 굴에서 살면서 항상 환웅에게 빌기를, "원컨대 (모습이) 변화하여 사람이 되었으면 합니다."라고 하였다. 이에 환웅이 신령스러운 쑥 한 타래와 마늘 20개를 주면서 이르기를 "너희들이 이것을 먹고 백일 동안 햇빛을 보지 아니하면 곧 사람이 될 것이다."라고 하였다. 곰과 호랑이가 이것을 받아서 먹고 금기하였는데 삼칠일(三七日 : 21일) 만에 곰은 여자의 몸이 되었으나 범은 참아내지 못해 사람이 되지 못하였다고 전해진다. 웅녀(熊女)는 그와 혼인할 사람이 없었으므로 항상 신단수 아래서 아이를 가지기를 빌었다. 이에 환웅이 이에 잠시 (사람으로) 변해 결혼하여 아들을 낳으니 이름을 단군왕검(檀君王儉)이라 하였다. 중국의 요(堯)임금이 즉위한 지 50년인 경인년에 평양성(平壤城)에 도읍하고 비로소 조선(朝鮮)이라 칭하였다. 또 도읍을 백악산아사달(白岳山阿斯達)에 옮겼으니 그 곳을 궁홀산(弓忽山) 또는 금며달(今旀達)이라고도 한다. 나라를 다스리기 1천 5백 년이었다. 주(周)나라의 무왕이 즉위한 기묘년에 기자(箕子)를 조선(朝鮮)에 봉하니, 단군은 곧 장당경(藏唐京)으로 옮겼다가 뒤에 아사달(阿斯達)에 돌아와 숨어서 산신이 되었다. 그 나이가 1천 9백 8세이었다고 한다.

단군신화의 특징을 몇 가지로 나누어 보자. 첫째, 현세를 강하게 긍정한다. 단군신화는 세계의 기원에 대한 설명이 없다. 또 내세에 대한 언급도 없다. 현세에 대한 긍정은 한국인들의 원형적인 성격을 잘 표현해준다. 둘째는 인간중심적 사고가 짙게 나타난다. 신화를 보면 하늘의 신이나 땅에 사는 짐승이나 모두 인간이 사는 세상을 탐내고 있다. 그리고 신의 관심은 어떻게 하면 인간을 이롭게 하느냐에 집중된다. 셋째는 혼종·융합·조화의 세계관이다. 단군은 신과 동물의 결합에 의해 탄생한 하이브리드[혼종]적 존재이다. 이 부분은 하늘[신]과 땅[동물]의 조화를 잘 보여주고 있다. 단군신화는 한국 고유 사상을 표현하는 또 다른 큰 개념인 무교(巫敎)사상과 깊은 관련이 있다.

무교(巫敎)는 시베리아를 포함한 북방 아시아와 중앙아시아에 걸쳐 널리 분포했다. 시베리아-몽골 지방의 원시 수렵문화의 잔재가 오늘날의 한국의 굿에서도 나타난다. 황해도 사냥굿에 나오는 동물제물이 그것이다. 무교는 북미 지역과 인도네시아 그리고 오스트레일리아에서도 광범위하게 존재했다. 오스굿(C. Osgood)은 그의 저서 『The Koreans and Their Culture(한국인과 그들의 문화)』에서 한국의 음악에 나타나는 주기적 흥분은 북방계의 샤머니즘적 요소라고 설명한다. 이러한 그의 한국 전통 음악에 대한 언급은 한국 무교의 정서적 측면을 이해하는 데 도움이 된다.

> 억압이 풀릴 때 한국인은 술을 마시고 춤을 추고, 폭력적 흥분을 석전(石戰)으로 발산시킨다. 심지어 그들의 노래는 정서적 표출에 대한 저항할 수 없는 욕구를 나타낸다. 유사한 특징이 러시아인에게도 있다. … 그들의 음악은 한대지방에서 펼쳐지는 적설(積雪)과 침묵을 쫓아내려는 힘을 가진 이상야릇한 미감을 가지고 있다. 타악기 … 율동 … 소리는 신령을 불러일으킨다. … 샤머니즘의 주기적 흥분, 음악 연주에서의 크레센도(crecendo; 점

점 세계)와 괴이한 정적(靜寂)이 번갈아 바뀌는 일, 고도의 활기찬 우주에서 신령과의 직접적 접촉으로 이끌어지는 무서운 불안이 한국인의 성격에 … 결합되어 있다.

특히 단군신화에 나오는 태백산 등의 언급은 '높은 데'를 숭배하는 무교의 종교관과 긴밀한 연관성이 있다. 태백산은 신단수와 더불어 우주의 축을 상징한다. 무당[샤먼]은 이 우주의 축에서 하늘의 신과 소통한다. 무당이 높이 뛰는 이유는 하늘과 가까이 하고자 하는 욕망의 표현이다. 지금도 민간신앙에서 높은 산이나 오래된 나무 혹은 '솟대'를 중심으로 의례를 행하는 경우가 많다.

한국인들의 사유의 원형에는 강력한 산악숭배 의식이 깔려있다. 한국의 정서에서 '무한함'이란 산위에서 바라 볼 때 산들이 굽이굽이 돌아나가며 끝없이 펼쳐지는 무한함(그 무한함 속에서 작은 집들이 꼬물거리며 보이는 정경)이었다. 이러한 성격의 무한함은 사막에서처럼 낮이나 밤이나 사람의 시선이 아득히 사라지는 경우의 무한함(지평선 끝으로 아무 것도 보이지 않은 채)과는 다른 것이다. 한국의 무한함에는 그 어디엔가 안착되어 있는 듯한 안온감이 존재한다. 이러한 산악숭배 관념은 자연스럽게 나무[목(木)] 숭상 관념과도 연결된다. 동양의 문헌에서는 일출(日出)이 나무에 비유되는 경우가 많이 발견된다. 중국의 여러 문헌에서는 해가 뜨는 동쪽을 부상목(扶桑木)이라 칭한다. 바빌로니아 문명에서도 태양신을 마르둑(Marduk)이라고 하는데, 이는 나무의 신(神)이라는 의미다. 나무를 해에 비유하는 이유는 나무가 위를 향한 운동성을 가지고 있기 때문이기도 하지만, 나무가 가지를 뻗어 퍼져나가는 모습과 광선이 사방으로 흩어지는 형상이 닮았기 때문이다.

나무 숭배 사상은 당목(堂木) 혹은 성황신목(城隍神木)으로 나타난다. 사람들은 성황목에 오색(伍色)의 천조각을 걸어 놓고 제사를 지내기도 했다. 여기서 오색은 오행을 뜻한다. 한국에서 나무 숭배의 가장 원형적인 대상은 단군(檀君)이 태어났다는 신단수(神檀樹)다. 신단수는 박달나무라고도 하며, 여기서 '박달'은 곧 '밝다'라는 뜻이므로, 신단수도 태양을 은유하는 상징물이다. 기독교 문화권에서 성탄절에 만드는 '크리스마스 트리'도 일종에 성황목이라고 이해해 볼 수 있다. 동서고금의 민담이나 신화에서 나무는 생명력이자 하늘이나 저승을 향한 길로 여겨지곤 했다. 특히 무교에서 나무의 이미지는 세계[우주]의 축이며, 그것을 통해서 하늘에 오를 수도 있고 지하세계와도 통할 수 있는 통로이다.

주몽신화, 박혁거세 신화 등은 모두 무교신앙의 맥락으로 이해가 가능하다. 무교신앙은 단순히 고대 한국 종교관의 특징만을 반영하는 것은 아니다. 고대 시기 이후에도 면면히 살아남아 불교가 무교화 되게 하기도 했으며[불교의 기복적인 성향과 팔관회], 고려시대의 도교 전통과 조선의 소격서(昭格署)[223], 그리고 근대 시기의 신흥종교의 발흥에도 큰 영향을 끼친바 있다. 단군신화나 무교의 하늘에 대한 숭배는 가톨릭이 정착하는 데도 보탬이 된다.

무교는 꼭 종교적으로만 기능한 것은 아니었다. 무교는 사회적인 맥락에서 볼 때 일정부분 순기능을 담당했다. 굿은 서민들의 가슴에 맺힌 응어리를 풀어내는 정신적 정화의 장으로 기능하기도 했으며, 무당들은 정신과 의사나 상담심리치료사가 없던 시절에 정신적인 위기를 겪는 사람들을 위한 정신과 의사이자 상담심리치료사의 역할을 하기도 했다. 게다가 무교는 강력한 '혼종성'을 지닌 사유체계다. 무교는 '옳고 그름'(right/wrong)의 구조가 아닌, '둘 모두/함께'(both/and)를 지향하고자 했다. 리처드 니스벳은 한국에서는 어

223 조선시대에 도교(道敎)의 보존과 도교 의식(儀式)을 위하여 설치한 예조(禮曹) 소속의 관청.

떤 사람이 기독교인이면서 동시에 불교도이고 또 유교도인 것이 가능하다[224]고 설명하기도 했는데, 이러한 성향이 형성되게 된 원인 가운데 하나로 무교의 포용성을 꼽을 수도 있겠다.

2. 풍류도(風流道); 유불도(儒佛道)의 혼종

중국에서 풍류 개념은 주로 격식에 얽매이지 않는 자유분방함으로 새겨지면서, 특히 유가적인 측면보다는 노장적인 측면이 강하게 나타난다. 그리고 인품이나 얼굴이나 행동 등 사람의 풍모와 관계되는 경우가 많이 나타난다. 일본의 경우를 보면 풍류 개념은 주로 세련됨이나 화려하게 아름다운 모습, 그리고 어떤 '장식성이나 '섬세함'의 요소가 강조된다. 일본은 중국과는 다르게 사물의 외면에 드러나는 미적요소 혹은 감각적 아름다움이 부각되고 있다. 한편 우리나라의 경우는 중국이나 일본과는 다르게 풍류개념이 상당히 철학적·형이상학적·종교적으로 나타난다. 그리고 '풍류도'를 우리에게 고유한 재래의 신앙이나 사상으로 인식하였다. 이러한 점은 중국이나 일본과는 차이가 나는 지점이다.

'풍류'(風流)는 단지 글자로만 볼 때는 '바람'과 '물의 흐름'을 뜻하지만, 물과 바람과 같은 융통성과 생활 태도에 있어서의 운치를 강조하기 위해 '풍'과 '류'라는 글자를 일부러 조합해 하나의 개념으로 만든 것이다. 풍류(風流)에서 '풍'(風)을 개념적으로 이해해 보면

224 리처드 니스벳, 최인철 옮김, 『생각의 지도』, 김영사, 2004, 212쪽.

대략 다음과 같다.

① 가장 오래된 뜻은 새[조(鳥)]라는 의미다. 옛날에는 바람[풍(風)]이 신(神)의 이름이었고 그 모양도 봉(鳳) 또는 붕(鵬)이라는 새의 모습으로 쓰였다.
② 교화(敎化)라는 의미가 있다.
③ 습속(習俗) 또는 모습이라는 뜻이 있다. 이는 향후 풍속(風俗)과 풍채(風采)라는 낱말로 분화된다.
④ '바람난다'[남녀가 교합함]는 의미도 있다.
⑤ 노래라는 의미가 있다. 즉, 『시경(詩經)』에서 말하는 '풍'(風; 각지의 민요를 모은 것)을 가리킨다.

풍류(風流)에서 '류'(流)도 다음과 같은 개념적인 이해가 가능하다.

① '흐름'이라는 의미가 있다. 류(流)는 아이가 양수(養水)와 함께 태어나는 모습을 본뜬 것이라는 설이 있다.
② 핏줄, 갈래 등의 의미를 가지는 경우도 있다.
③ 유배(流配; 귀양 보냄)라는 뜻을 가진다. 유배(流配)는 본래 "아이를 낳기 위해 짝을 지워 보낸다."는 뜻이다.

최남선에 의하면 '풍류'(風流)라는 말은 '부루'라는 순 우리말을 한자로 옮긴 것이며, '부루'의 도란 곧 신도(神道)를 의미한다고 했다. 여기서 말하는 신도는 고조선의 종교사상을 가리킨다. 또 풍류는 샤먼이 자연을 대하는 태도와도 관련이 있다. 풍류가 자연만물과 교유하는 태도와 관련이 있다고 볼 때, '풍류인'이란 사물이나 자연의 영(靈)과 교감하는 일종의 샤먼이다. 단순히 자연을 감상하는 것만이 아니라, 그 안으로 들어가 자연과 함께 호흡하고 자연이 환기하는 생명의 리듬을 몸으로 체감하면서 자기 내부에 있는 생명의 리듬을 자연의 리듬에 일치시키는 존재인 것이다. 다시 말해, 자연을 포함한 모든 삼라만상을 향해 깨어 있고 열려 있는 마음, 그리하여 인간의 모태인 자연으로 회귀해 가고자 하는 심성이 바로 풍류인의 마음이라고 할 수 있다. 이렇게 풍류는 고조선에서 믿었던 종교로부터 유래해서 신라의 화랑도(花郎道)의 기본 정신으로 이어지게 된다.

풍류라는 말이 본격적으로 철학적인 의미로 사용되기 시작한 것은 신라의 최치원(崔致遠)이 화랑도(花郎道)의 이념에 대해 설명하면서부터였다. 그가 쓴 '난랑비서'(鸞郎碑序)를 보자.

> 나라에 깊고 오묘한 도가 있으니 이를 일컬어 풍류라 한다. 그 가르침을 세운 내력은 선사(仙史)에 상세히 실려 있으며, 실로 삼교(三敎)를 포함한 것으로 뭇 백성과 접촉하며 교화하는 것이다. 또한 더 자세히 말하자면, 들어와서는 집안에 효도하고 나아가서는 나라에 충성하는 것은 노(魯)나라 사구(司寇; 공자가 했던 벼슬 이름으로 지금의 법무부 장관)의 으뜸 가르침과 같은 것이요, 무위(無爲)의 일에 처하고 말없는 가르침을 행하는 것은 주(周)나라 주사(柱史; 노자가 했다는 벼슬 이름으로 주나라 왕실 도서관의 도서관장)의 으뜸 가르침이며, 악한 일을 하지 않고 선한 일을 받들어 행함은 축건태자(竺乾太子; 석가모니)의 가르침과도 같은 것이다.

여기서 '선사'(仙史)가 어떤 책을 의미하는지 지금은 알 수 없다. 최치원에 의하면 풍류도[화랑도]란 유교와 도가, 그리고 불교가 뒤섞인 '유불도'(儒佛道) 삼교의 혼종사상이다. 또한 화랑이 노래와 음악을 즐기고, 유명한 산과 큰 강을 유람하던 수양 방법은 고대의 제천 행사에서 필수적으로 따르던 노래와 춤, 산악숭배와 밀접하게 관련이 있는 것이었다. 당시 화랑들은 상마도의(相磨道義; 서로 도의를 닦음), 상열가악(相悅歌樂; 서로 노래와 음악을 즐김), 유오산수(遊寤山水; 산수를 즐김), 이 세 가지를 지켜야만 했다. 다음은 『삼국사기』「진흥왕조」 중 화랑에 대한 내용이다.

> …그 뒤에 다시 미모의 남자를 택하여 곱게 꾸며서 화랑이라 일컫고 떠받들게 하니, 사람들이 구름과 같이 모여들어 혹은 도의로써 서로 연마하고, 혹은 가악(歌樂)으로서 서로 즐기며, 산수를 유람하여 먼 지방도 가지 않는 곳이 없었다. 이로 인하여 그 사람의 간사하고 바름을 알 수가 있어, 착한 자를 뽑아 조정에 천거하였다.

이러한 화랑도의 풍류 정신은 이후 원효(元曉)의 화쟁(和諍) 사상을 거쳐 조선의 선비정신으로까지 이어진다.

3. 원효(元曉)의 화쟁(和諍) 사상; '통섭'(統攝)을 위한 길

원효(元曉; 617-686)는 한국적인 불교를 상징하는 가장 대표적인 인물이다. 원효가 살던 당시 신라의 엘리트 계층은 당나라로 유학을 가는 것이 유행이었다. 당나라의 수도 장안(長安)은 전세계의 학자·상인·종교인·정치인 등이 모였던 세계의 중심지였다. 신라시대의 승려는 엘리트 계층이었던 바, 승려들이 당나라 유학을 원한 것은 당연한 일이었다. 원효 또한 예외가 아니었다.

원효는 평소 잘 알던 사이였던 의상(義湘)과 함께 당나라로 유학의 길을 떠난다. 이들은 배를 타고 당나라로 가기 위해 당주계(지금의 남양만)로 간다. 당주계로 가던 중 어떤 산기슭을 지나고 있을 때 해가 저물었다. 주위에 인가가 없어 할 수 없이 둘은 그냥 비박을 하게 된다. 원효는 자다가 목이 말라 자리에서 일어났다. 근처를 더듬어 보니 물이 가득 든 물바가지 같은 뭔가가 손에 닿았다. 그는 정신없이 물을 들이켰다. 정말 달고 시원한 물맛이었다. 그리고 다시 잠이 든다. 날이 밝자 두 사람은 길을 떠날 준비를 하는데, 주변이 이상했다. 주위에 사람 뼈들이 잔뜩 있었던 것이다. 두 사람이 잔 곳은 다름 아닌 낡은 무덤 근처였던 것이다. 그런데 원효는 또 한 번 깜짝 놀라게 된다. 전날 밤에 자기가 먹었던 물은 바로 해골에 고여 있던 물이었던 것이다. 당주계에 아직 도착하지 못한 두 사람은 또 하루를 근처의 인가에서 보내게 되었다. 원효는 잠을 이룰 수가 없었다. 해골물인 줄을 모르고 물을 마셨을 때는 그렇게 달고 맛있었던 물이 해골물이라는 사실을 알고부터는 구역질을 하게 된 이유를 찬찬히 생각해 보기 시작했다. 그는 해골 물을 마시기 전과 물을 마신 후의 자기를 비교해 보았다. 여기서 원효는 크게 깨닫는다. 자기가 여태껏 불법을 잘못 배웠다고 탄식하면서, 『화엄경』에서 말하는 "모든 분별은 마음에서 생긴다."는 진리를 되새기기 시작한다. 더럽다고 생각하는 것을 비롯해 모든 생각은 마음가짐에 달려 있다는 것을 깨닫게 된 것이다. 여기서 그는 한걸음 더 나아간다. "그렇다면 극락이 따로 있는 것이 아니라 이 세상이 바로 극락일 수도 있다. 불교의 근본 이치는 마음에 달려 있는 것이다. 이 이치를 바로 깨닫기만 한다면 구태여 불법을 배우기 위하여 다른 나라에 갈 필요가 없지 않은가?" 여기서 원효는 당나라 유학을 포기한다. 결국 의상만 당나라로 가게 된다. 의상은 훗날 당나라로부터 돌아온 이후 신라에서 처음으로 화엄종을 개창하게 된다. 원효가 해골에 들어 있던 물을 마시고 얻은 진리는 한 마디로 "모든 근본 이치는 마음에 달려 있다."는 것이었다.

원효 사상의 핵심은 바로 '화쟁'(和諍)이다. 원효는 말한다.

> 쟁론은 집착에서 생긴다. … 백가(百家)의 설이 모두 옳지 않음이 없고 팔만의 법문이 모두 이치에 맞는다. 그러나 견문이 적은 사람은 좁은 소견으로 자기의 견해에 찬동하는 자는 옳고 견해를 달리하는 자는 그르다하니 이것은 마치 갈대 구멍으로 하늘을 본 사람이 그 갈대 구멍으로 하늘을 보지 않은 사람들을 보고 모두 하늘을 보지 못한 자라고 깔보는 것과 같다.[225]

원효가 말하는 화쟁이란 여러 학설과 입장이 각자 나름대로 의미가 있다는 것을 인정하면서도 결국은 '일심'(一心; 하나의 마음)의 차원에서 통합되어야 한다는 주장이다. 원효는 삼국 통일을 전후한 다툼의 시대를 살았다. 밖으로는 고구려 및 백제와 싸우고 안으로는 귀족과 일반 백성이 화합하지 못하고 있었다. 그리고 불교가 중국으로부터 들어오면서 불교와 세속 사이에서, 그리고 불교의 여러 종파 사이에서 논쟁과 다툼이 계속되었다. 원효는 화쟁 이념을 통해 여러 다툼을 조화의 길로 이끌어가고자 했다. 원효에 따르면 사람들은 저마다 자기 나름의 주장을 펴면서 다툼을 벌여, 진실과 허위가 맞서며, 시(是; 옳음)와 비(非; 그름)가 갈등을 벌이게 되었다. 이러한 일체의 상반된 국면들이 하나의 '혼종적' 국면으로 통합되어야만 한다는 것이 원효의 근본적인 처방전이었다. 국내에서 융복합 교육의 확대를 강조하는 대표적인 학자인 최재천 교수는 에드워드 윌슨(Edward Wilson)의 『Consilience: The Unity of Knowledge』

225 『十門和諍論』.

(1988)를 국내에 번역 소개하면서 원제목의 'Consilience'를 '통섭'(統攝)으로 번역했다. 그는 옮긴이 서문에서 'Consilience'의 함의를 살릴 수 있는 정확한 번역어가 무엇일까 고심에 고심을 거듭한 끝에 원효의 화엄사상의 해설에 자주 등장하는 '통섭'(統攝)이란 용어를 최종적으로 선택하게 되었다고 밝히고 있다. 이후 '통섭'이란 용어는 국내에서 융복합학·이종 학문 사이의 '혼종'을 표현하는 대표적인 용어로 자리 잡게 된다. '통섭'의 사유는 원효의 다음의 언급에서 잘 드러난다.

> 한 마음의 근원은 있고 없음을 떠나서 홀로 깨끗하다. 그리고 불법의 바다는 진속(眞俗; 참된 것과 속된 것)을 아우르며 고요하다. 둘을 아울렀지만 하나는 아니며[모든 것을 아울렀다고 해서 그것이 절대 진리라는 것은 아니며] 홀로 깨끗하다. 그러므로 주변을 떠났어도 중심이 아니다. 중심이 아니면서 주변을 떠났기 때문에, 있지 않다고 할 수 있지만 없는 것이 아니다. 또 없지 않다고 할 수 있지만 있는 것이 아니다. 하나가 아니면서 둘을 아울렀으니, 참된 것이 아니지만 세속적인 것이 되지는 않고, 세속적이 아니긴 하지만 참된 것이 되지도 않는다.[226]

인용문이 워낙이 난해해 한 구절은 [ ]에서 필자의 재해석을 덧붙였다. 원효는 있음과 없음, 참된 것과 속된 것, 주변과 중심의 구분과 같은 이것과 저것을 나누어 다투는 태도는 아무런 의미가 없다고 말한다. "하나가 아니면서 둘을 아우르고 둘을 아울렀으면서도 하나가 아니라는 것"은 두 가지 의미가 있다. 첫째는 모든 것을 아울렀다고

226 『金剛三昧經論』. 이 책은 원효가 『금강삼매경(金剛三昧經)』에 대해 주석을 붙인 책이다.

해서 그것이 절대 진리라는 뜻은 아니라는 주장이다. 절대 진리라고 해버리면 이것이 다툼을 부를 또 하나의 아집이 될 수 있기 때문이다. 둘째는 다툼에 휩쓸리지도 않고 그러면서도 다툼의 현장을 떠나지도 않는다는 뜻이다. 상반된 가치들을 하나로 회통시키기 위해서는 일단 모든 가치들을 그 나름대로 존재 가치가 있다고 인정하면서 그대로 둘 필요가 있다. 그래야만 비로소 상반된 가치들 사이의 공통분모를 찾아내어 하나로 회통시킬 수 있다는 문제의식이다.

원효 특유의 어떤 틀에도 얽매이지 않으려 하는 자유분방한 태도도 상반된 가치를 하나로 소통시키려 하는 화쟁 이념의 맥락에서 이해할 필요가 있다. 원효는 참된 것과 속된 것, 더러움과 깨끗함을 나누지 않으려 했다. 원효는 때때로 계율을 무시하고 술과 고기도 마음대로 섭취하곤 했다. 그는 계율의 세계와 세속의 세계의 구분은 무의미하다고 여기면서 미친 사람 같이 행동하곤 했다. 물론 경치 좋은 곳을 찾아다니며 좌선을 하는 것을 게을리 하지도 않았다. 사람들을 교화하는 방법도 일정한 틀이 없었다. 백제와의 싸움에서 남편을 잃고 홀로 되어 살고 있던 태종무열왕의 둘째 딸 요석 공주와 관계를 맺어 아들 설총(薛聰)을 낳은 일화는 그와 관련된 유명한 에피소드다.

원효는 신라의 주류였던 귀족불교를 비판하며 이른바 민중불교를 강하게 주창했다. 그의 모습은 어디서나 볼 수 있었다. 위에서 언급한 대로 어떤 틀에도 얽매이지 않는 자유분방한 태도로 스스럼없이 아이들과 놀고 주막에서 술손님들과 어울려 함께 노래를 불렀다. 그리고 이러한 과정에서 자연스럽게 불법을 설파했다. 하루는 광대가 이상한 모양을 한 큰 표주박을 가지고 춤추는 것을 보고 그는 뭔가를 깨닫는다. 광대 같은 복장을 하고 불교의 이치를 노래로 지어 퍼뜨린다면 배운 것이 없는 백성이라 하더라도 부처님의 가르침을 어렵지 않게 깨달을 수 있을 것이라는 생각을 했던 것이다. 그는 여러 마을을 돌아다니면서 『화엄경』의 이치를 담은 노래를 부르고 다녔다. 물론 자기가 작곡한 노래였다. 그는 자기의 노래를 '무애가'라 부르고 두드리고 다닌 바가지를 '무애박'이라고 이름 붙였다. 무애(無碍)란 산스크리트어로는 '아프라티하타'(Apratihata)로서 "무엇에도 방해받지 않는 자유로움"을 뜻한다. 그의 노력은 효과를 보기 시작해 글을 모르는 일반 백성들 입장에서는 어렵기 그지없던 불법이 점차 확산되어 갔다.

그는 '일심'(一心; 하나의 마음) 개념을 키워드로 삼아 불교 각 종파의 이념들을 포괄하여 '해동종'(海東宗)이라는 새로운 형태의 '혼종' 교리를 완성한다. 이 종파는 모든 종파를 혼종하고 통합한다고 하여 '통불교'(通佛教)라고도 했다. '통불교'는 우리나라 특유의 불교다. 인도의 불교를 '원천불교'로 부르고, 각 분파가 생겨난 중국의 불교를 '분파불교'라고 할 때, 여러 불교 사상을 종합한 우리나라의 불교의 특징을 표현한 용어다. 각 분파를 모았다고 해서 '회통불교'(會通佛教)라고도 한다. 이는 최남선(1890~1957)이 1930년에 『불교』지 74호에 발표한 「조선불교 동방 문화사 상에 있는 그 지위」에서 한 말이다. 인도의 불교는 서론적 불교이고 중국의 불교는 각론적 불교이며 우리나라의 불교는 결론적 불교라고 표현하기도 한다. 이렇듯 원효가 처음으로 마련한 서로 다른 각종 불교 교리를 하나로 통섭하는 형태는 이후 한국 불교의 중요한 특색이 된다.

4. 정약용(丁若鏞);
동양철학과 서양철학의 하이브리드(Hybrid)

1) 정약용의 프로필

정약용(丁若鏞; 1762~1836)은 흔히 실학의 집대성자로 평가받는다. 실학은 경세치용(經世致用; 학문은 사회에 실제적인 측면에서 도움이 되어야만 한다는 입장), 이용후생(利用厚生; 학문은 백성들의 일상적인 생활에 이로워야 하고 삶을 풍요롭게 하는 데 도움이 되어야 한다는 입장), 실사구시(實事求是; 구체적인 사실을 바탕으로 진리를 탐구하려는 입장), 이 세 가지 개념으로 규정된다. 정약용은 이 세 가지를 모두 아우르며 조선의 실학을 집대성했다. 한 마디로 정약용의 철학을 규정한다면 유학과 서양 학문의 '혼종'이라고 할 수 있다.

정약용은 1762년 경기도 광주군 마현리(馬峴里; 지금의 남양주시 조안면 능내리)에서 탄생했다. 자는 미용(美鏞)이고, 호는 다산(茶山)이다. 그는 4남1녀 가운데 막내였으며, 그의 형들인 정약현·정약종·정약전은 다산의 학문적 동지였다. 정약용의 집안은 서울 근방의 남인 세력 가운데 정조(正祖; 재위 1776~1800)의 노선에 동조하고 사도세자를 동정하던 시파(時派)에 속했다.

그의 삶에서 가장 중요한 계기는 바로 정조와의 만남이다. 정조는 조선의 르네상스를 이끌었던 계몽군주였다. 정조는 『중용』에 대한 70조목의 질문을 내려 성균관 유생들로 하여금 대답하게 한 적이 있는데, 이 때 정약용은 22세의 나이로 멋진 답변을 올려 정조로부터 찬사를 받는다. 이후 그는 정조의 보살핌 속에서 초계문신(抄啓文臣; 규장각에 속해 교육 및 연구과정을 밟던 문신들)에 뽑혀 규장각에서 활동하게 된다. 정조는 규장각을 통해 인재양성 및 자신의 지지기반을 다지려 했다. 정약용은 규장각에서 당시 청나라의 선진문물을 배우려는 북학파들과 활발하게 교류를 한다.

1800년에 발생한 정조의 죽음은 다산에게 치명타였다. 정권을 잡게 된 노론은 정조의 총애를 받던 상당수의 남인들을 천주교를 신봉한다는 구실을 들어 대대적으로 숙청한다. 정약용은 일찍이 셋째형인 정약종과 둘째형인 정약전과 더불어 천주교를 받아들였다. 정약용은 정약전 및 정약종, 그리고 매부인 이승훈[227] 등과 함께 체포된다. 이것이 바로 1801년(순조 1년)에 일어났던 천주교도들을 향한 탄압사건인 신유박해(辛酉迫害)다. 이 박해로 정약종·이승훈·주문모(청나라 신부) 등 100여명이 처형된다. 정약용과 정약전을 비롯한 약 400여명이 유배되는데, 정약용과 정약전이 살아남은 이유는 그전에 이미 배교선언을 했기 때문이다. 신유박해는 당시 집권세력이었던 노론이 천주교를 믿는다는 구실로 반대세력인 남인을 숙청한 정치적 탄압이었다.

정약용은 전라도 강진(康津)에서 18년 동안의 유배생활을 한다. 57세가 되서야 유배에서 풀려 고향 마현으로 돌아오게 된다. 이후 정약용은 학문에만 몰두하며 1836년 75세를 일기로 세상을 마친다.

정약용은 유배 생활 중 500여권의 저술을 한다. 이 저술들은 정치·경제·사회·음악·군사·역사·지리·어학·의학·풍속 등 그야말로 모든 분야에 걸친 것이었다. 특히 행정 기구 개편·토지제도 개편·조세제도 개편 등 여러 방면에 걸친 제도개혁 방안을 제시한 『경세유표(經世遺表)』, 목민관[지방수령]의 통치기술을 서술한 『목민심서(牧民心書)』, 형법서인 『흠흠신서(欽欽新書)』, 이 세권의 저서는 다산 스스

227 조선에서 최초로 천주교 영세를 받았다.

로 '1표2서'로 불렀던 그의 대표작들이다.

2) 유학과 천주교의 혼종

다산 정약용은 중국 명나라에서 선교활동을 했던 이탈리아 출신 예수회 선교사 마테오 리치(Matteo Ricci; 1552~1610)와 천주교의 사상으로부터 많은 영향을 받았다. 마테오 리치는 유학을 깊이 공부하면서 유학과 천주교의 접점을 찾고자 노력한 인물이다. 그는 천주교의 하느님을 중국 전통의 상제(上帝)와 연결시켰다. 특히 그가 지은 『천주실의(天主實義)』는 동아시아 지식인들에게 많은 영향을 끼쳤다. 물론 정약용도 예외가 아니었다. 이후 정약용의 철학 속에는 천주교의 영향이 깊게 자기 잡게 되며, 서학을 통해 얻은 자연관과 인간관을 기초로 하여 유학을 전면적으로 재해석한다. 이러한 성과는 동아시아의 전통사상인 유학과 서양의 전통사상인 천주교의 혼종 가능성마저 보여주는 것이었다. 다산은 한때 세례를 받기도 하지만(1784), '자명소(自鳴疏; 1797)'를 올려 스스로 배교를 선언함으로써 신앙인으로서의 길을 가지는 않는다.

마테오 리치는 『천주실의』에서 생명체를 '혼(魂)'의 삼단계로 구분한다. 가장 낮은 단계의 혼은 초목이 가진 혼이다. 이 혼은 초목의 생장을 돕지만 초목이 시들어버리면 혼도 사라진다. 초목의 혼보다 높은 단계의 혼은 동물이 가진 혼이다. 이는 동물의 성장과 발육을 돕고 눈·코·입 등이 감각을 느끼도록 해주며 또한 사물을 지각하게 한다. 그러나 이 또한 죽음에 이르면 역시 소멸한다. 가장 높은 수준의 혼은 바로 인간의 혼이다. 이는 초목의 혼과 동물의 혼의 특성을 모두 지닌다. 인간의 혼은 인간으로 하여금 사물의 본모습을 지각하게 하고 추론하게 한다. 그리고 초목이 지닌 혼과 동물이 지닌 혼과 다른 점은 인간의 육체가 죽어 없어진다 해도 그 혼은 그대로 존재한다는 사실이다. 마테오 리치에 의하면 인간의 혼은 하나의 혼만 가지고 있는 초목이나 동물과는 다르다. 그에 따르면 인간의 마음은 짐승 같은 마음을 쫓을 것인가 아니면 사람다운 마음을 쫓을 것인가 사이에서 선택을 강요받으며 살아간다. 하지만 인간에게는 '자유의지'가 있기 때문에 짐승 같은 마음을 버리고 올바른 도리를 쫓을 수 있다.

정약용은 이러한 마테오 리치의 주장을 받아들였다. "사물의 본성에는 세 가지 등급이 있다. 초목의 본성에는 생명은 있으나 지각이 없다. 동물의 본성에는 생명이 있는 동시에 또한 지각도 있다. 우리 인간의 본성에는 생명과 지각이 있으면서 다시 영험함이 있고 선함이 있다. 이들 세 가지 등급은 확연히 서로 다르다."[228] 정약용은 마테오 리치와 비슷하게 이성능력이 없는 짐승들 및 사물들과 인간의 본성을 분명히 구분했다. 정약용에 의하면 영험함을 지닌 인간은 "선을 행할 수도 있고 악을 행할 수도 있는" '자유의지'가 존재한다. 인간이야말로 천지 만물의 주인이다. 정약용은 천(天)을 제대로 알아야 한다고 주장한다. 여기서 천은 곧 인격신인 상제(上帝)다. 정약용에게 인격신으로서 상제는 하늘과 땅, 인간 밖에 존재하면서 만물을 조화롭게 하고 주재하는 절대적인 존재다.

3) 성리학을 넘어서

조선시대에서 유학 공부는 『논어』·『맹자』·『중용』·『대학』, 즉 사서

228 『與猶堂全書』「中庸講義補」.

(四書)로부터 시작한다. 그리고 이 경전들은 이해하기 어렵기 때문에 주석을 참고한다. 조선시대에는 주희(朱熹)의 사서 및 기타 경전에 대한 주석이 통용되었다. 당시 학교교육 및 과거시험의 정식 텍스트로 선정된 주희의 주석들은 넘어설 수 없는 것이었으며 이 기준에서 일탈하면 사문난적(斯文亂賊; 주희가 해석한 것과 다르게 해석하면 질서와 학문을 어지럽히는 도둑이다)으로 내몰렸다. 정약용의 경전주석은 이러한 속박에서 벗어나고자 했다.

특히 과거시험의 답안에서 유학 경전에 대한 주희의 해석은 한 치도 벗어나서는 안 되는 것이었다. 이 시점에서 우리는 과거제와 학문 및 정치의 관계에 대해서 잠시 집고 넘어갈 필요가 있다. 조선에서 성리학은 독점적 지위에 있었으며 유학자들의 학문적 관심과 정치적 의지는 깊이 결부되어 있었다. 다시 말해 정치와 학문이 분리되지 않은 상황이었다. 학문과 정치의 분리는 인재등용방식의 차이와도 맞물려 있다. 조선의 과거제는 학문과 정치를 일치시키면서 성리학과 다른 이질적인 지식의 형성을 근본적으로 막았다. 학자는 정치판으로부터 멀리 떨어져 있어야 보다 유연성을 가지고 다양한 생각을 펼쳐나갈 수 있는 법이다. 학문적 이념이 매번 어떤 정치적인 사안과 연결된다면 자유로운 학문적 사색은 불가능할 것이다. 또 과거제 시스템은 격렬한 수험전쟁을 불러 오면서, 그 결과 전국의 인재가 중앙에만 모이는 현상을 초래했다. 이러한 주류 학문의 압도적인 우위 아래에서는 다른 철학 이념은 설 자리를 찾기 힘들다. 학문과 정치 사이의 잘못된 섞임은 곧 지식과 권력의 유착이다. 지식은 권력화 되고 또한 권력은 지식을 통해 자기를 정당화한다. 물론 과거제는 혁신적이고 합리적인 제도다. 왜냐하면 혈연이나 지연 등을 통해 정부 관료를 채용하는 것이 아니라 공정한 시험을 통해 선발하는 것이기 때문이다. 하지만 과거제로 인한 학문과 정치의 일치는 학문적인 학파와 정치파벌이 함께 맞물리도록 하면서, 계속 바뀌어 나가는 현실에 대응하는 기민한 정치력과 학문적 독립성 모두를 훼손하기도 했다.

다음은 정약용이 유배지인 강진에서 아들들에게 보낸 편지 내용의 일부다. 편지 앞부분에서 정약용은 학문을 소홀히 하고 있는 것으로 보이는 자식들을 나무란다. 이어서 이렇게 말한다.

> 너희 처지가 비록 벼슬길은 막혔어도 성인(聖人)이 되는 일이야 꺼릴 것이 없지 않으냐. … 꺼릴 것이 없을 뿐 아니라 과거시험을 준비하는 사람들이 빠지는 잘못에서 벗어날 수 있다. … 폐족(廢族; 조상이 큰 죄를 지어 그 자손이 벼슬을 할 수 없게 되는 것)에서 재주 있는 걸출한 선비가 많이 나오는 이유는, … 부귀영화를 얻으려는 마음이 근본정신을 가리지 않아 깨끗한 마음으로 독서하고 궁리해 진면목과 바른 뼈대를 얻을 수 있기 때문이다.[229]

정약용은 자식들에게 과거시험을 보지 못하게 된 것이 오히려 학문을 자유롭게 할 수 있는 기회를 얻은 것이라고 말하고 있다. 정약용 스스로도 앞에서 언급된 바와 같은 과거제의 맹점을 잘 인식했던 것으로 보인다.

자, 그러면 본 이야기 줄기로 다시 돌아와 정약용의 성리학에 대한 입장을 살펴보도록 하자. 성리학의 집대성자 주희(朱熹)에 의하면 도덕의 절대 원리인 천리(天理)라는 것이 있으며 인간은 이 천리에 잘 순응해야만 한다. 도덕의 절대 원리인 천리는 만물의 존재 근거이고, 이것이 인간에게 내재하면 '성'(性)이라고 한다. 따라서 천리나 성은 매우 형이상학적인 개념이다. 정약용은 성리학에서 말하는 이러한

---

229 「두 아들에게 부탁함」(寄兩兒) 1803년 1월1일(박석무, 『다산 정약용 유배지에서 만나다』, 한길사, 2003, 396-398쪽에서 재인용).

'성'(性)에 대한 형이상학적 해석을 부정하면서 '심'(心; 마음)을 강조한다. 정약용은 '성'을 단지 기호(嗜好; 어떤 것을 좋아하는 마음)이라고 해석했다.

천리와 같은 절대적인 원리가 인의예지(仁義禮智)라는 도덕과 같다는 주장은 성리학의 핵심이다. 이러한 입장은 성리학이 맹자의 입장을 주로 계승했기 때문이다. 맹자는 말한다. "지금 사람들이 갑자기 어린아이가 우물에 빠지는 광경을 보게 되면, 모두 깜짝 놀라고 측은해하는 마음을 갖게 된다. 그것은 어린아이의 부모와 교분을 맺으려고 해서도 아니고, 그렇게 해서 자기가 살고 있는 지역의 친구들에게 명예로운 사람이라는 평가를 원해서도 아니다. … 이러한 점으로부터 미루어본다면, 측은해 하는 마음[측은지심(惻隱之心)]이 없으면 사람이 아니고, 부끄러워하고 미워하는 마음[수오지심(羞惡之心)]이 없으면 사람이 아니며, 사양하는 마음[사양지심(辭讓之心)]이 없으면 사람이 아니고, 옳고 그름을 가리려는 마음[시비지심(是非之心)]이 없으면 사람이 아니다. 측은해 하는 마음은 인(仁)의 단서[端]이고, 부끄러워하고 미워하는 마음은 의(義)의 단서이며, 사양하는 마음은 예(禮)의 단서이고, 옳고 그름을 가리려는 마음은 지(智)의 단서이다. 사람이 이 네 가지 단서[사단(四端)]를 가지고 있는 것은 마치 사람에게 팔 다리가 있는 것과 같다."[230]

성리학은 이러한 맹자의 인의예지에 대한 입장을 '천리'라는 절대원리와 연결시킨다. 인간이 '인의예지'를 실천할 수 있는 이유는 인간이 만물의 원리인 천리를 갖추고 태어났기 때문이라는 것이다. 하지만 정약용은 이와는 다른 시각을 보인다.

---

230 『孟子』「公孫丑 上」.

> 인의예지(仁義禮智)는 본래 우리 인간의 실천적인 행위에 의해서 생겨난 것이지, 마음속에 잠재된 현묘한 이치가 아니다.[231]

정약용은 성리학에서 주장하고 있는 것처럼 인의예지라는 네 가지 도덕이 인간 본성에 선천적으로 내재해 있는 것으로 생각하지 않았다. 인의예지는 어디까지나 실천 속에서 얻어지는 것이다.

> 인의예지라는 개념은 실천을 한 뒤에 이루어지는 것이다. 그러므로 남을 사랑한 뒤에 '인'(仁; 어짊)하다고 하지, 남을 사랑하기 전에 '인'이란 말은 성립될 수 없다. 나 자신을 선하게 한 뒤에 '의'(義; 의로움)라고 하지 나 자신을 선하게 하기도 전에 '의'라고 하지는 않는다. 손님과 주인이 격식에 맞추어 서로 인사를 한 뒤에야 '예'(禮)라고 한다. 사물을 분명히 분간한 뒤에야 '지'(智; 지혜로움)라고 말한다. 어찌 인의예지라는 네 알맹이가 주렁주렁 복숭아씨나 살구씨처럼 사람의 마음 가운데 매달려 있는 것이겠는가?[232]

바로 이 부분이 정약용의 철학과 성리학이 갈리는 중요한 대목이다. 내가 지금 우물에 빠지려는 아이를 보고 측은지심을 느끼는 이유는 '인'(仁; 어짊)이란 본성이 선천적으로 존재하기 때문이 아니다. 단지 지금 달려가서 아이를 구하는 것이 무엇보다도 급한 일이기 때문이다. 지금 아이가 빠져 죽게 생겼으니 빨리 달려가서 구하려 하는 마음일 따름이다. 만약 아이를 구하는 데에 성공하게 되면 비로소 그때 다른 사람들로부터 선행을 베풀었다는 찬사를 들으면

231 『與猶堂全書』「中庸講義補」.

232 『與猶堂全書』「孟子要義」.

서 "'인'(仁)한 사람이네!"라고 평가받는 것이라는 설명이다. '어질다', '어질지 않다'와 같은 평가는 그의 행동을 보고 나중에 온다. 정약용은 어떤 도덕적인 가치도 형이상학적이거나 선천적으로 마음속에 존재하는 것이 아니라고 말한다. 도덕적인 가치는 인간의 실천에 의해서 비로소 형성될 수 있는 것이다.

정약용이 형이상학적인 성리학을 비판하면서 형이상학적인 성격이 별로 없는 고대유학의 인문주의 정신으로 돌아가고자 한 것은 서양에서 근대적 사유의 시작을 알린 문예운동인 르네상스의 정신과도 비슷한 측면이 있다. 왜냐하면 르네상스 운동은 중세 신학의 압박에서 벗어나 인간의 주체적 의지를 강조한 고대 그리스-로마의 인문주의로 눈을 돌린 운동이었기 때문이다. 정약용은 자신의 입장을 강화하기 위해 서양의 학문을 받아들이고 중국 청나라의 고증학을 발전적으로 수용했으며 나아가 일본 고학(古學)도 적극적으로 활용한다. 정약용의 일본 고학(古學)에 대한 부분적 수용은 그가 다른 철학체계에 대해 얼마나 열린 자세를 보였는지 잘 드러내주는 사례다. 고학은 막부 체제였던 일본에서 국가의 학문으로 통용되고 있던 성리학을 실용성이 부족하다고 비판하면서 고대유학으로 돌아가자는 유교학파이다. 정약용은 일본 고학의 집대성자인 오규 소라이(荻生徂徠)를 깊이 연구하면서 긍정적인 평가를 내린다. 최소한 학문의 영역에서만은 조선이 일본을 한 없이 깔보아 왔던 것을 생각해 본다면 정약용의 이러한 평가는 매우 획기적인 것이었다. 정약용은 일본 고학에 나타나는 거침없는 성리학에 대한 비판과 자연세계와 인문세계의 분리, 그리고 과감한 제도 개혁 의지에 커다란 충격을 받았을 것이다. 정약용의 말을 직접 들어보자.

> 일본은 이제 걱정할 필요가 없다. 내가 고학의 선생인 이토 진사이의 문장과 오규 소라이 선생 및 다자이 슌다이 등이 쓴 경전

해석을 읽어보니 모두 수준이 뛰어났다. 이것을 통해 일본은 이제 걱정할 필요가 없다는 사실을 알게 되었다.[233]

일본 고학에 대한 정약용의 평가와 관련해 정약용의 흥미로운 언급이 하나 더 있다. 필자는 앞에서 과거제의 문제점을 지적한 바 있다. 일본에는 과거제가 시행된 적이 없었다. 정약용은 말한다.

일본에는 과거제의 폐단이 없었으므로 지금에 와서는 그들의 학문이 우리 조선을 능가하게 되었으니 매우 부끄러운 일이다.[234]

일본이 고학이나 국학사상을 바탕으로 해 서양의 문물을 적극적으로 받아들여 장차 아시아의 맹주가 된 점을 상기한다면 정약용의 당시 일본에 대한 평가는 놀라운 통찰력이라고 평가하지 않을 수 없다.

정약용은 인간이 주체적으로 사유하고 판단하는 '자주권'을 지닌 존재라고 보았다. 선악의 도덕적인 행위도 인간의 자율적 선택에 달려 있다. 정약용에 의하면 인간은 당연히 선을 선택해야 하지만 이것이 말처럼 쉬운 일이 아니다. 인간은 자기가 속한 환경에 영향을 받기 때문이다. 자신이 아무리 선함을 자주권에 의해 선택하려 해도 주변 환경이 사악하다면 선택하기가 쉽지 않다. 자기만 손해 볼 수 있기 때문이다. 따라서 정약용은 이 주변 환경을 인간이 선함을 쉽게 선택할 수 있도록 잘 조성해야만 한다는 맥락에서 여러 정치·사회제도 상의 혁신안을 제시한다.

233 『與猶堂全書』「1집 12권」.

234 『與猶堂全書』「1집 21권」.

4) 경제개혁은 모든 개혁의 출발이다

정약용은 양반과 부자들이 토지를 겸병하고 농민을 수탈함으로써 다수의 농민이 토지를 잃고 소작농과 유민(流民; 유랑민)으로 전락해 가는 당시의 실정을 깊이 우려했다. 정약용이 주장한 여러 경제개혁 가운데 가장 혁신적인 것은 바로 '여전제'(閭田制)라는 토지 개혁안이다. 모든 사람들이 농사지을 땅을 공동으로 소유하고 공동으로 경작하여 그 생산물을 노동일수에 따라 공동으로 분배하자는 것이 이 개혁안의 골자다.

> 무엇을 여전(閭田)이라 하는가? 산골짜기와 시냇가의 지형을 가지고 경계를 긋고, 그 경계의 안을 여(閭)라고 이름 붙인다. 여에는 여장(閭長)을 두고, 무릇 1여의 전지는 1여 안에 속한 모든 사람들이 함께 다스린다. 서로 경계가 없게 하고 오로지 여장의 명령만을 따르도록 한다. 여민이 매일 일할 때마다 여장은 그 일한 날의 수를 장부에 기록한다. 추수철이 되면 그 곡물 전부를 여장의 집에 운반해 놓고 나눈다. 먼저 정부에 낼 세금을 떼고, 그 다음에는 여장의 봉급을 떼며, 그 나머지를 가지고 장부에 나와 있는 일한 양에 따라 분배한다. … 노력을 많이 한 사람은 양곡을 많이 얻게 되고 노력이 부족한 사람은 양곡을 적게 얻으니, 힘을 다하여 많은 양곡을 타려고 하지 않을 사람이 있겠는가? 사람들이 있는 힘을 다하므로 토지에서 나오는 이익도 극대화될 것이다. 토지의 이익이 좋아지면 백성의 재산도 풍족해지고, 백성의 재산이 풍족해지면 풍속이 도타워지며, 효제(孝悌; 부모에 대한 효도와 형제에 대한 우애)가 잘 실천에 옮겨질 것이다. 이것이

전지를 다스리는 가장 좋은 방법이다.[235]

정약용은 여전제로 사적인 토지소유를 혁파하고 공동경작과 그에 따른 분배의 방식을 택함으로써, 당시의 토지겸병과 수탈을 배제하고자 했다. 이 제도는 당시로서는 매우 급진적인 것으로써 20세기 초의 사회주의자들도 참고할 정도였다.

한편 정약용에 의하면 여전제는 군대를 편제하는 데에도 그대로 가져다 쓸 수 있다. 그는 「전론」에서 여전제 아래에서 공동 농작 단위인 '여'가 그대로 군사 단위가 되어 현령(縣令)의 총지휘를 받도록 하자고 제안한다. 이 제도는 평시의 리더십이 그대로 전시 리더십이 되는 장점이 있다는 발상이다.

정약용은 여전제 등을 통해 백성들이 경제력을 키우고 누구나 다 노동을 하는 세상을 꿈꾸었다. 양반이 나라를 잘 경영하기 위해서는 먹고 사는 일 때문에 육체적인 노동에 시달리는 일은 없어야 한다. 하지만 이는 나라를 잘 경영했을 때 이야기다. 나라를 경영할 능력이 없는데도 단지 양반이라는 이유로 한가롭게 놀고먹고만 있다면, 이런 양반들은 농사를 지어야만 한다. 만약 농민이 될 능력도 없다면 그는 공업이나 상업에 종사하거나 부잣집 자식들의 교육을 담당하면 된다. 정약용에 의하면 양반이란 특권을 지닌 존재가 아니며 아홉 가지 직분의 하나일 뿐이다. 자기가 맡은 직분을 제대로 할 능력이 없다면 다른 직분을 찾아야 할 것이라고 정약용은 말하고 있다. 나라를 다스릴 역량이 안 되고, 외적이 침입했을 때 무능하게 대처하며, 국가 백년대계인 교육을 잘 담당해내지도 못하면서, 단지 높은 지위에 있다는 이유만으로 놀고먹는다면 그런 양반은 양반노릇을 할 하

235 『與猶堂全書』「田論」.

등의 이유가 없다. 이러한 정약용의 말은 매우 상식적으로 들리지만 당시로서는 파격적인 주장이었다. 따지고 보면 오늘날의 입장으로 보더라도 유치한 이야기가 아니다. 예컨대 국가 경영의 중요한 한 축인 국회의원이면서 엄청난 세비를 받으며 그저 놀고먹는 사람이 얼마나 많은가?

5) 예술과 문학은 현실 그대로를 반영해야만 한다

정약용은 사회적 현실을 중시한 그의 가치관에 걸맞게 예술 작품도 현실을 있는 그대로 반영해야하고 사실성이 있어야만 한다고 바라보았다. 정약용의 현실참여적인 예술관은 그의 시에서 가장 잘 표현되어 있다. 정약용은 2천5백여수의 시를 남긴 뛰어난 시인이었다. 그의 시는 개인적인 정서만을 노래한 것이 아닌, 자신과 같은 시대와 장소에서 함께 살아가는 사람들과의 연대의식이 밑바탕을 이루고 있다. 정약용은 시가 되기 위해서는 잘못된 세상에 대한 근심과 힘없는 사람들에 대한 연민의식을 바탕으로 해야만 한다고 말한다.

> 시냇가에 부서진 집 뚝배기 같고,
> 북풍이 이엉을 날려버려 서까래만 앙상하네.
> 묵은 재에 눈이 덮여 부엌은 차디차고,
> 체눈처럼 뚫려버린 무너진 벽에 별빛이 비쳐드네.
> 집안에 있는 물건 보잘 것이 없어,
> 모조리 팔아도 칠판 푼이 안 되겠네.
> 개꼬리 같은 조 이삭 세 줄기와,
> 닭 창자같이 비틀어진 고추 한 꿰미.
> 깨진 항아리 새는 곳은 헝겊으로 붙여 놓았고,

내려앉은 선반은 새끼줄로 얽었구나.
놋수저는 지난번 만난 이정 놈이 빼앗아갔고,
쇠솥은 얼마 전 근처 사는 부자 놈이 강탈했지.
… 큰 아이는 다섯 살에 기병으로 등록되고,
작은애도 세 살에 군적에 올랐으니,
두 아들 세금으로 오백 푼을 물고 나니,
어서 죽길 원하는 판에 옷이 다 무엇이랴.
강아지 세 마리 애들과 함께 잠자는데,
표범과 호랑이는 밤마다 울타리 곁에서 으르렁대네.
… 아침 점심 굶고서 밤에 와서야 밥을 짓고,
… 마을에 술이 익어야 술찌끼라도 얻어먹지.
… 아아 이런 집들이 온 천하에 가득한데,
… 새로운 시 한편 써서 궁에나 바쳐볼까.[236]

이 시는 정약용이 33세 때 암행어사로 경기도 연천 지방을 순찰하면서 목격한 한 농가를 묘사한 작품의 일부다. 이때의 경험은 그의 전 생애를 관통하는 민중 지향적 사고의 출발점이 된다. 당시 조선은 어린아이에게도 어른과 같이 세금을 매기는 황구첨정(黃口簽丁)이나 사망자에게 군포(軍布)[237]를 매긴 백골징포(白骨徵布) 등이 자행되면서 백성들을 도탄에 빠뜨리고 있었다. 세상을 쥐락펴락하는 주류세력들은 백성들의 아픔에는 아랑곳없이 자신의 이익만 추구했다. 이들의 이익과 상반되는 이야기를 내 놓으면 이른바 사문난적으로 몰리기 일쑤였다. 정약용은 말한다.

---

236 『與猶堂全書』"교지를 받들어 사찰하던 중 적성촌에 이르러 지음".

237 조선시대 병역의무자인 16세 이상에서 60세 이하의 양인 남자로부터 현역 복무에 나가지 않는 대신에 부담하게 했던 세금을 말한다.

> [조선은] 몸에 난 털 하나, 머리털 하나에 이르기까지 병들지 않은 구석이 없으니, 지금 개혁하지 않는다면 반드시 나라가 망해 버릴 것이다.[238]

이 말은 마치 조선이 일제에 의해 멸망할 것을 예측한 것만 같아 모골이 송연해진다.

다음은 유명한 「애절양」이라는 시다. 「애절양」은 정약용이 강진에서 유배생활을 할 때 지은 시다. 이 시에는 특히 민중의 저항이 직접적으로 잘 드러나 있다. 워낙이 유명한 시이니만큼 원문을 첨가해 전문을 인용해 본다.

「애절양(哀絕陽)」(1803)

蘆田少婦哭聲長[노전소부곡성장]: 노전마을[239] 젊은 아낙네 울음소리 길어라

哭向懸門呼穹蒼[곡향현문호궁창]: 현문을 향해 슬피 울며 하늘에 호소하네

夫征不復尙可有[부정불복상가유]: 전쟁터에 간 지아비가 못 돌아오는 수는 있지만

自古未聞男絕陽[자고미문남절양]: 남자가 남근을 자른 건 예로부터 들어본 일이 없다네

舅喪已縞兒未澡[구상이호아미조]: 시아버지 상으로 상복을 입었고, 아기는 탯물도 마르지 않았는데

---

238 『與猶堂全書』「經世遺表」.

239 강진의 읍 명칭.

三代名簽在軍保[삼대명첨재군보]: 3대[240] 이름이 다 군보[241]에 실리다니
薄言往愬虎守閽[박언왕소호수혼]: 관아에 가서 호소했지만 호랑이 같은 문지기는 막아서고
里正咆哮牛去皁[이정포효우거조]: 이정은 으르렁대며 마구간의 소를 끌어가 버렸네
朝家共賀昇平樂[조가공하승평락]: 조정에선 모두 태평의 즐거움을 하례하는데
誰遣危言出布衣[수견위언출포의]: 누구를 보내 위태로운 말로 포의[242]로 내쫓는가
磨刀入房血滿席[마도입방혈만석]: 칼을 갈아 방에 들어서자 자리에는 피가 가득하고
自恨生兒遭窘厄[자한생아조군액]: 자식 낳아 고난을 만난 것 한스러워 그랬다네
蠶室淫刑豈有辜[잠실음형기유고]: 무슨 죄가 있어서 잠실음형[243]을 당했는가
閩囝去勢良亦慽[민건거세량역척]: '민'땅 자식들 거세한 것[244]도 역시 슬픈 일인데
生生之理天所予[생생지리천소여]: 자식 낳고 사는 이치 하늘이 준 것이고

240 시아버지 · 남편 · 자식을 가리킴.
241 군대를 안 가는 대신에 쌀이나 벼를 세금으로 내도록 한 제도.
242 벼슬하지 않은 가난하고 지체가 변변히 못한 선비.
243 누에치는 방에서 거세를 하는 것을 말한다. 남자의 고환을 자르는 궁형을 시행하는 방은 누에치는 방처럼 덥게 했다고 한다.
244 옛날 중국의 민나라에서 사내아이를 낳으면 거세하여 이웃의 강대국들에게 내시로 바쳤던 일화를 말한다.

乾道成男坤道女[건도성남곤도녀]: 하늘 닮아 아들 되고 땅 닮아 딸이 되지

騸馬豶豕猶云悲[선마분시유운비]: 말과 돼지를 거세한 것도 슬픈 일인데

況乃生民恩繼序[황내생민은계서]: 대를 이어가야 할 백성들이야 말해 무엇하리요

豪家終歲奏管弦[호가종세주관현]: 부호들은 일 년 내내 풍류나 즐기면서도

粒米寸帛無所捐[입미촌백무소연]: 낟알 한 톨 비단 한 치 바치는 일 없도다

均吾赤子何厚薄[균오적자하후박]: 똑같은 백성을 두고 왜 그리도 차별일까

客窓重誦鳲鳩篇[객창중송시구편]: 객창[245]에서 거듭거듭 '시구편'[246]을 읊어보네

이 작품은 정약용이 유배생활을 할 당시 강진에서 실제로 있었던 비극적인 사건을 접하고 시로 옮긴 것이다. 정약용은 『목민심서』「병전(兵典)의 첨정(簽丁)」에서 '애절양'이라는 시를 짓게 된 배경을 설명한다.

> 이 시는 내가 1803년 가을에 강진에서 지은 것이다. 그때 갈대밭 마을에 사는 백성이 아이를 낳은 지 사흘 만에 군보(軍保)에 편입되고 이정(里正)이 못 바친 군포(軍布) 대신 소를 빼앗아가

245 유배지.

246 『시경』에 수록된 시의 편명이다. 통치자가 백성을 골고루 사랑해야 한다는 것을 뻐꾸기에 비유해서 읊고 있다.

니 그 백성이 칼을 뽑아 자기 성기를 스스로 베면서 말하기를 "내가 이 물건 때문에 고난을 당한다."고 했다. 그 아내가 잘린 남편의 성기를 가지고 군청의 문으로 가니 피가 아직 뚝뚝 떨어졌다. 울며 호소했으나 문지기가 막아버렸다. 내가 그 이야기를 듣고 시를 지었다.[247]

「애절양」에서 남편은 절망에 빠져 스스로 생식기를 자르며 그것을 보고 아내는 울부짖는다. 아내는 잘린 남편의 생식기를 가지고 관아에 달려가 통곡한다. 비록 이 광경을 직접 보지 않았더라도 단지 상상만으로 우리는 분노할 수밖에 없는 너무나도 처참한 장면이다. 이 시에는 가진 자와 못 가진 자 사이의 모순과 그에 대한 깬 지식인의 울분이 짙게 표출되어 있다.

6) 정치를 개혁하기 위해 무엇이 필요할까

정약용에 의하면 통치자는 본래 백성들의 자발적 추대로 그 자리에 선 것이다. 백성들이 분쟁을 벌였을 때 그것을 잘 조절한 사람을 백성들이 현명하다고 생각해 추대한 것일 따름이다. 그러므로 통치자가 능력이 없을 경우 가차 없이 끌어내려야만 한다.

백성들이 드문드문 모여 살다가, 어떤 한 사람이 이웃과 시비가 붙었는데 해결이 나지 않자 공정한 말을 잘 하는 노인을 찾아가 올바른 판정을 받았다. 주변 사람들이 모두 감탄하면서 함께 그

247 박석무, 『다산 정약용 유배지에서 만나다』, 한길사, 2003, 439쪽에서 재인용.

를 추대해 '이정'(里正)이라고 했다. 또 여러 마을 백성들이 마을에서 해결하지 못한 분쟁이 생기자, 준수하고 식견이 많은 노인을 찾아가 올바른 판정을 받았다. 여러 마을 사람들이 감탄하면서 함께 그를 추대해 '당정'(黨正)이라고 했다. 또 여러 '당'(黨) 백성들이 '당'에서 해결하지 못한 분쟁이 일자, 현명하고 덕이 있는 노인을 찾아가 올바른 판정을 받았다. 이에 여러 '당' 백성들이 모두 감탄하며 그를 '주장'(州長)이라고 했다. 다시 여러 '주'(州)의 수장들이 한 사람을 지도자로 추대해 '국군'(國君)이라고 했고, 여러 국군들이 한 사람을 지도자로 추대해 '방백'(方伯)이라 했으며, 사방의 방백들이 한 사람을 지도자로 추대해 '황왕'(皇王)이라 했다. '황왕'의 뿌리는 '이정'으로부터 비롯된 것이니, 백성을 위해 목민자(牧民者; 백성을 이끄는 사람)가 존재하는 것이다.[248]

무릇 여러 사람이 추대해 생긴 자리는 또한 여러 사람이 추대하지 않으면 물러나야만 한다. 그러므로 5가구가 화합하지 못하게 되면 다섯 가구가 의논해 '인장'(鄰長)을 바꿀 수 있고, 5'린'(鄰)이 화합하지 못하게 되면 25가구가 의논해 '이장'(里長)을 바꿀 수 있으며, '9후'(九侯) · '8백(八伯)이 화합하지 못하게 되면 9후 · 8백이 논의해 천자를 바꿀 수 있다.[249]

이 인용문들은 동아시아에서 민주주의 이념의 단초 가운데 하나로 평가할 만하다. 정약용은 정치의 시작을 분쟁에 대한 해결에서 찾았다. 이 부분은 서양의 계몽주의 사상의 주요 정치이념인 사회계약

248 『與猶堂全書』「原牧」.

249 『與猶堂全書』「湯論」.

론과 흡사한 부분이 있다. 일반적으로 사회계약론은 크게 루소(J. J. Rousseau; 1712 - 1778)의 사회계약론과 홉스(Th. Hobbes; 1588 - 1679)의 사회계약론으로 나뉜다. 이 둘은 차이가 있다. 우선 루소에 의하면 진정한 정부는 자유로운 인간들 사이에서 이루어지는 계약에 근거한다. 이때 계약이란 각 개인이 공동체를 위해 자신의 모든 자연적 권리를 포기하는 대신 공동체로부터 자신의 생명과 재산에 관한 보장을 얻게 되는 협약을 말한다. 이 협약을 통해 인간은 자연적 신분에서 사회적 신분으로 이동한다. 하지만 루소는 인간이 사회를 만들기 이전의 자연 상태에서는 인간에게 불평등이 없었다고 말한다. 한편 홉스는 자연 상태를 만인에 대한 만인의 투쟁으로 보면서 이 투쟁을 해결하기 위해 인간은 사회계약을 맺고 각자의 자유권을 리바이어던(국가)에게 양보했다고 말한다. 사회에서 발생한 분쟁과 갈등을 해결하기 위해 백성들이 합의해 우두머리를 추대한 것이라는 다산의 관점은 홉스의 생각과 통하는 점이 있다.

또 정약용은 만약 지방행정관인 목민관이 백성들을 향한 정책을 시행함에 있어 상부기관과 의견 충돌이 생겼을 때, 만약 상부기관의 명령이 백성의 이익을 해치는 것이라면 백성이 원하는 바를 용기 있게 따라야만 한다고 주장했다.

> 천하에서 지극히 비천해 하소연할 곳 없는 자가 백성이긴 하지만, 천하에서 산처럼 높고 중요한 존재도 백성이다. … 따라서 비록 상관이 자기보다 높은 지위라도, 백성을 머리에 이고 싸운다면 상관을 굴복시킬 수 있다.[250]

250 『與猶堂全書』「牧民心書」.

중앙정부의 정책과 지방정부의 정책이 부딪치는 경우, 만약 지방정부의 정책이 중앙정부의 정책보다 백성들의 이익에 더 부합한다면 이 지방정부의 총행정책임자는 과감하게 자신의 정책을 밀어붙여야만 한다. 그 지방을 직접 다스리고 있는 지방정부가 멀리 떨어져 있는 중앙정부보다 자기 지방의 백성들의 실정에 대해서는 더 잘 파악하고 있기 때문이다. 지방정부의 수장이 자기의 상관인 중앙정부와 백성 사이에서 선택을 강요당할 때 지방정부의 수장은 백성을 선택해야만 한다는 것이 정약용의 생각이다. 왜냐하면 정약용이 볼 때 가장 중요한 기준은 바로 백성의 이익이기 때문이다.

마지막으로 정약용의 정치개혁 담론에서 가장 중요하다고 생각되는 '주체성'의 문제를 언급하면서 이 단원의 막을 내리고자 한다. 정약용은 기존의 학풍을 '학이불사(學而不思; 배우기만 하고 생각이 없는)'의 몰주체성에 빠져 있음을 지적한다.

> 내가 보기에, 이른바 '중국'(中國)이라는 말에서 왜 '중'(中)이란 말을 쓰는지 모르겠다. 이른바 '동국'(東國)이라는 말에서도, 왜 '동'(東)이라 하는지 모르겠다. 무릇 해가 머리 위에 떠 있을 때를 '정오'라 하며, 정오를 기준으로 해가 뜨고 지는 시각이 같다면, 내가 동쪽과 서쪽의 중간에 있음을 알 수 있다. … 무릇 있는 곳이 동서남북의 중간이라면, 어느 곳이라도 중국일 것이다.[251]

> 요 근래 수십 년 이래로 한 가지 괴이한 논의가 있어 우리나라 문학을 매우 심하게 배척하고 있다. 여러 가지 우리나라의 옛 문헌이나 문집에는 눈도 주지 않으려 하니 이거야말로 병폐가 아

251 『與猶堂全書』'한교리를 보내며'

니고 무엇이겠느냐?[252]

정약용은 청나라의 발달된 문물을 받아들임에 있어서도 강력한 주체의 각성을 요구했다. 정약용은 청나라의 기술을 받아들이기 위해 '이용감(利用監)'이라는 '북학' 전담 관청을 설치할 것을 제안했다. 그런데 왜 정약용은 이 관청 이름을 '북학감(北學監)'이라고 하지 않고 굳이 '이용감(利用監)'이라고 했을까? 정약용은 청나라의 발달된 기술도 단지 조선의 발전을 위한 '이용'(利用) 대상으로만 바라보았기 때문에 '이용감'이라고 이름을 붙인 것은 아닐까?

주체성이라는 문제는 서양에서는 근대성과 맞물리는 테제다. 서양에서는 프랑스 혁명 이후 단지 이념으로서만이 아니라 경제적·정치적 토대가 본격적으로 근대화되어가는 과정에 돌입한다. 이때 강력한 주체성을 바탕으로 한 민족주의가 기승을 부렸다. 이를 '국민국가화'의 과정이라고 부른다. 가까운 일본 또한 이러한 성격의 민족주의는 국학사상을 중심으로 메이지 유신 이전부터 유행했다.

매우 아쉬운 점은 정약용의 구체적이고 실현가능한 혁신적 현실개혁론이 우리 역사의 전개과정에서 제대로 반영되거나 실현되지 못했다는 사실이다. 정약용의 철학은 동시대에 외면당했으며, 이는 이후에도 별다르지 않았다. 정조나 정약용이 죽은 이후 조선은 무기력했다. 정약용이 분석해낸 당시 국가 사회체제의 여러 모순을 극복하지 못한 채 역사는 전개되었다.

우리의 근대 초기 역사의 큰 흐름은 그렇다 치고 평범한 우리들에게 정약용이 가져다 줄 수 있는 의미 있는 메시지는 어디에서 찾을 수 있을까? 정약용이 일구어낸 방대한 학문적 유산을 공부하는

252 「두 아들에게」 1802년 12월22일(박석무, 『다산 정약용 유배지에서 만나다』, 한길사, 2003, 406쪽에서 재인용).

것과는 별개로 말이다. 정약용은 거의 모든 학문 영역을 가로질렀던 혼종적 사유·융복합적 사고의 소유자였다. 철학·정치·경제·의학·과학기술·예술·문학 등 모든 분야에 망라된 것이었다. 오늘날과 같이 짧은 인터벌로 쉽게 바뀌어가는 현실에 적응하기 위해서는 오로지 한 영역만 붙들고 늘어져서는 곤란하다. 여러 분야의 지식을 아우른 사람은 자기 전문 분야가 아닌 다른 분야에 대한 이해도 빠를 뿐더러, 앞으로 어떤 방식으로 찾아올지 모르는 위기에 대한 대처 능력도 탁월할 것임에 틀림없다. 이는 특히 한참 공부에 매진해야 할 시기의 젊은 층들이 유념해 볼만한 자세라고 본다.

10

동양철학과 현대심리학의 관계에 나타나는 문화의 혼종성;

도가(道家)사상과 현대심리학의 혼종

10

동양철학과 현대심리학의 관계에 나타나는 문화의 혼종성;

도가(道家)사상과 현대심리학의 혼종

동양철학과 서양학문의 혼종을 구체적인 사례를 통해 살펴보는 것으로 마지막 장을 장식하고자 한다. 동양철학 분야 가운데 도가 사상을 가져와서 서양의 현대 메타심리학 분야와 접목시켜봄으로써, 동양의 사유가 서양의 사유와 어떤 방식으로 혼종의 양상을 보일 수 있는지 두 파트로 나누어 실험적으로 고찰해 본다. 첫째로 노자 사상과 칼 융의 분석심리학 사이에 어떤 관계성이 있을지 천착해 본다. 이를 통해 의식과 무의식의 통일, 현실세계와 본질세계의 종합, 나아감과 물러남의 순환, 내면세계와 외면세계의 조화 등 상반된 영역의 '혼종'이 가져오는 장점을 파악해 본다. 둘째로는 장자 사상과 게슈탈트 심리치료학 사이에 어떤 방법론적인 친화성이 있을지 살펴봄으로써, 동양철학과 현대 학문 분야의 '혼종' 양상을 좀 더 실질적인 차원에서 확장해본다.

1. 칼 융(C. G. Jung)의 분석심리학(Analytical Psychology); 노자와 심리학의 혼종

1) 도가 사상과 분석심리학의 유사점

칼 융(C. G. Jung; 1875~1961)의 분석심리학(Analytical Psychology)은 프로이트(S. Freud; 1856~1939)의 정신분석학(Psychoanalysis)과 함께 현대 메타심리학(Metapsychology)의 정수다. 메타심리학이란 심리학의 연구대상인 의식현상을 뛰어넘어, 그 기초이며 그것을 규정하는 무의식의 특성과 그 활동법칙을 연구하는 학문이다. 칼 융은 분석심리학을 만들 때, 노자와 장자로 대표되는 도가 사상과 불교 등의 방법론을 상당 부분 받아들였다. 분석심리학은 동양의 전통사유와 서양의 현대학문이 '혼종'되어 탄생한 대표적인 하이브리드(Hybrid) 학문의 결정체다.

노자의 '도'(道)의 지평과 칼 융의 '자기'(Self) 개념은 상통한다. 노자의 '도'에 대한 인식 노력은 융이 강조하는 '자기실현'과 함께 현대 사회의 문맥에서 '치유'적 기능을 담당할 수 있다. 오늘날 '치유'(Healing)란 개념은 의학으로부터 외연을 넓혀 인간의 내면적 불행을 걷어내는 철학적·종교적·심리학적 함의를 지닌다. 이러한 사고는 기본적으로 육체와 정신을 하나로 바라보는 전제로부터 출발한다. 본래 전통사회에서는 '치유'가 이러한 의미를 지녔지만, 근대사회가 시작된 이후 '치유'는 주로 육체적인 병을 치료하는 의학적 맥락으로만 생각한다. 오늘날은 인간의 정신적 위기가 한층 중요한 과제가 되었다. '치유'란 '전체정신'을 회복하는 일이다. 분석심리학에서는 인간의 여러 심리적 문제를 자기 내면 깊숙이 잠재되어 있는 집단무의식과의 단절에서 찾는다. '치유'란 단절된 집단무의식을 의식의 영역에 다시금 불러와 통합하는 작업이다. 『노자』는 만물을 먹여주는 어머니상(像)이자 모든 대상을 하나로 엮어주는 도(道)를 강조한다. 그것은 자연의 원리이자 인간의 전체정신이기도 하다.

노자와 칼 융은 모두 참혹하게 진행되던 전쟁 상황을 겪었다. 그리고 이 위기의 원인을 모든 것을 통합하는 도 혹은 '전체정신'의 결여에서 찾았다. 칼 융은 동양의 고전들을 섭렵하고 수행체험을 직접 경험하면서 인류공동의 원초적 상징을 발견하고자했다. 융은 서양과 동양 사이에 다리를 놓은 가장 대표적인 서양의 학자 가운데 한 사람이었다. 융은 동양 사상을 끌어들여 새로운 심리학, 즉 분석심리학을 탄생시키게 된다. 융은 특히 『노자』에 지대한 관심을 기울이면서 노자가 말한 도(道)를 전체정신의 상징인 자기(Self)에 직접적으로 대응시켰다. 융은 말한다.

> 나는 '자기'라는 표현을 동양철학에 맞추어 적용하였다.[253]

『노자』에는 '무의식'적인 상징이 풍부하게 나온다. 융의 분석심리학은 원형(原型; Archetype; 무의식의 내용)에 대한 연구를 통해 '자기'(Self) 실현의 인식지형도를 새롭게 마련하고자 하였다. 그리고 융은 이 '자기'의 상징을 이야기할 때 노자의 도를 제시했다.

253 칼 융, 한국융연구원 C.G. 융 저작 번역위원회 옮김, 『융 기본 저작집 4』, 솔출판사, 2008, 124쪽.

2) '무'(無)의식과 '무의식'(Unconsciousness), 그리고 자기(Self)

칼 융의 노자(老子)를 비롯한 도가(道家)/도교(道敎)[254]에 대한 본격적인 관심은 도교 경전 『태을금화종지(太乙金華宗旨)』를 접하면서 시작된다. 융은 『태을금화종지』를 참조해서 무의식으로부터 나오는 '상징'의 의미를 구체적으로 갈무리하기 시작한다. 이 책은 융이 자신의 '집단무의식' 개념을 정립하는 데 도움을 준다. 또한 그는 『태을금화종지』에 대한 해설인 「서양인을 위한 심리학적 해설」에서 동양의 철학자들을 '상징'을 강조하는 심리학자들로 간주한다. 융은 말한다.

> 우리 서양인은 도가적 사고방식을 종교적인 표현에서 생겨난 환상적인 감정에 지나지 않는다고 생각하기 때문에 동양적인 지혜를 곧잘 인용부 안에 집어넣고 신앙과 미신이 교차하는 애매한 영역으로 몰아넣기가 일쑤다.[255]

융은 처음에 '집단적 무의식'을 단지 종족본능과 같은 것으로 여기다가 도가/도교 및 인도사상을 심도 있게 연구하면서 부터는 특정한 어느 종족에 국한되지 않는 보편적 심성으로서의 '원형론'의 가설에 확신을 가지게 된다. 특히 도가/도교가 말하는 내면과 외면의 조화, 음(陰)과 양(陽)의 조화는 상반된 측면들이 '자기'(self)의 발전에 필수적이라는 융의 생각을 확증시키는데 도움을 주었다.

노자의 '도'(道)와 융의 '자기' 개념이 상동성(相同性; homology)

---

254 도가(道家)와 도교(道敎)는 다른 개념이다. 도가는 노자나 장자, 그리고 열자의 사상과 같은 철학사상이고, 도교는 도가 텍스트들을 기반으로 종교화한 분야다.

255 칼 융, 「서양인을 위한 심리학적 해설」, 『태을금화종지(太乙金華宗旨)』(呂洞賓, 이윤희 외 옮김), 여강출판사, 1992, 226쪽.

을 지닌다는 점을 말하기 위해서는 노자의 '무'(無)의식이 융의 '무의식'(Unconsciousness)의 지평과 맞닿는다는 것에 대한 이해가 우선적으로 요구된다. 서양에서 '무의식' 개념은 20세기에 들어와서야 프로이트(S. Freud)에 의해 학문적 영역으로 자리 잡는다. 이후 융은 프로이트의 무의식 이론의 지평을 더욱 확장시킨다. 동양에서 이러한 무의식적 지반에 관한 고찰은 고대시기에 이미 노자나 장자 텍스트를 중심으로 핵심적인 사유의 대상이 되었다. 융은 노자의 '무'(無)의식적 지평을 적극적으로 끌어들인다. 융에 의하면 '무의식'은 생명의 원천이고 창조적 가능성을 지닌 영역이며 적극적으로 체험함으로써 '의식'으로 동화해야만 한다. 노자에게도 인간 내면에 '스스로 그러하게'(자연自然) 깃들어 있는 '도'의 원형적 본질은 비록 무엇이라고 규정할 수는 없지만 충분히 의식화되어야 한다.

노자는 무를 만물 생성의 원동력으로 보았다. 융도 무의식을 인간 정신의 근원이라고 생각했다. 노자는 밝은 면의 이면에 존재하는 '어두운 세계' 즉 '무'(無)의식적 요소들에 주목하면서, 자아가 이 '무'의식을 어떻게 인식할 것인가에 주안점을 두었다.

융에 의하면 우리는 무의식을 충분히 의식화해서 '자기(Self)'를 실현해야만 한다. 융에게 '자기'(Self)'와 '자아'(Ego)는 차이가 있다. "자아는 무의식의 그때그때의 의식에서의 대변자다. '자기'는 '자아'를 이미 형성하고 있다."[256] 융에게 '자기'란 의식과 무의식을 통튼 전체다. 모든 사람으로 하여금 '그 사람 자신'이 되게끔 하는 능력이 바로 '자기'의 기능이다. 노자가 말하는 이상적 인간형도 '스스로(自)' '그러하게(然)' 자신의 본성에 충만되어 존재하는 '자기조직체계'(self-organizing system)를 함의한다. 노자가 말한 '스스로 그러

256 칼 융, 한국융연구원 C.G. 융 저작 번역위원회 옮김, 『융 기본 저작집 4』, 솔출판사, 2008, 242-243쪽.

함[자연]'이란 있는 그대로의 본성이다. 이를 융의 용어로 바꾸면 '자기'(Self)다. 노자에게 이상적 인간형은 현상 세계의 근원인 자연에 대한 통찰을 수행하는 주체이고, '자기'를 체현한 자다.

무의식을 의식화해서 '자기'를 실현한다고 할 때, 이것은 무의식이 모두 완전하게 의식화된다는 것을 의미하지는 않는다. 무의식은 말 그대로 '무의식'이므로 항상 남아있는 그 무엇이 있다. 노자에게 도의 지평도 인간이 체현해야만 할 본질적인 그 무엇이지만 항상 미지의 영역으로 남아있다.

3) 노자와 칼 융의 사상에 나타난 원형적 상징체계

융에 의하면 '상징'들은 단순한 은유가 아니라 말로 표현하기 어려운 본능 충동이 어떤 이미지로 변형되어 나타난 '원형'(Archetype)이다. 원형은 개체로 하여금 자신이 주로 터 잡고 있던 현실의 공간을 반성적 자세로 평가하도록 함으로써, 지금까지 자명한 현실로 인식한 사태들을 재음미하도록 한다. 융은 다양하게 나타나는 둥근 원(圓)의 상징체계로부터 대립을 지양해 조화의 길을 가는 방법을 모색하였다.

융이 말한 원형의 실례로는, 재생·죽음·어린아이·나이가 많은 현인(賢人)·어머니인 대지·물[수水]·기타 자연계의 대상(나무; 태양; 달; 바람; 강; 불 따위)과 수레바퀴와 같은 인공물 등이 있다. 이는 노자가 언급한 물[수水]·골짜기·현빈(玄牝; 검은 암컷)·곡신(谷神; 골짜기 신)·어머니[모母]·식모(食母; 만물을 먹여주는 어머니)·박(樸; 다듬지 않은 통나무)·영아(嬰兒; 어린아이)·탁약(橐籥; 풀무)·곡(轂; 바퀴[통]) 등에 대응된다. 이러한 원형들은 현실의 인위적 의식과 우리 모두의 근원이 되는 '그 무엇'(노자에게는 도道; 융에게는 집단무의식)을 연결지어준다.

융은 말한다.

> '어린아이'는 무의식의 탄생으로서 무의식의 품에서 나오고, 인간 본성의 근원에서 혹은 생동하는 본성에서 태어난다.[257]

어린아이는 자연 그대로의 상태 혹은 분화되기 이전의 전체성을 상징한다. 각 문화권의 신화에서 숱하게 등장하는 어린아이라는 이미지는 전체정신이 되게 하는 치유의 상징이다. 융에게 어린아이라는 상징은 의식적·무의식적 인격요소들이 통합된 전체정신이다. 노자는 어린아이를 '무'(無)의식이 잘 발현된 존재로 묘사한다. 노자가 설파하는 '무'(無)에 대한 의지는 곧 전체성에 대한 사랑이다.

> 참된 무위(無爲)의 덕을 안으로 깊이 풍부하게 간직하고 있는 사람은, 비교해서 말하자면 어린아이와 같다. … 어린아이는 뼈가 약하고 근육은 부드럽지만 잡는 힘은 강하다. 아직 남녀의 사랑을 알지 못하지만 그 음경은 발기하는데, 그것은 정기가 지극하기 때문이다. 하루 종일 울어도 목이 쉬지 않는데, 음양의 조화가 지극하기 때문이다.[258]

또한 노자와 융은 모두 '여성성'이라는 상징을 중시했다. 융에 의하면 원형 상징으로서 '여성성'이란 아무런 조건 없이 받아들이고 기르는 능력이고, 자기의 무의식을 잘 응시할 수 있는 능력이다. 노자

257 칼 융, 한국융연구원 C.G. 융 저작 번역위원회 옮김, 『융 기본 저작집 2』, 솔출판사, 2003, 260쪽.

258 『老子』「55장」.

도 말한다.

> [형상은 없으나] 혼연히 일체가 된 무엇인가가 있어서, 천지 보다 먼저 생겨났다. 그것은 소리가 없고 속이 비어 모양이 없으며, 홀로 서서 변하지 않고, 사방으로 두루 돌며 지치지 않으니, 그것은 천하의 어머니라고 해도 좋을 것이다.[259]

'나무'라는 상징도 '여성성'과 관련이 깊다. 노자는 이를 '박(樸; 다듬지 않은 통나무)'이라는 개념으로 정식화했다. 프로이트에 따르면 '다듬지 않은 통나무'는 인간의 원형적인 사유 방식과 관련하여 여성적인 의미로 사용되는 상징이다. 인간의 보편적인 심리구조와 관련하여 '박'(樸; 다듬지 않은 통나무)의 의미를 엿볼 수 있는 사례도 발견된다. 대서양에 '마데이라'(Madeira)라는 이름을 가진 섬이 있다. 이 이름은 포르투갈 사람들이 그 섬을 발견했을 당시 붙인 이름인데, 그 이유는 그 섬이 발견 당시에 숲으로 온통 뒤덮여 있었기 때문이다. 마데이라(Madeira)는 포르투갈어로 '목재'라는 뜻이다. 이 마데이라는 '어머니'라는 어원에서 비롯된 것이다. 융에게도 '생명의 나무'는 어머니의 상징이다.

또 하나의 원형적 상징으로 '배'는 영양학적으로 또 위생학적으로 긍정적 가치가 부여된 최초의 '구멍'이다. 『노자』「3장」에는 다음과 같은 언급이 있다. "성인의 정치는 사람들의 마음을 비게 하고, 그 '배'를 채우게 하며, 그 뜻을 약하게 하고, 그 뼈를 강하게 한다." 여기서 말하는 배는 자연이고 원형적 힘을 불러오는 자리다. 도교나 선종(禪宗)에서는 가슴이 아니고 배로 숨 쉬어야 하며 의식을 배에

259 『老子』「25장」.

집중하라고 말하곤 한다. 이 말은 무의식 영역에 도사리고 있는 자연 그대로의 힘을 끌어 와야 한다는 의미다.

물[수水]이라는 사물은 특히 노자의 '무'의식이나 융의 무의식에 매우 잘 대응되는 상징이다. 노자는 다음과 같이 말한다.

> 최상의 선은 물과 같다. 물은 만물을 아주 이롭게 하면서도 다투지 않고, 뭇사람이 싫어하는 곳에 있다. 그러므로 도에 가깝다.[260]

여기서는 물의 충만성을 통해 원형적 기층의 의미를 드러내고자 한다. 분석심리학에서 물은 생명의 출발이고 무의식의 상징이다. 물이 아래로 내려가므로 도(道)에 가깝다는 노자의 언급은 우리 내면 깊숙이(융의 표현을 빌자면 집단무의식의 영역) 깃들어 있는 도의 영역에 접근하는 태도를 은유한 것이다. 융은 말한다.

> 물은 가장 잘 알려진 무의식의 상징이다. 계곡에 있는 호수는 무의식이다. … 물은 '계곡의 신'(神; 곡신谷神)이며, … '도'(道; Tao)의 수룡(水龍)이며 음(陰)에 흡수된 양(陽)이다. 그러므로 물은 심리학적으로 무의식화된 정신이라고 불린다.[261]

> 우리 안에 발견되지 않은 길은 심리적으로 살아 있는 것, 고전 중국 철학이 도(道)라고 부르며 목표를 향해 계속 흘러가는 물과 비교하는 것과 같다. 도 안에 있음은 완성, 전체성, 채워진 소명, 사물에 고유한 존재 의미의 시작이자 목표이자 완전한 실현이다.

---

260 『老子』「8장」.

261 칼 융, 한국융연구원 C. G. 융 저작 번역위원회 옮김, 『융 기본 저작집 2』, 솔출판사, 2003, 125쪽.

인격은 도다.[262]

낮은 곳을 지향하는 물이라는 메타포는 집단적 무의식의 근원성을 가리키며, 이러한 점에서 물도 모성적 함의를 띤다. "우리들의 의식은 스스로 만들어진 것이 아니라, 미지의 깊은 곳으로부터 솟아나온 것이다. 그 의식은 어린이일 때 점차적으로 깨어나고, 매일 아침 무의식 상태의 깊은 잠으로부터 깨어난다. 의식은 매일 무의식의 모성적인 근원으로부터 태어나는 어린아이 같다. … 물의 의미에 대한 명상은 정신의 근원, 바로 무의식 그 자체에로 하강하는 것과 같은 것이다."[263] 융에 따르면, 바다도 무의식을 상징하는 대표적인 원형이다. 노자도 말한다. "도(道)가 천하에 있는 것을 비유하자면, 시내나 골짜기의 물이 강이나 바다로 흘러드는 것과 같다."[264] 장자도 비슷한 언급을 한다. 장자에 의하면 "도는 연해(淵海)와 같이 깊고 고요하게 존재"[265]한다.

노자가 말한 여러 원형 상징들 가운데 '바퀴'라는 원형상도 범세계적인 보편적 원형을 보여주는 좋은 예증이다.

> 30개의 바퀴살이 하나의 바퀴통에 모여 있다. 그 비어 있는 공간에 수레의 유용성이 있다. … 존재하는 것이 사람에게 이익을 초래하는 것은 무(無), 즉 존재하지 않으면서 은폐되어 있는 것의 유용성이 있기 때문이다.[266]

---

262 칼 융, 한국융연구원 C.G. 융 저작 번역위원회 옮김, 『융 기본 저작집 9』, 솔출판사, 2004, 33쪽.

263 같은 책, 216-217쪽.

264 『老子』「32장」.

265 『莊子』「天地」.

266 『老子』「11장」.

융에게 바퀴는 만다라의 상징이기도 하다. 바퀴는 전체성의 상징이며 그 중심은 텅 비어[무無]있다. 융은 말한다. "바퀴 … 는 … '순환과정'을 지칭한다. 그로써 한편으로는 상승과 하강, 예컨대 날아오르고 낙하하는 새다. … 바퀴는 … 어머니의 본성, 또는 어머니의 정서다. … 바퀴는 … 만다라의 상징성에서 핵심을 나타내고 있으며 … 전체성의 표상으로서 나타난다."[267]

기본적으로 볼 때 노자나 융에게 '바퀴'라는 상징은 '텅 비움'[무無]의 유용성을 나타낸다. 바퀴는 그 가운에 텅 빈 공간이 있어야 잘 굴러간다. 노자에게 '텅 비움'이란 비움 자체에 의미 부여를 하는 것이라기보다는, 새로운 요소를 다시 채우기 위해 비우는 것이다. 노자가 말하는 '무'(無)의 지평은 아무 것도 없다는 의미에서의 무가 아니라 만물이 그것에 의지해 생겨나는 무한한 근원이다. 그리고 이러한 '비움'의 유용성은 '어머니'라는 원형적 상징성과도 통한다.

4) 노자의 '도'(道)와 융의 '자기'(Self)에 나타난 대극의 혼종

『노자』「28장」에는 다음과 같은 언급이 나온다.

> 남성적인 강함을 알고, 여성적인 유약을 지키면, 천하의 시내가 된다.[268]

노자가 말하는 여성적 상징성과 남성적 상징성의 조화는 융의 '아

267 칼 융, 한국융연구원 C.G. 융 저작 번역위원회 옮김, 『융 기본 저작집 5』, 솔출판사, 2006, 208–211쪽.

268 『老子』「28장」.

니마'(Anima)와 '아니무스'(Animus)라는 개념 장치와 잘 통한다. 아니마는 남성 속에 있는 여성성과의 조화를, 아니무스는 여성 속에 있는 남성성과의 조화를 강조하는 무의식의 인격화된 표현이다. 융에 의하면 어떤 존재에게 있어 원형적 어머니의 내면적 이미지인 아니마는 초월적인 전체성의 원형, 즉 '자기'(Self)로 향하고 있다.

> 양성적인 근원적 존재는 문화가 발전하면서 인격의 통일, 즉 '자기'의 상징이 된다. 대극의 갈등은 그 속에서 평온해진다. 그 근원적 존재는 처음부터 이미 무의식적 전체성을 투사하면서 인간 존재의 자기실현이라는 멀고 먼 목표로 향하고 있다. 인간의 전체성은 바로 의식적 인격과 무의식적 인격이 하나로 합일되어 이루어진다. 모든 개체가 남성적 유전자와 여성적 유전자를 동시에 갖고 창조되며 우세한 유전자로 성이 결정되듯이, 정신에서도 남성의 경우 의식만이 남성의 징후로 드러나고, 무의식은 여성적 특징을 지닌다. 여성의 경우는 그 반대다.[269]

융에 따르면 모든 정신현상은 상반된 대극의 갈등과 통합의 과정 아래에 놓여있다. 의식과 무의식, 남성성과 여성성, 선과 악, 아름다움과 추함, 정신과 신체, 높고 낮음, 내향과 외향, 합리와 비합리, 강함과 부드러움, 어른과 아이 등 무수한 대극성 속에서 우리는 살아간다. 이 가운데서 '자기'는 전체정신으로서 밝고 어두운 면을 그 안에 포괄하는 '하나'다.

마음의 두 대극 중 하나가 지나치게 억압되면 이 억압된 한 극은 자신을 압도하게 된다. 도덕주의나 규범이 지나치게 강조되면 자연

269 칼 융, 한국융연구원 C.G. 융 저작 번역위원회 옮김, 『융 기본 저작집 2』, 솔출판사, 2002, 266쪽.

본능은 무의식에 억압되어 비정상적인 행동을 불러일으킬 수 있다. 노자는 말한다.

> 천하의 모든 사람들이 세간에 통용되고 있는 아름다운 것을 아름다움으로 여기는데, 이는[아름다움과 추함이 상대적인 것이라는 모르는 것으로] 추한 것일 뿐이다. 모든 사람들이 세간에 통용되고 있는 선함을 선한 것이라고 여기는데, 이는 선하지 않을 것일 뿐이다.[270]

노자의 이 언급은 두 대극의 차원을 모두 수용해 한쪽에 치우치지 않는 폭넓은 마음을 지니라는 의미다. 노자는 또 말한다.

> …[무위의] 도를 잃은 뒤에 덕이 있고, 덕을 잃은 뒤에 인(仁)이 있으며, 인을 잃은 뒤에 의(義)가 있고, 의를 잃은 뒤에 예(禮)가 있다.[271]

위진남북조 시기를 살았던 탁월한 『노자』 주석가 왕필(王弼)은 바로 위 인용문에 대해 이렇게 설명한다. "무릇 예(禮)가 시작되는 것은 … 겉 표면에서 갖추기를 따져 자잘한 일에 다투고 억누른다. 무릇 인(仁)과 의(義)는 내면으로부터 나온 것임에도, 그것을 행할 경우 도리어 거짓이 되어버리고 만다. 하물며 바깥에서 꾸미기를 힘쓰는데 오래가겠는가?" 노자는 이러한 도덕주의를 버리고 자연적 본능에 따르라고 말한다. 하지만 이를 노자가 도덕주의 자체에 대해 거부한 것으로 해석해서는 곤란하다. 노자의 말은 도덕 자체에 대한

270 『老子』「2장」.
271 『老子』「38장」.

비판이라기보다는 도덕 가치에 지나치게 매몰되어 자신의 자연 그대로의 본성을 상실하는 것을 우려한 것으로 보아야 한다. 어떤 하나의 가치 기준에 강박적 태도를 보이면 그로 인해 억압된 정신 에너지가 비정상적으로 분출될 수 있다. 도덕 가치와 자연적 본능은 서로가 서로를 밀어내는 관계가 아니라 대극의 융합으로 승화되고 '혼종'되어야만 한다.

칼 융 또한 과도한 도덕에 대한 집착은 오히려 도덕적인 성질을 잃게 한다고 말한다. 도덕적 선함에 지나치게 빠져 있기 때문에 악의 결과로 발전된다는 관점이다. 융에 의하면 무엇에 빠지는 것, 즉 중독이란, 그것이 알코올 중독이든, 약물중독이든, 이상주의의 중독이든 모두 나쁜 것이다. 일방적으로 어떤 하나의 진리체계에 끊임없이 동일시되기를 원하면 '심혼'의 발전이 정지된다. 융은 의식과 무의식이 조화를 이루어야만 한다고 주장했다. 노자도 의식적인 차원과 무의식적인 차원의 조화를 강조했다. 융은 말한다. "… 도덕적 대극의 정돈된 협력은 노자 철학이 가장 잘 보여주는 것처럼 동양인에 의해 자연스럽게 인정된 자연의 진리다."[272] 융은 의식과 무의식의 중간점을 '인격의 중심점'이라 표현했다. 이는 새로운 평형점이며 전체 인격의 새로운 중심잡기로서 인격에 새롭고도 확고한 기반을 보장하는 어떤 잠재적인 중심이라는 것이다. 이를 융은 노자의 도(道)의 상태와 비슷하다고 언급한다. 융은 도(道)를 중앙의 길, 만물의 창조적 중앙이라고 말한다.

노자는 무욕(無欲)과 유욕(有欲), 묘(妙; 은미함)와 요(徼; 현상세계의 차별상), 도(道)와 도를 잃은 것, 선함과 불선함, 남성성과 여성성, 화와 복, 영혼과 육체 등의 상반된 영역들은 종합되어야만 한다

---

272 칼 융, 한국융연구원 C.G. 융 저작 번역위원회 옮김, 『융 기본 저작집 2』, 솔출판사, 2003, 149쪽.

고 역설한다. 도덕적 선이라는 '페르소나'[가면]에 의하여 억제된 자연적 본능이 무의식에 과도하게 쌓이게 되면, 그는 자기 자신의 전체성으로부터 멀어지게 된다. 선과 악, 정신과 물질, 밝음과 어둠은 서로 공존하면서 전체를 이루어야만 한다. 칼 융에 의하면 전체성이란 밝은 면만을 가져서는 안 되며, 그림자가 함께 있어야만 한다. 노자가 말한 '화광동진'(和光同塵; 빛을 부드럽게 하여 티끌과 함께 한다), '명도약매'(明道若昧; 밝은 도는 어두운 것 같음), '미명'(微明; 은미한 밝은 지혜) 등은 곧 '자기' 실현의 기본자세다. 이 과정을 통해 노자적 인간형은 '자아'형태로 제한된 의식을 무아(無我)적인 '자기'의 형식 속으로 돌파해 들어간다.

노자는 자연 그대로의 원형적 본능을 잘 선양해야만 한다고 일관되게 주장한다. 그리고 현상적인 차원[유有]이 규정할 수 없는 불가지한 차원[무無]과 조화를 이루어야만 한다고 역설한다. 인위적인/도덕적인 태도와 자연적인/도덕을 초월한 태도가 자기 내면에 사이좋게 혼종되도록 해야만 한다. 노자와 융에 따르면 상반된 가치를 동시에 체현한 '조화로운' 존재가 되어야만 정신 병리학적 위기에 빠지지 않을 수 있다.

5) '무'(無)의식/무의식으로의 물러남, 그 '치유'적 효과

무의식으로의 '물러남'은 새로운 원천을 불러오는 것을 통하여 다시금 생기를 되찾는 '치유'를 통한 재생이다. 초연함을 통하여 '자기'의 깊은 내면('무無'의식)에 침잠하면 새로운 경험이 정신 속에 들어와 현실 세계의 균형을 무너뜨리면서 새로운 균형을 도모할 수 있게 되는 것이다. 노자가 말하는 "근원으로 돌아가는 것이 도의 움직임"이라는 것, "돌아감을 본다(관복觀復)"는 것 등과 같은 언급들은 이러한 의미를 잘 드러내 준다. 노자의 '무'(無)의식으로의 물러남이나 융의 '무의식'으로의 '물러남'은 단지 여러 가지 문제로부터 도피하라는 것이 아니라, '무'의식 혹은 '무의식'의 저장소에서 새로운 에너지를 찾아낼 기회를 가지라는 뜻이다. 이 새로운 힘은 순수한 '자기'의식을 확보하게 함과 동시에, 현실을 발전적으로 새롭게 재구성하게 하는 원천이 된다. 노자는 말한다.

> 텅 비움을 이루어내면 지극해지고, 고요함을 지켜내면 독실해진다.[273]

세속적인 번잡함을 비워내 '자기'의 깊은 내면('무無'의식)에 침잠하면, 혹은 '무의식'에 회귀하면, 현실은 나의 참모습을 북돋아주는 방향으로 재조정된다. 노자가 말하는 '무'(無)의식이나 융이 말하는 '무의식'으로의 돌아감은 단지 돌아감 자체가 목적이 아닌, 자연 그대로의 원형적 힘을 끌어와 사물을 독실하고 바르게 만들고자 하기 위해서다. '무'(無)의식이나 '무의식'으로의 돌아감을 반복하는 것은 곧 새로운 탄생을 끊임없이 반복하는 것과 같다. '무'(無)의식 및 '무의식'이라는 혼돈의 세계는 낡은 인격을 해체하고 새로운 인격을 창출하는 계기로 작용한다.

'일상으로부터의 거리두기'의 의미에 대해 한번 생각해 보자. 현실의 삶 속에서 새로운 경험이 정신 속에 들어오면 기존의 정신적 균형은 무너지게 된다. 균형을 회복하려면 정기적으로 일상사에서 초연해지는 것이 바람직하다고 융은 말한다. 융에 의하면 무의식은 개인적 및 종족적 과거의 지식과 지혜를 포함한다. 융은 조화와 통합을 달

273 『老子』「16장」.

성하는 수단으로서 세상의 소란으로부터 벗어나 조용히 명상에 잠길 것을 강력히 권고한다. 인류사에 보이는 여러 재생의 전설은 이러한 '물러남'의 이점을 신화적인 형태로 표현한 것이다.

필자가 보기에 '의식'의 차원과 '무의식'의 차원을 함께 아우르는 전체성에 대한 담보는 "항상 무욕(無欲)으로 그 묘(妙; 궁극적인 은미함)를 살피고 항상 유욕(有欲)으로 그 요(徼; 현상세계)를 살핀다."[274]라는 노자의 말에서 가장 적절하게 나타난다. 여기서 '무욕'은 '무'(無)의식적 지향에, '유욕'은 '의식'적 지향에 각각 배당 가능하다. '유무상생'(有無相生; 유有와 무無는 서로를 낳음)이라는 노자의 표현을 보아도 알 수 있듯이, 노자는 현상세계와 그것을 받치고 있는 근원적 지평을 아울러 중시하였다.

사람으로 하여금 '그 사람 자신'이 되게끔 하는 능력이 바로 자기원형의 기능이며, 이는 노자의 '자연'이다. 이 '자기'는 모든 원형의 표현 형태를 자신에게 끌어들여 조화시킨다. '자기'의 무의식을 알지 못하는 사람은 무의식의 억압된 요소를 남에게 투영하여 괴롭히며, 노자에게도 '무'(無)의식을 알지 못하는 사람은 불필요하게 사회적 갈등 관계를 심화시킨다.

> 자기 몸을 천하와 같이 귀하게 여기는 사람에게 천하를 맡길 수 있다. 자기 몸을 천하와 같이 사랑하는 사람에게 천하를 의탁할 수 있다.[275]

> 내 처소를 잃지 않는 자는 오래간다.[276]

---

274 『老子』「1장」.

275 『老子』「13장」.

276 『老子』「33장」.

여기서 말하는 '자기 몸'이나 '내 처소'란 곧 융이 말하는 '자기'(Self)와 통한다. '의식'과 '무의식'의 통틀어진 인격인 '자기'를 잘 인식하는 사람은 다른 이들의 '자기'의 지평을 존중한다.

무의식적인 것을 의식화함으로써 인간은 자기 자신의 본성과 보다 조화된 생활을 할 수 있다. 융에 의하면, 인간이 외적 세계와 잘 적응하기 위해서는 자기 자신의 내면과 조화를 이루어야만 한다. 또한 자기 자신의 내면에 잘 적응하기 위해서는 외적 세계의 여러 가지 조건에 적응해야만 한다. 이 둘 중 하나도 소홀히 할 수는 없다. 노자에게도 이러한 상반된 영역의 통합은 일관되게 나타난다. 노자는 현상적 측면[유(有)]과 본질적 측면[무(無)]를 모두 중시한다. 이는 비유하자면, 우리가 걸어가는 행위와 비슷하다. 우리가 걷기 위해서는 땅으로부터 허공으로 발을 들어 올려야 하고[무(無)], 그 다음에 다시 땅에 발을 디뎌야만 한다[유(有)]. 이 동작의 교체와 연속에 의해 우리는 전진한다. 노자가 말한 도(道)란 이러한 상호모순의 통일이다. 도를 잘 체득한 마음은 허공과 땅, 다시 말해 본질세계와 현상세계를 모두 즐긴다.

2. 게슈탈트(Gestalt) 심리치료학이 장자(莊子)의 '도'(道)를 만났을 때; 장자와 심리학의 혼종

1) 장자 사상과 게슈탈트 심리치료학의 유사점

이번에는 장자(莊子)의 '도'(道)를 게슈탈트 심리치료학의 핵심 키워드인 '게슈탈트'(Gestalt)와 병렬시켜보자. '게슈탈트'란 모양·패턴·전체 형태·배열·개별적 부분을 완성하는 조직화 방식 등 다양한 개념을 내포한다. 펄스(F.Perls; 1893~1970)에 의해서 창안된 게슈탈트(Gestalt) 치료 기법은 기존의 게슈탈트 심리학을 바탕으로, 정신분석·인격분석·유기체 이론·현상학 등 여러 사조들을 비롯해 동양의 도가(道家) 사상과 선불교의 영향을 강하게 받으면서 탄생했다. 게슈탈트 심리치료학 또한 분석심리학과 마찬가지로 전형적인 '혼종' 학문이다.

장자(莊子)는 중국 고대 사상가 가운데 현실에 대한 고통이나 비극에 대해 가장 예민하게 반응한 사상가로 손꼽힌다. 장자 사상과 게슈탈트 심리치료는 모두 '호모 파티엔스'(Homo Patiens; 고뇌하는 인간)로서의 인간의 고통을 걷어내기 위한 이론이다. 장자 사상과 게슈탈트 심리치료는 '공감 의식'을 중시한다. '공감 의식'이란 나와 타자(자연환경을 포함한)의 균열을 다시 발전적으로 봉합해 화해시키는 마음가짐이다.

장자의 방법과 게슈탈트 심리치료의 전제는 남에 의해서가 아닌 내 스스로에 의한 '나 자신의 보살핌'이다. 펄스에 의하면 인간은 오직 자신의 진실한 본성으로서만 성장할 수 있다. 장자도 자기 내면에 이미 내재되어 있는 자연 그대로의 본성에 충실해야만 한다고 권고한다.

융의 분석심리학도 동양 사상과 많은 정합성을 보이지만, 게슈탈트 심리치료학은 한걸음 더 나아가 동양 사상을 심리치료기법에 녹여 동양 사상을 구체적인 임상적 영역으로 까지 확장시켰다. 장자의 사상이나 게슈탈트 심리치료학은 모두 직접적·직관적인 인식을 중시하고 우뇌적인 이해 양식을 강조하며 반주지주의적 입장을 지닌다. 게슈탈트 심리치료학은 크게 보아 '동양사상+서구심리학'으로 표현할 수도 있다. 이 책의 본문 마지막을 장식하게 될 이 파트에서는 장자 사상과 게슈탈트 심리치료학의 비교를 통해서, '동양사상+서구

심리학'을 '동양사상×서구심리학'이라는 '적분'적 차원으로 승화시킬 수 있는 가능성을 모색해 본다.

2) 장자 사상과 게슈탈트 심리치료의 대전제, 유기체적 전체성

장자에게 마음의 치료는 '본래 스스로 그러함'에 의해 이루어진다.

> 자기 자신에게 내재되어 있는 자연스러운 본성에 따라 보지 않고 상대방의 관점에 휘둘려 보거나, 자기 자신에게 충실해 자연스럽게 만족하는 것이 아닌 상대방의 입장에 사로잡혀 만족하는 사람은, 남의 만족에 만족할 뿐 자기 자신의 진정한 만족을 하지 못하는 사람이다. 이런 사람은 남의 길을 따라갈 뿐 주체성을 가지고 자기 자신의 길을 가지 못하는 자유롭지 못한 사람이다.[277]

다음은 펄스가 만든 게슈탈트 기도문이다.

> 나는 나의 일을 하고, 너는 너의 일은 한다. 나는 너의 기대에 맞춰 살려고 이 세상에 있는 것이 아니다. 그리고 너도 나를 위해 살려고 이 세상에 있는 것이 아니다. 너는 너이고 나는 나다. 만약 우리의 마음이 우연히 서로 일치한다면, 그것은 아름다운 일이다. 그러나 그렇지 못하다면 그것은 할 수 없는 일 아니겠는가.[278]

277 『莊子』「騈拇」.

278 perls, F.S. *Gestalt Therapy Verbatim*. Moab, UT: Real People Press, 1969, 4쪽.

『장자』「덕충부」에는 왕태라는 큰 스승에 대한 우화가 나오는데, 그는 가르치는 것이 없는데도 제자들이 큰 영향을 받는다. 우화에서는 그 이유를 이렇게 설명한다. "사람들은 흐르는 물을 거울로 삼지 않고, 정지된 물을 거울로 삼아 자기의 모양을 비쳐보는 것이다."[279] 장자를 만약 교육사상가적인 입장에서 바라보면 장자의 교육방법은 스승이 제자들을 일방적으로 끌고 가는 방식이 아니라 제자들 스스로가 자신에게 잠재되어 있는 재능을 스스로의 역량에 의해 풀어내도록 하는 데 있다. 이는 장자 교육 사상의 핵심이며, 게슈탈트 심리치료도 마찬가지다. 게슈탈트 심리치료에서는 상담자가 내담자 스스로 창조적인 잠재력을 발견하도록 한다. 게슈탈트 심리치료에서는 인간이 본래 건강하고 자기조절력이 있는 존재라고 본다. 치료 작업은 자기실현의 과정을 막는 장애와 장벽, 방해물을 제거하는 방식으로 이루어진다.

니덤(J.Needham)에 의하면 장자 사상을 비롯한 도가는 유기체적 세계관의 대표적 사례다. 이러한 유기체적 세계관은 '스스로 그러한' 자신의 본성에 대한 분명한 자각을 바탕으로 한 '전체성'과의 조화다. 나는 '나만의' '스스로 그러한' 속성을 지닌다. 그리고 이러한 속성은 우리를 둘러싸고 있는 거대한 외적자연(우주; 혹은 편의상 대자연)에 속해 있다. 나는 거대한 외적 자연의 미시적 속성이며, 거대한 외적 자연은 나의 거시적 확장이다. 서구에서 이런 식의 사고를 보이는 대표적인 사상가로 스피노자(B. Spinoza)를 들 수 있다. 스피노자에 따르면 '신'은 곧 '자연 그 자체'다. 스피노자에 의하면 신이 무한하다면 그는 결코 자신의 바깥에 존재할 수 없다. 즉 신 밖에 존재하는 모든 것(신이 포기한 세계, 악한 것, 신성하지 못한 창

279 『莊子』「德充符」.

조물)은 신성한 신의 본성을 제한할 것이고 이는 곧 신이 무한하지 않다는 증거가 될 뿐이다. 스피노자에 의하면 신의 무한성은 신성한 신의 본성에는 존재하는 모든 것이 다 포함되어 있다는 사실을 함축한다. 신은 결국 자연 혹은 우주 전체이고 자연의 전체 집합 이외의 다른 것이 아니다.

> 동곽자(東郭子)가 장자에게 묻는다. '도라는 것은 어디에 존재합니까?' 장자가 말한다. '어디에든 존재합니다.' 동곽자가 말한다. '어디에 있는지 분명히 지적해 주십시오.' '땅강아지와 개미에게 있습니다.' 동곽자가 묻는다. '어째서 그처럼 시시한 곳에 있습니까?' 장자가 말한다. '돌피나 논에 자라는 피에도 있습니다.' 동곽자가 재차 묻는다. '어째서 더욱 시시한 곳을 말씀하십니까?' 장자가 말한다. '기와나 벽돌에도 있습니다.' 동곽자가 또다시 묻는다. '어째서 시시한 곳을 말씀하시는 것이 더욱 심해지십니까?' '똥이나 오줌에도 있습니다.' 동곽자는 더 이상 아무 말도 하지 않았다.[280]

도는 어떤 피안의 세계에 존재하는 것이 아니라 우리가 사는 일상적인 현실세계 도처에 있다. 도는 충만하게 가득 차 있는 '그 무엇'이다. 게슈탈트 심리치료에서도 거시적인 주기와 미시적인 주기는 서로가 서로를 반영한다. 어떤 사람의 슬픈 미소는 그 사람의 가슴 아픈 현실 전체를 반영한다. 뒤에서 상술하게 될 게슈탈트 심리치료의 핵심인 '게슈탈트 형성과 해소 사이의 순환'이란 필자가 보기에는 자연의 순환 주기에서 착안하여 마련된 심리치료 장치로 보인다.

---

280 『莊子』「知北遊」.

장자의 사유에서 유기체적 장(場)의 사고는 우주적 공명이라는 범주에서 다루어진다. 게슈탈트 심리치료에 의하면 "전체는 부분의 합과 다르다." 펄스에 의하면 인간은 '통합'의 본성을 선험적으로 지니고 태어난다. 치료란 인격에서 분리된 부분을 통합해 '전체 자기'를 다시 만들어 가는 과정이다. 게슈탈트 치료에서 정신적 질병이란 자기를 조절하려는 유기체의 본질적 경향에 장애가 생긴 것으로 간주한다. 외상 경험이 없는 영아들은 스스로 충분히 선택할 수 있다면 개인적인 욕구 차원에서 자연스럽게 균형 잡힌 식습관을 선택한다는 연구결과가 있다. 이러한 유기체의 자기조절은 방해를 받지만 않는다면 건강하고 균형 잡히며, 자기실현적인 결과를 이끈다. 게슈탈트 심리치료의 목적은 이 자연스럽고 건강한 기능을 재확립하는 것이다.

장자에게 심신의 장애란 잘못된 현실에 닦달 받으면서 유기체적 총체성의 원리인 도(道)로부터 소외된 것을 가리킨다. 게슈탈트 심리치료에서도 심리장애란 전체를 통합적으로 지각하지 못하고 일부분만을 자신의 것으로 인정해서 나타나는 소외 현상이다.

3) 장자 사상의 참여와 망각, 게슈탈트 심리치료의 게슈탈트 형성과 해소

장자 사상에서 도(道)를 감지하는 구체적 방법 가운데 하나가 바로 '좌망'(坐忘)·'심재'(心齋)와 같은 '망각'이다. 장자에게 마음을 텅 비우는 망각은 '무익한 공백'이 아니라 모순투성이의 현실을 차분히 관조할 수 있게 하는 '유익한 공백'이고 비옥한 진공 상태다. 좌망을 게슈탈트 심리치료의 관점에서 풀어보면, 좌망은 단지 인위적인 사회적 가치기준을 '잊는'것만이 아니라, 다른 게슈탈트를 형성하기 위한 준비 단계다.

게슈탈트 심리치료에 의하면 우리의 삶은 게슈탈트의 형성과 해소의 반복 순환과정이다. 게슈탈트가 형성되고 해소되는 과정은 다음과 같다.

> ① 물러남 ⇒ ② 감각 발생 ③ 알아차림 ⇒ ④ 에너지 동원 ⇒ ⑤ 행동 ⇒ ⑥ 최종접촉과 후-접촉 ⇒ ⑦ 물러남; 다시 물러나 휴식중인 상태.

이 과정은 끊임없이 순환한다. '물러남' 단계에서 개인은 게슈탈트 형성과 해소의 중간에 위치하면서 균형을 이룬다. 이 상태는 발전을 위한 잠재태다. 이 단계는 정신 에너지를 물러나게 해 공백 상태로 한 다음에, 거기에서 새로운 전경이 나타날 수 있도록 해 주는 것을 의미한다. 이 단계는 장자의 좌망(坐忘) 등의 개념과 잘 대응된다. 좌망은 대상에 다시금 근접하기 위한 거리두기다. 이 거리두기는 대상에 대한 지나친 관심을 거둬들이는 테크닉이며, 자기 자신에게 더욱 몰입하는 훈련이기도 하다. 펄스는 이러한 '텅 빈 충만함'을 '무아지경'과 같은 것이라고 말하고 있다.

'알아차림' 단계는 새로운 게슈탈트를 창조하는 의미형성이다. 게슈탈트 치료는 '지금-여기'에서의 '알아차림'을 통한 치료다. 게슈탈트 심리치료는 과거나 미래가 아닌 현재에서의 '실존'을 강조한다. 알아차림은 유기체-환경의 상호교류에서 생기는 현상들에 그때그때 자연스럽게 집중하는 행위로서, 게슈탈트를 형성해 완결시키게 되면 자연스럽게 그로부터 벗어나게 되므로 어느 한 상태에 집착해 빠져 머물러 있지 않는다. '알아차림'의 '연속'은 게슈탈트 치료에서 가장 중요한 치료 기법이다. 알아차림의 연속이란 지금 여기에서 자신과 환경에 일어나는 모든 것을 일어나는 그대로 연속해서 알아차리는 것을 의미한다. 즉, 알아차림 연속이란 자신의 감정과 욕구의 흐름,

그리고 환경적 변화들을 놓치지 않고 자연스럽게 따라가는 것이다. 예를 들면, 책을 읽다가 갈증이 나 물을 마시고, 라디오를 틀었는데 흘러나오는 클래식에 심취하고, 음악에 심취하다가 자연스럽게 옛 애인이 떠올라 눈물을 흘리고, 음악이 바뀌자 다시 기분이 밝아져 산책을 나가는 행위 등을 생각해 볼 수 있다. 알아차림의 연속이란 지금 현재의 순간에서 중요한 유기체와 환경의 현상들을 자각하는 것이며 어떤 것도 배제하지 않는 태도를 의미한다.

이 '알아차림' 단계는 장자의 '현재적 실존'에 대한 강조와 비교될 수 있다.

> … 위대한 지혜를 지닌 사람은 … 과거와 현재를 분명하게 밝혀 그것이 하나라는 사실을 잘 인식하고 있다. 따라서 먼 옛날의 좋은 시절이 이미 지나가 보이지 않는 것에 대해 번민하지도 않고, 지금 세상에 가까이 있어 잘 보이는 것이라 하더라도 안절부절못하며 바라는 마음을 지니지도 않는다. 시간이란 멈추지 않고 계속 흘러간다는 사실을 알기 때문이다.[281]

'최종접촉'과 '후-접촉' 단계에서는 주의집중 행위와 그 대상이 하나가 된다. 그것은 마지막 조각들이 꿰어 맞추어질 때 느끼는 완전한 몰입상태이며 게슈탈트의 완결이다. 이 상태는 장자의 '만물제동'과 상응하는 부분이 있다. 게슈탈트 심리치료에서 '최종접촉'이 분리된 조각들이 맞추어질 때 느끼는 몰입상태이듯이, 장자의 만물제동도 상반된 가치나 분리된 영역들이 합일되었을 때 느끼는 몰입상태이며 '비자의식적인 편안함'이다. 그리고 이는 어려운 과정을 통해 도

281 『莊子』「秋水」.

달할 수 있는 상태가 아니라 인간이라는 유기체의 아주 자연스러운 경험 영역이다. 예컨대 내가 한 그루의 나무를 본다고 할 때, 이는 '나무'라는 하나의 경험과 '나무를 본다'라는 또 다른 경험이 존재하는 것이 아니다. 거기엔 단지 나무를 본다는 단일한 경험만이 있을 뿐이다. 내가 '냄새 맡는 행위'의 냄새를 맡거나, '맛보는 행위'의 맛을 보지 않는 것과 똑같이, 나는 '보는 행위'를 보지 않는다. 우리는 자신을 '경험과 분리된 경험자'라고 착각하곤 한다. 하지만 막상 그것을 찾으려는 순간, 그것은 경험 '속으로' 사라져 버린다. '나는 기분이 좋다'라는 말은 현재 기분이 좋다는 의미다. 그 말은 '나'라고 부르는 어떤 것이 있고, '느낌'이라고 부르는 또 다른 분리된 것이 있어서, 그들을 하나로 모을 경우 이 '나'가 좋은 기분을 '느낀다'는 의미가 아니다. 켄 윌버(K. Wilber)에 의하면 우리가 깨닫고 있든 아니든, 지금 이 순간의 의식상태가 곧 합일의식이다. 지금 이 순간 우리는 이미 현재 경험의 총체다.[282]

> … 성인(聖人)은 시비의 대립을 조화시켜, 천균(天鈞, 자연의 균형, 만물제동의 원리)에서 쉰다. 이를 양행(兩行)이라고 한다.[283]

양행이란 시비에 구속받지 않고 사물과 나 양쪽 방향 모두에서 어떤 장애도 없다는 의미다. 『장자』의 '호접몽' 우화도 같은 맥락이다.

> 옛날에 장주(莊周)가 꿈속에서 나비가 된 적이 있었는데, 너풀너풀 날아다니는 나비가 되어 스스로 즐거워했지만, 자기가 장주라는 것을 알지 못했다. 그런데 문득 잠을 깨 보니, 틀림없는 장주

---

282 켄 윌버, 김철수 옮김, 『무경계』, 정신세계사, 2012, 99쪽–100쪽.

283 『莊子』「齊物論」.

> 자신이었다. 장주가 꿈에서 나비가 되어 있었던가? 나비가 꿈에서 장주가 되어 있었던가? 알 수가 없다. 장주와 나비는 반드시 구별이 있다. 이것을 물화(物化, 만물의 변화)라고 한다.[284]

'물화'(物化)의 '화'(化)에는 어떤 존재가 다른 존재로 바뀌는 '변화'의 의미와 다른 존재와 화합하여 하나가 되는 '조화'의 뜻이 함께 내포되어 있다. 우선 물화는 만물이 유전하고 변화한다는 의미를 지닌다. 죽음 또한 물화다. 모든 존재는 죽어 다른 존재로 변화한다. 또한 물화는 어떤 존재가 다른 존재와 동화되어 혼종의 상태가 된다는 뜻이기도 하다. 인용문에서는 장자와 나비가 번갈아가며 서로 바뀌는 변화의 양상과 장자와 나비가 혼연일체가 되는 조화의 양상이 잘 표현되어 있다. '호접몽' 우화에서 장자는 찰나가 영원과 같고 영원이 찰나와 같은 시간적 해체를 경험하고 있다. 이는 절대 자유의 경지다. 장자가 볼 때 우주는 그 안에서 나비가 어떤 구속도 없이 노니는 웅대한 정원과도 같다. 장자가 궁극적으로 바랐던 것은 다른 존재들이 서로에게 스며들어가 교집합의 영역을 점점 확대시켜 완전히 하나가 되는 경지다.

'후-접촉' 다음에는 변곡점을 돌아 다시 '물러남' 단계가 온다. 새로운 게슈탈트를 예비하는 이 진공 상태는 장자의 개념을 빌리자면 만족스러운 타자와의 합일을 이룬 후 다시금 '허'(虛)의 상태로 물러나는 새로운 주기를 위한 준비 단계다.

'접촉'과 '물러남' 단계 사이에 생기는 장애는 긴장하면서 정상에 머물러 있으려고 하는 태도로부터 발생한다. 이 부분에 대한 장자의 우려는 다음과 같이 표현된다.

---

284 『莊子』「齊物論」.

행복은 이 텅 빈 곳(마음)에 머문다. 무릇 멈추지 않는다면 이를 좌치(坐馳)라고 한다.[285]

이는 '좌망'(坐忘)과 상대되는 병리적 태도다. 건강하지 않은 '접촉'도 있고 건강한 '물러남'도 있다. 신경증에 걸리면 '접촉'을 잘하지 못할뿐더러 제대로 물러나지도 못한다. 서로 구별되는 심리적 계열들은 주체의 정신 내부에서 잘 공존해야만 한다.

4) 장자 사상과 게슈탈트 심리치료에서 변화의 영원성

장자에 의하면 "처음과 끝은 마치 둥근 고리와도 같이 순환하며 그 이치를 알 수가 없다. 이를 '천균'(天均)이라고 한다."[286] 장자의 순환 사유는 단지 시원적 세계로의 '반'(反, 돌아감)으로 종결되는 것이 아니라 한번의 '반'에 대해 재차 '반'을 허락하고 이것이 무한히 반복되는 비고정성의 체계다. 펄스도 말한다. "우리의 인생은 … 미완성된 게슈탈트의 연속이다."[287] "끝과 시작이 우아하게 합쳐지는 결합에서는 끝과 시작을 서로 구분할 수 없다. … 나의 끝에는 나의 시작이 있다."[288] 어느 한 게슈탈트가 형성되고 해소되는 양상은 자연의 순환리듬과 비슷하다.

장자가 말한 '망각-참여'나 게슈탈트 심리치료에서 중시하는 '게슈탈트 형성-해소'에 혼란이 생기면 새로운 국면으로의 전환에 어려움

---

285 『莊子』「人間世」.

286 『莊子』「寓言」.

287 Perls, F.S. *Gestalt Therapy Verbatim*. Moab, UT: Real People Press, 1969, 15쪽.

288 Polster, E. *Every Person's Life Is Worth a Novel*. New York: W.W.norton, 1987, 54쪽.

을 겪는다. 게슈탈트 심리치료에서는 이를 '고착'이라고 표현한다. 장자에 의하면 이러한 장애를 벗어나기 위해서는, 마치 양을 치는 것과 같이, 양떼 가운데 뒤처진 놈이 보이면 채찍질해야만 한다.

> 전개지가 말한다. "[저의] 선생님께서 말씀하시기를 양생을 잘한다는 것은 마치 양을 치는 것과 같은 것이어서, 양떼 가운데 뒤처진 놈이 보이면 채찍질하는 것이라 하셨습니다." 위공이 말한다. "무슨 말인가?" 전개지가 설명한다. "노(魯)나라에 선표(單豹)라는 사람이 있었는데, 바위 굴속에 살며 골짜기 물이나 마시면서 유유자적하게 지냈습니다. 다른 사람들과 이익을 다투지 않고 나이가 칠십이나 먹었는데도 어린아이 같은 얼굴빛을 지니고 있었습니다. 하지만 불행하게도 굶주린 호랑이를 만나 잡아먹혀 버리고 말았습니다. 또 장의(張毅)라는 사람이 있었는데, 부잣집이든 가난한 집이든 가리지 않고 돌아다니며 모든 사람을 사귀었습니다. 하지만 사십밖에 안 된 나이로 열병에 걸려 죽어 버립니다. 선표는 자신의 내면을 잘 길렀지만 자신의 외면은 호랑이에게 먹혀 버립니다. 장의는 자신의 외면은 잘 길렀으나 그의 내면은 병에 침탈당해 버립니다. 이 두 사람은 모두 양 떼 가운데 뒤처진 놈에게 채찍질을 하지 않은 것입니다. 공자(孔子)도 말한 바가 있습니다. 〈내면세계를 기르는 데에만 집착하지 말라. 외면세계만을 강조해 자신을 지나치게 드러내지도 말라. 마른 나무처럼 중앙에 서 있어라〉" 이 내부 · 외부 · 중앙의 조화를 잘 터득한다면, 그는 반드시 지극한 존재라는 이름을 얻게 될 것이다.[289]

289 『莊子』「達生」.

게슈탈트 심리치료는 '전체성'에 합류하도록 안내하는 기법이다. 개체로 하여금 전체 환경에 융합되도록 한다는 점에서 게슈탈트 심리치료는 생태학적인 요소가 강하다. 이러한 성격은 외적자연과의 일체를 삶의 방식의 요체로 삼는 장자의 방법과 직접적으로 연결된다. 그리고 이 '생태학적'이라는 표현은 게슈탈트 심리치료에서 치료를 하는 사람과 받는 사람의 관계에서도 적용된다. 왜냐하면 게슈탈트 심리치료에서 내담자와 상담자의 관계는 대립적이라기보다는 서로 돌봄의 관계이고 열린 마음으로 질문하고 공감하면서 서로가 서로에게 의존하는 관계이기 때문이다. 바로 이 지점에 장자 사상을 비롯한 동양사상은 큰 역할을 할 수 있다. 철학 상담 이론가 제시 플레밍(J. Charles)에 의하면 중국의 도가(道家)·유가(儒家)·선(禪) 등은 심리치료에 적합하다. 동양의 철학은 서구의 철학과 같이 실재에 관한 언어의 탐구가 아니라 실재 자체에 대한 탐구다. 그리고 동양의 철학을 적용할 때 심리치료를 하는 사람은 내담자에게 무엇을 생각하고 행할 것인가를 말해주는 방식이 아니라 내담자에게 동양 사상의 여러 이론들을 알려주고 이 가운데 내담자가 선택하도록 한다. 요컨대 문제를 해결하기 위한 열쇠를 내담자 스스로가 발견하도록 한다.

5) 장자 사상과 게슈탈트 심리치료에서 '혼종의 길'

장자는 '혼종의 길'을 강조한다.

(선악을 넘어서) 자연스러운 중도[독督]를 상도(常道)로 삼는다면

몸과 삶을 보전할 수 있다.[290]

여기서 '독'(督)은 등의 중앙을 상하로 뻗은 혈맥으로 다면적 가치들이 상승적 상호작용을 할 수 있게 하는 공간적 거점이다. 게슈탈트 심리치료도 현재의 '지금-여기'를 중시하면서 전체성과의 통합을 강조한다. 장자는 또 말한다. "다스림만을 존중하고 혼란을 부정하는 것은 … 마치 하늘은 존중하면서 땅은 부정하고 음(陰)은 존중하면서 양(陽)은 부정하는 것과 같다."[291] 장자에 의하면 모든 대극은 상호적으로 동시에 발생한다. 원인과 결과 혹은 이 측면과 저 측면을 분명하게 분별할 수 없다는 점은 사실 평범한 일상생활에서도 자주 접하게 된다. 예컨대, 아버지가 아들을 늘 야단치고 있다고 가정해 보자. 아들은 아버지를 가능한 한 피하려 한다. 아버지가 아들을 야단치니까 아들이 피하게 되고, 그래서 아버지는 화가 나 더 야단을 친다. 혹은 아들이 피하니까, 아버지가 야단을 치게 되고, 그래서 아들은 더 피한다. 아들의 아버지에 대한 회피를 유발한 것이 아버지가 야단쳤기 때문일까? 아니면 아버지가 야단치는 것을 유발한 것이 아들의 회피일까?

장자는 대극 사이의 균형을 추구했다. 그것은 정적인 동일성이 아니라 두 극단 사이의 역동적인 상호 작용이다. 이 두 극단 사이의 배후에 놓여 있는 통일체가 도(道)다. 우리가 외적 세계와 갈등을 벌이는 이유는 하나의 원칙만을 고집하기 때문이다.

저것과 이것이 그 짝을 얻을 수 없는 경지(대립을 초월한 경지)를 '도추'(道樞, 도의 지도리)라고 한다. 추(樞, 지도리)를 비로소

---

290 『莊子』「養生主」.
291 『莊子』「秋水」.

> 얻게 되면 그것이 '환중'(環中, 둥근 원의 중심)이며, 이로 인해 무궁한 변화에 응한다. 옳음도 하나의 무궁함이며 그름 또한 하나의 무궁함이다. 따라서 시비에 매몰되어 있는 태도는 명지(明智, 시비의 대립을 넘어선 밝은 지혜)에 의해서 비춰 보느니만 못하다고 하는 것이다.[292]

'도추'는 이것과 저것의 대립을 없앨 수 있는 무차별의 세계에 대한 은유다. 마치 문의 지도리가 있음으로써 문을 열고 닫을 수 있어 밖의 세상과 안의 세상이 역동적인 방식으로 서로 교차될 수 있듯이, '도의 지도리'는 만물을 닫힘 없이 소통시킬 수 있는 힘의 원천이다.

게슈탈트 심리치료에는 '창조적 무관심'이라는 개념이 있다. 이 개념은 양극단의 두 측면, 즉 낙담과 기대와 같은 양극단에서 어느 한 쪽으로도 치우치지 않고 동일하게 관심을 갖는 균형 있는 태도를 의미한다. 펄스는 말한다.

> 중간 지점에서 항상 깨어 있음으로써 우리는 이러한 창조적인 능력을 획득할 수 있다. 어느 한 측면만을 보는 것에서 벗어날 수 있다면, 우리는 유기체의 구조와 기능적인 측면에 대한 더 깊은 통찰을 얻을 수 있을 것이다.[293]

건강한 심리 상태를 지니기 위해서는 자기를 어떤 특정한 존재로 국한시켜서는 안 되며, 다양한 사태들을 자기의 내면에 통합할 수 있는 힘을 키워야만 한다. 이러한 과정은 곧 자기가 확장되는 과정이기도 하다.

---

292 『莊子』「齊物論」.

293 Perls, *Ego, Hunger and Aggression*. New York: Vintage Books, 1969, 15쪽.

마지막 챕터 두 번째 절에서 필자는 장자 사상에 나타나는 ‘도’(道)의 내재적 성격과 ‘전체 유기체’적 성격 사이의 관계를 게슈탈트 심리치료학에서 말하는 끊임없는 ‘게슈탈트’(Gestalt)의 형성과 해소라는 시각으로 이해해 보았다. 그리고 ‘게슈탈트’를 개체의 내재화된 도(道)가 총체성으로서의 도(道)와 그때그때 상응되는 찰나에 대한 표상이라고 해석했다. 각 부분들에게 나타나는 도는 전체로서의 도를 반영하고 있으며, 매번 반복되는 게슈탈트의 형성과 해소는 총체성으로의 ‘큰 게슈탈트’를 향해 접근해 가는 끝없는 과정이다. 장자의 도(道) 담론은 ‘큰 게슈탈트’를 문자로 기술한 프로파일이다. 필자는 하나의 신비론적 체계로 인식되기도 하는 장자의 도 지평을 게슈탈트 심리치료를 활용해 실재적인 인간 심리 작동원리의 장으로 수렴시키고자 했다. 이러한 비교 작업을 통해 동양의 철학 담론과 서양의 심리학적 지평을 ‘혼종’의 시각에서 바라보고자 했다.

장자를 비롯한 도가나 선불교에서는 사회적 자아를 잊으라고 말한다. 반면에 서양 심리학의 주류는 자아를 강화하라고 말한다. 이 둘 간의 차이는 동양과 서양 사이의 사유방식의 차이로도 읽힌다. 그런데 이 모순된 두 입장은 모두 옳을 수 있다. 필자는 이 부분을 참여와 망각, 게슈탈트의 형성과 해소 사이의 발전적 순환이라는 맥락에서 다루었다. 자신을 무화시켜 사회적 자아를 뒤로 물러나게 하는 태도와 강력한 사회적 자아를 촉발시켜 현실에 적극적으로 임하는 자세는 우리 내면에서 상보적으로 혼종 되도록 해야만 한다.

20세기 이후가 되자 서구는 기존의 근대적 사유에 대해 진지하게 고민을 하기 시작한다. 다시 말해 인간을 상품화·사물화 하고 인간을 도구화하는 근대의 ‘도구적 합리성’을 비판하는 맥락에서 탈근대의 철학 혹은 포스트모던 미학이 각광을 받기 시작한다. 여기서 탈근대의 철학이란 니체(F. W. Nietzsche)로부터 출발하여 하이데거(M. Heidegger)의 형이상학 비판을 거치면서 발전된 철학 체계로서 이성을 중심으로 한 서구의 근대성 혹은 현대성을 지양하려는 철학적 프로그램이다. 동양철학의 여러 분야 가운데 도가사상은 바로 이 현대 서구의 새로운 지적 흐름에 의미 있는 족적을 남긴다. 하이데거도 도가에 관심이 많았던 것으로 알려져 있다. 특히 학문적 '뉴 에이지' 운동의 선구자인 칼 융의 분석심리학은 도가와의 이종교배에서 탄생한 분야로서 '혼종 학문'의 대표라고 평가할 수 있다.

참고문헌

1. 경전

『勸學篇』.

『金剛三昧經論』.

『老子』.

『老子注』.

『論語』.

『答黃道夫書文集』.

『大學或問』.

『大同書』.

『讀四書大全說』.

『明儒學案』.

『明夷待訪錄』.

『孟子』.

『孟子師說』.

『焚書』.
『史記』.
『象山全集』.
『說文解字』.
『世說新語』.
『續焚書』.
『荀子』.
『詩經』.
『十門和諍論』.
『與猶堂全書』.
『易經』.
『禮記』.
『龍溪王先生全集』.
『危言新編』.
『爾雅』.
『莊子』.
『莊子注』.
『傳習錄』.
『亭林文集』.
『周易外傳』,
『朱子文集』.
『朱子語類』.
『中庸』.
『重鐫心齋王先生全集』.
『晉書』.
『春秋』.
『春秋繁露』.

『太極圖說』
『淮南子』.

2. 외국서 및 외국논문

Perls. F.S. Gestalt Therapy Verbatim. Moab, UT: Real People Press, 1969.
Polster, E. Every Person's Life Is Worth a Novel. New York: W.W.norton, 1987.

郭慶藩 撰,『莊子集釋 - 上·中·下』(王孝魚 點校), 中華書局, 2004.

大橋健二,『反近代精神 熊澤蕃山』, 勉誠出版, 平成 十四年.
大 濱晧,『莊子の哲學』, 勁草書房, 1993.
藤谷俊雄,『神道信仰と民衆·天皇制』, 法律文化社, 1980.
白川靜,『字統』, 平凡社, 2004.
本居宣長,『日本哲學思想全書 第十一卷 - 歌論篇』(三枝博音 編集), 平凡社, 1956.
本居宣長,『本居宣長』(石川淳 責任編集), 中央公論社, 1970.
本居宣長,『本居宣長 - 日本思想大系 40』, 岩波書店, 1978.
飛鳥井雅道,『日本近代精神史の研究』, 京都大學學術出版會, 2002.
寺尾伍郎,『'自然'概念の形成史 - 中國·日本·ヨーロツパ -』, 農山漁村文化協會, 2002.
山鹿素行,『山鹿素行』(田原嗣郎 責任編集), 中央公論社, 1971.
徐復觀,『中國人性論史(先秦篇)』, 臺灣商務印書館, 1978.
西川長夫·松宮秀治 編,『幕末·明治期の國民國家形成と文化變容』,

新曜社, 2002.
阿剖吉雄·山本敏夫·市川安司·遠藤哲夫,『新釋漢文大系 第 7巻 - 老子·莊子 上』, 明治書院, 昭和 59年(1984).
梁啓超,『清代學術概論』, 中華書局, 1954.
遠藤哲夫·市川安司,『新釋漢文大系 第 8巻 - 老子·莊子 下』, 明治書院, 昭和 59년(1984).
荻生徂徠,『荻生徂徠 - 日本思想大系 36』(吉川幸次郎 外 校注), 岩波書店, 1973.
荻生徂徠,『荻生徂徠』(尾藤正英 責任編集), 中央公論社, 1974.
中村元·龜井勝一郎·勝部眞長 編,『東洋思想講座 4巻 - 東洋文化の新しい希望』, 至文堂, 1958.
平松義郎,『江戸時代の罪と罰』, 平凡社, 1988.
馮契,『中國古代哲學的邏輯發展 上』, 1995.
馮友蘭,『中國哲學史 上』, 中華書局, 1961.
________『中國哲學史新編 上·下』, 人民出版社, 1998.
何心隱,『何心隱集』, 中華書局, 1960.
胡適,『胡適文集 6 - 先秦名學史·中國古代哲學史·中國中古思想史長編·中國中古思想小史』, 學林 出版社, 1998.
________『中國哲學史大綱』, 河北教育出版社, 2001.
戸村政博 編,『日本近代キリスト教史資料 1; 神社問題とキリスト教』, 新教出版社, 1976.

田原嗣郎,「本居宣長における規範·法則の問題と學問展開の方向」,『思想』, 岩波書店, 1968.9.

3. 국내서 및 번역서

金谷 治 외, 조성을 옮김, 『중국사상사』, 이론과 실천, 1986.
김형효, 『老莊사상의 해체적 독법』, 청계, 1999.
들뢰즈, 김재인 옮김, 『천개의 고원』, 새물결, 2001.
루이스 멈퍼드, 유명기 옮김, 『기계의 신화 1』, 아카넷, 2013.
루이 알튀세, 이진수 옮김, 『레닌과 철학』, 백의, 1992.
리쩌허우, 정병석 옮김, 『중국고대사상사론』, 한길사, 2005.
_______, 임춘성 옮김, 『중국근대사상사론』, 한길사, 2005.
_______, 김형종 옮김, 『중국현대사상사론』, 한길사, 2005.
리처드 니스벳, 최인철 옮김, 『생각의 지도』, 김영사, 2004.
마루야마 마사오, 김석근 옮김, 『일본정치사상사』, 통나무, 1998.
_______, 김석근 옮김, 『현대정치의 사상과 행동』, 한길사, 2003.
마테오 리치, 송영배 옮김, 『천주실의』, 서울대학교출판문화원, 2010.
미셸 푸코, 오생근 옮김, 『감시와 처벌』, 나남출판, 1994.
미조구찌 유조, 김용천 옮김, 『중국 전근대사상의 굴절과 전개』, 동과서, 1999.
박석무, 『다산 정약용 유배지에서 만나다』, 한길사, 2003.
벤자민 슈월츠, 나성 옮김, 『중국 고대사상의 세계』, 살림, 1996.
북경대학교 철학과연구실, 박원재 외 옮김, 『중국철학사 1-4』, 간디서원, 2005.
송영배, 『중국사회사상사』, 한길사, 1988.
시마다 겐지, 김석근 외 옮김, 『주자학과 양명학』, 까치, 1986.
아놀드 하우저(A. hauser), 염무웅 외 옮김, 『문학과 예술의 사회사 3』, 창작과 비평사, 1999.
아사오 나오히로, 이계황 외 옮김, 『새로 쓴 일본사』, 창비, 2003.
呂洞賓, 이윤희 외 옮김, 『태을금화종지(太乙金華宗旨)』, 여강출판사,

1992.
이광세, 『동양과 서양, 두 지평선의 융합』, 도서출판 길, 1998.
이운구, 『동아시아 비판 사상의 뿌리』, 도서출판 길, 2004.
이은봉, 『중국고대사상의 원형을 찾아서』, 소나무, 2003.
李澤厚, 김형종 옮김, 『중국현대사상사의 굴절』, 지식산업사, 1998.
자끄 제르네, 이동윤 옮김, 『동양사통론』, 법문사, 1985.
칼 융, 한국융연구원 C.G. 융 저작 번역위원회 옮김, 『융 기본 저작집』 1~9, 솔출판사, 2001~2008
켄 윌버, 김철수 옮김, 『무경계』, 정신세계사, 2012.
펄스, 최한나 외 옮김, 『펄스의 게슈탈트 심리치료』, 학지사, 2013.
풍우란, 박성규 옮김, 『중국철학사 상 하』, 까치, 1999.
Petrūska Clarkson, 김정규 외 옮김, 『게슈탈트 상담의 이론과 실제』, 학지사, 2012.
프로이트, 임홍빈 외 옮김, 『프로이트 전집 1 - 정신분석 강의 上』, 열린 책들, 1999.
프리드리히 니체, 정동호 옮김, 『니체 전집 13; 차라투스트라는 이렇게 말했다』, 책세상, 2003.
________, 김정현 옮김, 『니체 전집 14- 선악의 저편·도덕의 계보』, 책세상, 2002.
홍성욱, 『하이브리드 세상읽기』, 안그라픽스, 2003.
힐쉬베르거, 강성위 옮김, 『서양 철학사 上』, 이문출판사, 1999.
________ 『서양철학사 下』, 이문출판사, 2005.

4. 기타

다큐멘터리 「최후의 바다 태평양 1부 - 상어와 여인」, sbs다큐, 2011.

저자소개

양 승 권

(대구대학교 기초교육대학 창조융합학부 교수)

성균관대학교 동양철학과를 졸업하고, 성균관대학교 대학원 동양철학과에서 철학박사학위를 취득하였다. 주요 저서로는 『[인문고전깊이읽기] 장자 – 너는 자연 그대로 아름답다』(2013), 『노장철학과 니체의 니힐리즘 – 심층심리학에 의한 이해』(2013), 『융합과 상상의 인문콘텐츠; 접속, 혼종, 창의』(2017; 공저), 『군더더기를 뺀 첫 번째 철학』(2016; 공저), 『고전, 현대문화를 만나다』(2016; 공저), 『동아시아 근대성에 관한 물음들』(2011; 공저), 『노자 문화콘텐츠를 만나다』(2011; 공저)가 있다. 주요 관심분야는 동양철학과 메타심리학의 연계, 인문학과 과학의 융합, 동아시아 3국의 문화 비교 등이다.